# 大学在线教学改革研究与实践

主　编　肖海荣　马中东　黄春平

北京理工大学出版社
BEIJING INSTITUTE OF TECHNOLOGY PRESS

## 内容简介

本书是作者按照教育部有关疫情期间“停课不停教，停课不停学”的要求结集出版的一本论文集。全书从教学管理、教学模式改革、教学评价、课程思政、实践探索、实证研究等方面进行论证，反映了高校教师在疫情期间通过直播教学、录播教学、在线答疑辅导、线上研讨、学生自主学习等多种形式开展在线教学的各种经验总结。旨在通过此论文集的出版，鼓励高校教师及时总结在线教学经验与成果，推进教学模式改革与创新，完善教学管理，不断提高教学水平，提升人才培养质量。同时，通过此论文集的出版，加强各高等院校教师在线教学方面的交流与合作，促进教学成果在各校的交流、共享、推广应用。

本书既可为各级高校研究大学在线教学提供经验借鉴，还可作为各级高校教师提高自身教学水平的参考读物。



**图书在版编目（CIP）数据**

大学在线教学改革研究与实践 / 肖海荣，马中东，黄春平主编. --北京：北京理工大学出版社，2022.4

ISBN 978-7-5763-1204-1

Ⅰ. ①大… Ⅱ. ①肖… ②马… ③黄… Ⅲ. ①高等学校-网络教育-教学改革-研究 Ⅳ. ①G64

中国版本图书馆 CIP 数据核字（2022）第 053812 号

出版发行 / 北京理工大学出版社有限责任公司
社　　址 / 北京市海淀区中关村南大街 5 号
邮　　编 / 100081
电　　话 / （010）68914775（总编室）
（010）82562903（教材售后服务热线）
（010）68944723（其他图书服务热线）
网　　址 / http：//www. bitpress. com. cn
经　　销 / 全国各地新华书店
印　　刷 / 三河市华骏印务包装有限公司
开　　本 / 787 毫米×1092 毫米　1/16
印　　张 / 12.25
字　　数 / 285 千字
版　　次 / 2022 年 4 月第 1 版　2022 年 4 月第 1 次印刷
定　　价 / 82.00 元

责任编辑 / 李慧智
文案编辑 / 李慧智
责任校对 / 刘亚男
责任印制 / 李志强

# 前　言

新冠肺炎疫情防控期间，聊城大学按照教育部、山东省教育厅“停课不停学，停课不停教”的要求，坚持“以学生为本”的理念，按照“学校统筹、学院主导、教师主体、协调联动”的工作模式，于2020年2月17日正式开始在线教学工作。

在校党委、行政部门和疫情防控工作小组的统一部署下，聊城大学全校教师利用各类网络平台和工具开展在线教学3400门次，进行了一场大规模实时、互动、异地、分散的在线教学试验，开启了一场史无前例的教育教学模式变革，为保存好、传承好这一珍贵历史记忆和宝贵改革经验财富，推进教育教学改革创新，提高教育教学水平，提升人才培养质量，鼓励学校教师及时总结在线教学经验与成果，面向教学管理人员、教学一线教师征集优秀研究成果和教学感想体会，编辑成本书。

本书分为教学管理、教学设计、课程思政、实践教学、教学评价、实证研究、实践探索七个主题，内容聚焦学校、学院、专业、课程、学生等层面的具体问题，坚持问题导向，突出改革创新，分别介绍了学校在线教学的理论思考与实践探索。其特色主要体现在以下几个方面：

1. 推进课程建设，强化学习过程管理

广大教师坚持“学生中心、产出导向、持续改进”的教育理念，以线上教学为契机，将信息技术真正融入课程教学，立足专业人才培养目标，依据课程性质、线上教学的特点，整合教学内容，优化课程结构，推动课程建设。针对在线教学中学生学习监管难的问题，教师积极调整教学方法与考核评价，通过调整教学内容、增加案例教学、小组讨论等方式提高学生学习参与度，通过提前发布学习任务、布置作业和设计小测试等方式加强学生学习效果检测，并将学生参与情况、学习效果等纳入课程考核，引导、监督学生转变学习方式。

2. 改革教学管理，加强教学质量保障

学校、学院教学管理人员从特殊时期教学实际出发，以提高教学管理水平为目标，通过开展在线学习情况问卷调查、发布线上教学周报等方式开展常态化的在线教学服务与监测，加强教学数据的分析，严格执行网上教学质量监督制度，推进信息技术下教学管理模式的改革。

3. 融入课程思政，提高立德树人成效

教师准确把握“坚定学生理想信念，教育学生爱党、爱国、爱社会主义、爱人民、爱集体”这一主线，结合所在学科专业、所属课程类型的育人要求和特点，深入挖掘其中蕴含的思政教育资源，优化课程思政内容供给，加强教学设计，在“润物细无声”中开展课程思政，将价值塑造、知识传授与能力培养相统一。

本书中的每一篇文章都是聊城大学教师潜心教学的智慧结晶，饱含各位教师投身本科教学的热情，体现了聊城大学本科教育教学改革的实践经验与工作成果，特结集出版，以感谢教师们勇于探索、无私贡献的教育者精神，记录这段史无前例大规模在线教学、深度依靠现代信息技术改革教育教学的历史经历，保存原始素材，以期为同类高校同行进一步研究提供“史料”素材，推动教育与技术深度融合、教育教学形态演进的可能路径，推进教育教学的改革创新。

编　者

2021 年 6 月

# 目录

# 基于在线教育的高校教学管理创新与实践[①]

## ——以聊城大学为例

王桂清[②]

**摘　要：**高校开展教育管理工作的最终目的在于更好、更快地推进国家教育发展。基于高速健康发展的在线教学，聊城大学加强教学管理改革与创新，更新管理服务理念，提升环境智慧化水平，提高管理人员服务力度，云部署、云落实、云监管、云调研、云培训、云示范、云督导、云思政、云考试、云就业等，推动了新技术支持下的管理模式变革，做到了人性化、目标化、制度化、科学化、效能化，实现了“学校精致、管理精进”的追求目标，为在加快推进教育现代化的新征程中培养担当民族复兴大任的时代新人奠定了基础。

**关键词：**在线教学；教学管理；服务力度；改革创新

疫情是一场危机，但“危和机总是同生并存的，克服了危，即是机”。突如其来的新冠肺炎疫情，对于教育教学和日常管理来说是一次巨大的挑战，但也激发了高校变中求进和改革发展的新动力，推动了高校智慧化教学生态建设，加速了教学管理改革创新的深入，加速了管理人员服务能力的提高，加速了学校竞争力的提升。

## 一、高校教学管理改革创新的意义

随着信息技术的迅速发展，创造了跨时空的生活、工作和学习方式，使知识获取的方式发生了根本变化，教与学可以不受时间、空间和地点条件的限制，知识获取渠道也更加灵活、更加多样化。在信息化爆发式发展的趋势下，在线教育的优势越来越明显，发展速度也越来越快。2019 年 10 月 2 日，教育部等 11 个部门联合印发《关于促进在线教育健康发展的指导意见》，其中明确指出：促进在线教育健康发展，大幅提升在线教育建设水平，保证在线教育服务更加丰富。随着“互联网+高等教育”智慧教学理念的落实、在线教育的高速健康发展，我国高校发展环境发生了根本性变化，从封闭状态转变为开放状态、从机械状态

---

① 基金项目：山东省本科高等学校教学改革重点项目和聊城大学本科教学改革重点项目“地方高校公费师范生精准对标培养的课程体系研究与实践”（项目编号：Z2018S004、G201809）、培育项目“目标导向 精准培养 地方高校公费师范毕业生质量标准的构建与实施”的阶段性研究成果。

② 作者简介：王桂清，聊城大学教务处副处长，农学院教授。

转变为智能状态，借此，高校管理必须抓住机遇改革创新，解决自身问题，提高竞争优势。

1. 高校教学管理改革创新是为了适应新形势

新冠肺炎疫情的暴发使全球面临百年未有之大变局，人类共同面临许多挑战，高校也深处其中，在面临大发展机遇的同时，也承受着不小的发展压力。高校作为重要的人才培养基地，必须加强自身的教育管理工作，适应新形势，更快、更好地促进我国高等教育的向前发展，向社会输送更多符合国家建设与发展需求的创新型人才。

2. 高校教学管理改革创新是为了适应新需要

新时代，高等教育的发展和扩招导致高校办学规模扩大，同时科技信息高速发展引起办学方式发生改变，开放型、学习型、多元智能型的现代化学校是高校建设的目标。高校为了更好地适应教育改革需要和自身发展需要，必须对发展相对滞后的教育管理进行创新，实施校本化管理、开放式管理、研究性管理，才能跟上高等教育改革与发展的速度。

3. 高校教学管理改革创新是为了适应新观念

以往存在于高校教育管理工作中的突出问题主要体现在观念层面上，一些授课老师保持着"不求有功，但求无过"的工作心态，学校的一些教学管理人员也只习惯于以传统的管理方式来处理实际工作中所遇到的各种问题。作为培养高素质创新型人才的高校，教育管理工作必须跟上时代的步伐，更新现代管理观念、强化信息技术应用，变单纯的"管"为"管服"合一，提高工作效能。

高校开展教育管理工作的最终目的在于更好、更快地推进国家教育发展。新时代，信息技术对教育的影响日益深入，高校作为教育的主阵地，信息技术正以前所未有的方式融入教育教学全过程，推动教育理念更新、模式变革、体系重构；高速发展的物联网、移动互联、大数据、云计算、人工智能等技术，促进了教学管理与服务工作的网络化、信息化、数字化、智能化。新时代，高校唯有及时革新自身教育管理理念，才能够为国家培养更多符合时代发展需求的高素质人才，才能够更好地实现自身的发展。

## 二、我校智慧教学管理系统的特点

学校管理是为了保证学校各项工作有计划、有组织地进行，使各项工作及其组成要素有机结合起来，发挥整体功能，最终实现学校对学生的科学培养目标。学校管理以"学校发展、为党育人、为国育才"为目的，必须按照客观规律办事，做到人性化、目标化、制度化、科学化、效能化。

教育管理始终是对人的管理，必须尊重教师的付出，尊重学生的成长。疫情暴发之前，学校已建"数字聊大"，在一定程度上实现了教师的"网上办公"。但由于各部门多为自建系统，部门间数据信息重复采集，兼容性、互通性和共享性不高；从而导致教学管理"人本化"不足、智能化不高、时效性不强。

新时代的智慧管理是基于高端科技构建的智慧教学生态系统的子系统，是现代教育事业的最重要指标之一。新冠疫情期间的大规模"在线教学"是在"信息技术与教育教学深度融合"基础上的一次全新尝试，是教育教学领域创新的一次实践，是"互联网+"背景下的

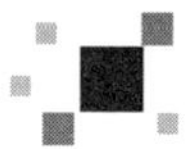

教育拓展与创新。学校坚持“为疫情，保长远”的工作理念，加速智慧教学生态建设，扩容服务器、扩大覆盖面，优化平台系统、提升智能等级，构建泛在化无线网络管理服务环境，为满足新时代对人才培养的新需求、回归“以本为本”的本科教育教学提供保障。

1. 强化“数字聊大”建设，提升线上管理服务水平

完善后的“数字聊大”属于服务型门户平台（如图 1 所示），以“数据共享、业务整合、一站式服务”为指导思想，基于“以人为本”的管理理念，为教师、管理者、学生提供个性化应用服务，实现互动交流、知识分享、协作科研、协同办公，并以服务为导向为师生提供跨部门一站式服务。该平台全面支持移动化，通过更多移动应用，改变用户之间的交互方式，以信息化手段规范业务流程，最终实现服务信息化、办事简单化，提高了教职工的工作效率。该平台整合了各种通信方式，解决了不同平台间无法进行信息互通的“信息孤岛”问题，在服务师生方面，加快了信息的传达，加强了师生之间的互动和交流，改善了师生的工作与学习环境；在教学管理方面，解决了“开会通知难、思想教育难”的问题，优化了学校的教学管理工作，激励了教师业务水平和学习能力的提高。

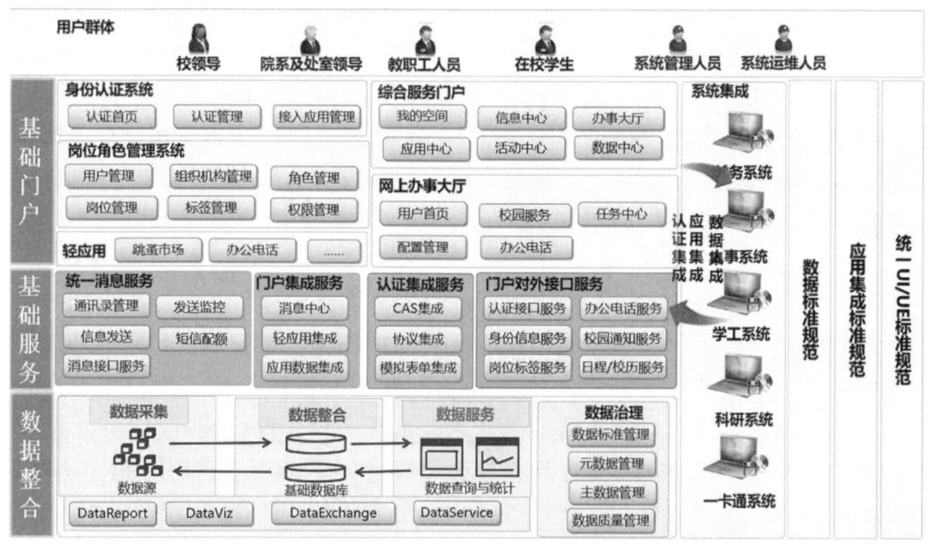


**图 1　“数字聊大”强大管理功能（东软集团股份有限公司提供）**

2. 增建聊城大学网络教学平台，实现“教、学、管”一体化

聊城大学网络教学平台（超星泛雅网络教学平台），即“一平三端”智慧教学系统，以在线教学（云）平台为中心，涵盖日常教学全过程，集“教室端、移动端、管理端”各类教学应用于一体（如图 2 所示），每一端的功能均非常强大，能够满足学习者、教学者和管理者的个性化需求。该系统属于综合性的网络教学平台，采用云端部署模式实现移动教学与管理，促进了教学模式、组织模式与服务模式的变革，实现了学校“教、学、管”的一体化、数字化、智能化、精准化，做到了学生正常学习、老师正常教学、学校正常管理，提升了学校的智慧教学水平。

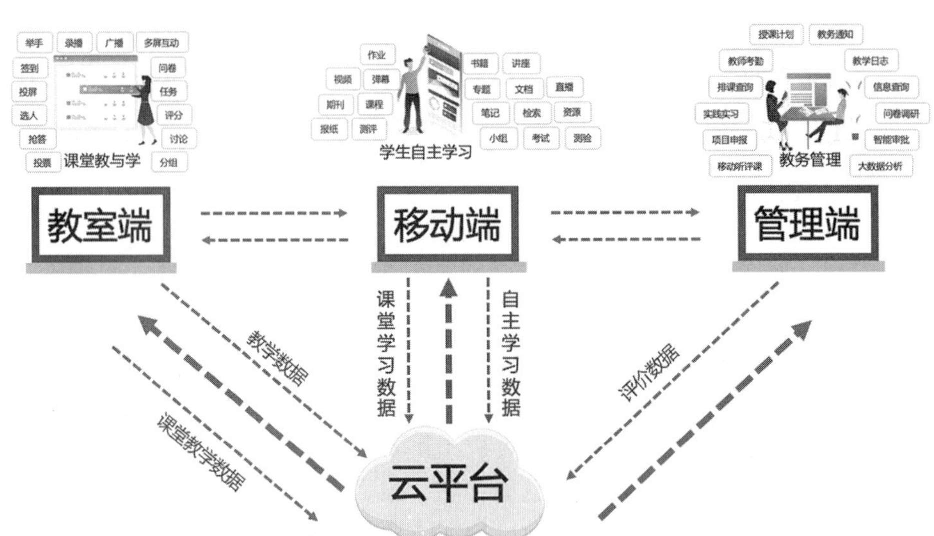


图 2 “一平三端”智慧教学系统（超星集团提供）

3. 创建聊大企业微信，实现移动管理与服务

聊大企业微信是我校疫情期间适用的一种基于微信功能的在线办公工具，能够支持语音、图片、表情、邮件、公费电话等多种沟通方式；可以在进行多人音视频会议时实现实时接入文档和图片，使远程会议更加方便；可以实时收取邮件通知，使各种工作邮件得到及时处理；还可以在线完成各种文件的审批工作，保证了管理工作的及时、高效。

## 三、我校管理人员服务力度的提升

高校管理模式是学校智慧教学生态环境的重要组成部分，是智慧教学生态环境建设的关键所在。一场疫情，加速了现实课堂向“云课堂”转型的教育革新进程，也考查和检验了利用互联网、大数据、云计算、人工智能等新兴技术开展教育教学的能力。广大教学管理人员要以此为契机，践行“互联网+教育”智慧教学理念，更新观念、重塑角色、提升素养、增强能力，以人工智能、大数据、互联网等新兴技术为基础，依托各类智能设备及网络，积极开展智慧教育创新，推动新技术支持下的管理模式变革，追求“学校精致、管理精进”，再造教学管理服务流程，提升管理的科学化水平。

1. 多平台多媒介，提高云管理效果

云部署：决策是决定管理工作成败的关键。学校领导聚集云端，召开专题工作会议，统筹部署，积极谋划，精准施策，研究制定本科在线教学尤其是疫情期间“停课不停学”工作方案，加速智慧教学生态建设，科学规划网络教学实施途径，协调指导在线教学有序进行。在此期间，学校通过新媒体平台陆续发布相关政策、在线教学的有关要求和规范，确保教学秩序有条不紊。

云落实：唯有落实，决策才能见成效。学校、职能处室、学院充分利用“互联网+大数据”技术，通过强国视频会议、ZOOM、腾讯会议等平台进行“云学习”，实现“云落实”，明确学校文件精神，研判、分析各级各类问题，制定适合本部门的具体实施方案，并迅速开发了针对不同人群需要的“通知发送系统”和“信息统计系统”，精准快速落实到位。尤其

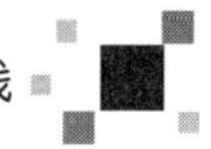

是教学副院长和教学秘书及时向教师、学生传达学校教务处的教学工作安排，明晰本学院的教学任务组织，系统分析专业课程特点，逐一落实网络教学条件。

云监管：监管有力是提高工作质量的保障。全面保障“数字聊大”、学校 OA 办公系统、教务管理系统、微软公共日历、公众号、微信群、QQ 群等在线办公系统的畅通，根据“学校—教学单位—基层教学组织”三级质量保障组织架构，实施以“学生为中心”的在线教学质量监控，确保在线教学质量；并且全方位收集教学反馈信息，确保教学工作任务有效落实。利用腾讯文档、金山文档、橙子审批微信小程序等在线办公软件，创新“扁平化网络报送模式”，通过信息在线秒填，达到教学状况可视化动态呈现，做到“零”遗漏，为教学管理与服务提供科学、有效的信息化技术支撑和保障。

云调研：调研是解决新问题的基础。坚持问题导向，广泛调研，收集问题，征求意见，听取建议，高度关注影响教学质量的关键环节，群策群力、集思广益，推动在线教育教学发展。校长、教学副校长等校领导带领教务处，多渠道、多形式进行“云调研”，与学院院长、教学院长、教研室主任、教学秘书、教师代表、学生代表等进行“云沟通”，了解在线教学的实施和运行情况，关注教学工作的每一个环节，抓牢抓细，保质保量。通过“问卷星”开展在线教学情况调查，随机抽样调查学生听课效果反馈信息，收集教师、学生、专家对学校课程在线教学效果的数据，对比分析教学策略与设计、备课成效、教学交流互动、学习支持、学生学习状态、教学效果等每一个方面的反馈意见，促进“在线学习与线下课堂教学质量实质等效”目标的实现。

云督导：坚持“过程不少、标准不降、质量不低”的教学要求，全面加强在线教学巡查和督导，把好教学质量关。校领导、教务处、学院、督导员等都可随时查看师生实时在线教学情况，在不打扰正常教学的情况下，了解师生在线教学安排、教学效果、师生互动情况等，进行“云听课”，开展“云督导”，及时进行“云反馈”。

*2. 多形式多类型，提高云服务能力*

云培训：技术支撑平台和操作程序的熟练程度决定了在线教学的质量。针对教学运行问题、教师操作问题、学生需求问题等，建立技术交流服务群，在全校范围内多途径开展在线教学技术培训、课程在线教学指导培训，使各级教师在认真学习在线教学的理论与实践操作之后，熟练掌握各个教学平台的操作流程，掌握即时通信工具的辅助在线教学新功能，做到技术对接积极、问题解决及时。通过名师讲座上的优秀教学案例示范，使各级教师积极吸取在线教学经验，在教学实践中不断提升自身的教学水平，进而加强学校的在线课程建设，提升在线教学质量。

为了准确定位高校“培养什么样的人、如何培养人、为谁培养人”这个根本问题，践行“课程思政”这一新的教育理念，学校专门邀请相关专家组织了一系列课程思政专题讲座，通过专家讲座为广大教师解读政策、明确意义、介绍方法、分享经验，强化教师在线教学课程思政意识，提升教师的课程思政能力。

云示范：搭建教学经验交流平台，开展在线教学同伴互助教学研究，鼓励学院分享在线教学组织工作经验，鼓励教师分享各类在线教学成功经验。通过聊城大学公众号、教务处网站、教务处公众号等平台，及时推送“我的老师是主播”“聊城大学线上教学交流集”“师范类专业网上教育实习纪实”“聊城大学线上教学质量周报”等内容，推广典型经验，传播正能量，从而助推学校教学质量整体提升。

云思政：思想是行动的先导，高校立身之本在于立德树人。习总书记的“战疫”方略、中国的“战疫”之道、“火/雷神山医院”的神速建成、抗疫英雄事迹等的宣传报道，发挥了思政课在落实高校立德树人根本任务方面的关键课程作用。“云思政”体现了线上思政教育的独特魅力，让学生深刻体会了什么是中国力量、什么是中国担当、什么是中国精神，引导学生充分认识中国特色社会主义制度的巨大优越性，进一步增强民族自豪感。

云关爱：教育以人为本，崇尚人性化。学校建立精准帮扶机制，“一人一策”做好关心关爱帮助工作，确保“一个都不能掉队”。尤其是疫情期间，湖北是新冠肺炎疫情重灾区，湖北籍学生心理压力较大，广大学团干部、辅导员、班主任老师积极行动起来，通过电话、视频、微信等方式，一对一联系我校70名湖北籍学生，了解他们的生活学习状况，倾听他们的心声。任课教师在课上利用网络教学平台对他们进行教学指导，课下借助微信、QQ等方式，与他们互动谈心，向他们提供有针对性的帮助。这些都体现了学校对湖北籍学生的关心与爱护。

云考试：考试是对学生知识水平的鉴定方法。线上“云考试”充分发挥了网络互联网的强大智能效用。由于期末考试呈现出时间紧、课程多、考生多、考务重等特点，学校采取了全媒体教学生态思路，综合利用多种媒体技术，搭建考试支持系统，确立了“教师自主选择考试平台、自主选择考试方式”的工作思路，在已有“聊城大学网络教学平台”基础上，又引入鸥玛“考·就成”云考试平台，通过多平台相互支持，线上线下相结合的多种考试形式相互配合，保证了期末“云考试”的顺利进行。

云就业：疫情面前，“云就业”为稳就业、扩内需提供了新的路径。较之过去多数企业在线招聘只集中在简历筛选阶段，此次疫情中，在线招聘的“云”程度已经延伸到了面试甚至是签约、入职环节。多数企业今年的校园招聘实行全程“云就业”，包括宣讲、简历投递、笔试、面试、录用审批、入职培训等都转为在线进行。

## 四、结语

疫情下的“停课不停学”改变了教育的“形态”，实现了时时、处处、人人皆可学；改变了学校的“管”，实现了数字化办公，管理效率迅速提升。习近平指出：当前和今后一个时期，我国发展仍然处于重要战略机遇期，但机遇和挑战都有新的发展变化，要准确识变、科学应变、主动求变，更加重视激活高质量发展的动力及活力，更加重视催生高质量发展的新动能、新优势。

新时代，传统的高校教育管理理念及模式已经不再适应信息化、智能化、多元化的办学趋势和培养高素质创新型人才的需要。为此，高校作为国家优秀人才培养基地，必须站在党和国家事业发展全局的高度，准确识变、科学应变、主动求变，全面深化教育领域综合改革，开展教育管理创新。不仅要及时更新管理设施和加强环境建设，提高管理智能化水平；而且要完善管理制度和工作体系，加强管理人员培训，强化服务理念，增强创新意识，改进工作方法，提高工作能力和综合素质；更要更新管理观念，创新管理方式，强化战略管理，提高管理水平，实现跨越发展。构建“互联网+”“智能+”条件下的管理服务新模式、探索信息时代教育治理新模式，实现高校教育管理工作的校本化、民主化、高效化、开放化，促进学校教学质量不断提升，在加快推进教育现代化的新征程中培养担当民族复兴大任的时代新人。

# 参考文献

[1] 王晓霞，王学风．教育生态学视阈下大学英语听说混合式教学模式构建研究［J］．文化创新比较研究，2019（32）：164-165．

[2] 濮怀宇，程蓓，周钢，等．军队院校智慧校园建设研究［J］．实验技术与管理，2020（6）：29-33．

[3] 郭蕴华．教育管理信息化新发展：走向智慧管理课程教育研究［J］．课程教育研究，2020（13）：10．

[4] 高霞．新时期高校教育管理创新研究［J］．高教学刊，2020（29）：36-38．

[5] 李天培．高校实施战略管理的路径探索［J］．黑龙江教育（理论与实践），2020（10）：19-20．

# 牢记教育者的初心，勇担教书育人重任，将在线教学向纵深推进[①]

## ——聊城大学计算机学院疫情期间在线教学总结与反思

李成友　赵海勇　韩玉艳　桑红燕　黄春平　韩云香[②]

**摘　要：**2020 年年初，针对新冠肺炎疫情的暴发，聊城大学通过做好技术储备、平台储备、超前谋划和改革创新等方面的工作，实现了大规模在线教学的有序进行。文章拿数据来“说话”，用教师心得和学生心声来佐证，靠精心的组织来保障，展示了学院优异的在线教学成果。在此基础上，分析了在线教学的优劣，据此提出了疫情暴发时期学院教学改革的重点方向，即推进课堂教学与在线教学优势互补的混合式教学模式改革，以期办“让学生受益、让社会满意”的教育。

**关键词：**新冠肺炎疫情；在线教学；OBE 理念；混合式教学

## 序言

2020 年年初，面对这场突如其来的新冠肺炎疫情，全国人民在党中央、国务院的坚强领导下，上下同心、众志成城，取得了这场战役的重大胜利。除了新时代的英雄——医护工作者，还有另外一个群体，在这场没有硝烟的战争中，响应国家的号召“停课不停教”，坚守在在线教学的最前线，将教学平台当战场，以电脑、手机做武器，打了一场漂亮的在线教学“阻击战、总体战”！这就是可爱的人民教师群体。他们牢记教育者的初心，打破时空的藩篱，以灵活多样的方式开展教学工作，为学子们撑起一片教育教学的晴朗天空。

聊城大学计算机学院的老师们就是这样一个群体，他们响应国家的号召，根据校院两级

① 基金项目：聊城大学重点教改项目“新工科背景下计算机类专业人才培养模式的探索与实践”（项目编号：G201905）、教育部协同育人项目“基于工程教育认证背景的软件工程专业校内校企协同育人模式改革”（项目编号：20190240035）、教育部协同育人项目“工程教育认证背景下计算机类专业实践基地建设的探索与实践”（项目编号：201901173022）。

② 作者简介：李成友（1968—　），聊城大学计算机学院副院长、副教授；赵海勇、韩玉艳和桑红燕分别是聊城大学计算机学院网络工程系、软件工程系和计算机科学与技术系系主任；黄春平，聊城大学教务处教研科科长；韩云香，聊城大学计算机学院教学秘书。

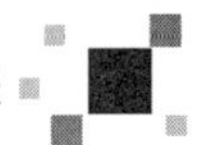

的安排，全身心地投入在线教学中。

## 一、提前储备显神威，发挥优势战疫情，利用平台育英才

2020年2月5日，老师们接到校院两级的通知，就迅速行动了起来。平台使用选优、直播录播试用、在线资料准备、学生信息导入等工作让老师们忙得不亦乐乎。2月17日，全国大规模在线授课开始了，学院全体教师严格按照课程表执行在线教学任务，开展了良好的在线教学工作。在此期间，许多单位的部分老师却感到有点措手不及；有些在线教学平台发生卡顿，甚至崩溃现象，致使直播授课受到严重影响。那么，学院能够开展良好在线教学的奥秘在哪里？在于我们计算机学院提前布局。学院早在2019年秋季学期就在全院专任老师中推广使用U+新工科智慧云平台，提前进行了技术储备和平台储备。推进该平台是我院着眼教育教学改革、推进工程教育认证、提升教育教学质量、做好形成性评价的关键一招。平台除了缺少直播功能外，其余在线教学功能基本都有。经过一学期的磨炼，师生们都对平台非常熟悉了。

为了补上平台的短板，春节后，我院及时敦促U+平台的开发方——青软实训教育科技公司迅速集成了第三方网络直播软件，同时进行了平台升级，完善了部分功能。在不少网络教学平台集中授课期间发生拥塞崩溃的情况下，我院的U+平台却相当稳定，保证了直播效果；同时，师生们对平台的使用已经熟悉，不需要磨合，所以很快就适应了这种虚拟的云端教学模式。

但这不是我们心血来潮、误打误撞的结果，而是我院近年来超前谋划、未雨绸缪的最终呈现。

## 二、超前谋划、未雨绸缪，方能应对自如，有章有法

近年来，经历了“复旦共识”“天大行动”和“北京指南”三部曲之后的新工科建设正在中国大地上如火如荼地展开；国家“双一流”建设、“双万计划”等重点项目也纷至沓来；工程教育专业认证成为各高校专业建设追求的目标、国家一流专业达标的要求。为此，计算机学院党政班子达成了“将工程教育专业认证作为专业建设的主抓手”的共识。工程教育专业认证和国家一流专业建设的目标要求全面提升教育教学水平、“以成果为导向”切实提高人才培养质量、培养德智体美劳全面发展的社会主义建设者和接班人，最终让学生受益、让社会满意。因此，计算机学院开启了人才培养模式的全面改革。

1. 改造老专业，增设新专业

学院认真梳理了现有专业，按照新工科建设的要求，确定了“改造老专业、增设新专业”的思路。对计算机科学与技术、软件工程和网络工程等3个传统工科专业，确立了“知识储备为基础、专业技能为核心、素质拓展为目标、校企联动为桥梁”的人才培养模式，以工程教育专业认证标准为根本遵循，理清专业培养目标，合理划分毕业要求指标点，据此设置课程体系，按照OBE（Outcome Based Education，成果导向教育理念）的理念重新撰写教学大纲，让老师接受“学生中心、成果导向、持续改进”的理念，并贯彻到自己的各个教学环节。为此，学院建立了本科教学质量保障体系，将各项教学环节的质量要求和评价方法以文件的形式固定下来，并贯彻执行下去。此前，学院顺应时代趋势，于2019年提出增设人工智能专业的申请，经教育部审核批准于2021年开始正式招生。除了上述专业建

设层面改革外，学院在课程建设、教材建设、教研教改、青年教师培养等方面都采取了切实有效的改革措施，开创了崭新的局面。

2019 年，学院的软件工程专业被评为山东省一流专业建设点；数据结构课程被确定为山东省一流课程培育项目；计算机网络和数据库原理与应用课程被确定为聊城大学一流课程培养项目；数据结构和数据库原理与应用课程被评定为聊城大学金课；学院获得 5 项教育部协同育人项目、1 项校级重点教改项目、1 项校级一般项目、1 门校级规划教材等。

2. 改到深处是课程、改到实处是考核

改革需要不断地向纵深挺进。正像专家所言“改到深处是课程、改到实处是考核”。学院将教学改革的重点放在了课程改革上，因为学生毕业要求达成度要体现在每门课程的达成度上，这是基础、是源头。只有从源头抓起，让每一位老师按照 OBE 理念重新设计教学大纲，并据此细化到每个教学环节，方能保证学生的学习成果。然而，这靠老师自觉或者顺其自然是达不到的，必须要在以下三大方面进行严格的审核把关，方能达到目标。

（1）审核教学大纲（其中包括课程考核方式）。审核课程目标设计得是否科学合理，是否完全覆盖所分配的毕业要求指标点，支撑指标点的达成是否按照布鲁姆认知层次来描述学生所获得的知识能力素养；审核课程的教学内容、教学环节、方式方法等是否能够支撑课程目标的达成；审核课程的考核方式、评分标准是否科学合理，能够对课程目标的达成进行有效评价。

（2）审核试卷。主要指审核期末考试试卷，试卷是否按照课程大纲中所支撑的课程目标进行了科学合理的命题，试卷是否侧重于考核运用所学知识分析问题、解决问题的能力等。

（3）审核课程分析报告。课程考核结束，课程组都要提交课程分析报告。报告要分析课程目标达成情况，提出改进措施，特别是某些课程目标没有达成或达成效果较差的，要制定整改措施，并在今后的教学中加以落实。

值得注意的是，以上三大方面工作都要环环相扣，否则就可能前功尽弃。

3. 混合式教学改革恰逢其时

OBE 理念的核心就是“成果导向”，就要从关注教师教得好不好转变到关注学生学得好不好，而学生的学习兴趣恰是影响学习效果的关键因素，尤其在地方高校学生中更明显。那么，如何提高学生的学习兴趣？除了学生自身的因素外，改变传统的教学方式和方法就成为题中之义。利用在线课程开展混合式教学改革被确定为学院开展课程改革的突破口，因此，学院先期批准建设了 4 门在线课程，分别是数据结构、计算机网络、数据库原理与技术和操作系统，并鼓励老师们开展混合式教学改革试点，学院给予教学工作量补助。突如其来的新冠肺炎疫情将我们本来要改革试点的尝试推到了前台，将在线教学大规模实验、探索的步调骤然前移。庆幸的是学院老师早有了技术储备和平台储备。

## 三、计算机学院线上教学情况概览

我院线上教学开展的情况如何？要靠数据说话。总体来看，所有授课教师都全部开展了在线教学工作，并能够按照教学计划正常推进。在教学平台的选择上，首选的是 U+新工科智慧云平台，其次是聊城大学网络教学平台（超星），另有两位老师选择了传智播客高校教辅平台作为 Java 与面向对象技术（上机）课程的线上教学平台。关于课程直播/录播，多数

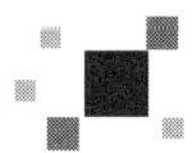

老师采取了录播方式，但也有部分老师采用成熟的商用直播平台，比如斗鱼、钉钉等，也有老师采用了 U+平台直播或者超星直播，还有老师采用了直播+录播相结合的方式。下面主要是截至 2021 年 4 月 14 日学院老师使用较多的两大平台的线上教学数据。

1. 平台数据来“说话”

超星平台线上教学数据：建课教师数 30 位、课程数 53 门、学生数 5 338 人、课程资料数 622 个、任务点数 810 个、题库题量 2 776 道、作业库作业数 248 次、共建老师数 14 位、总讨论数 6 428 次、总发帖数 446 个、总回帖数 5 763 个、课程 PV（Page View，页面浏览量）数 2 748 978 人次。

U+新工科智慧云平台线上教学数据：使用教师 35 人，覆盖学生 1 518 人，创建课程 66 门，直播课程 242 场，发布作业 186 次，上传资料 2 989 个，上传 PPT 838 个，发布实验 38 个，上传视频 1 349 个，发布公告 121 个。具体情况如图 1 所示。

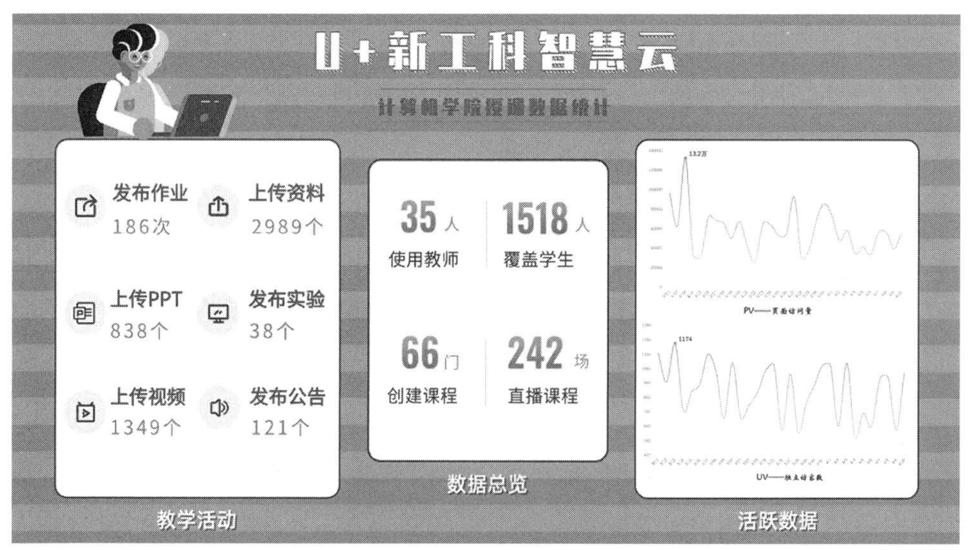


**图 1　计算机学院在 U+平台在线教学数据统计图**

从上述数据来看，老师们都上传了数量可观的 PPT、视频以及各种学习资料，布置了足量的作业（包括课前预习、课堂测验和课后达标作业），安排了适量的网上实验，设置了可观的任务点引导学生一步步学习，开展了大量的讨论以引导学生深入思考、交流，激发学生兴趣，调动学习积极性。

据了解，赵海勇老师针对在线教学无法保证学生参与度的问题，设计了问题驱动式在线教学方式，依托超星平台，分课前、课中和课后 3 个阶段来实施。

课前，下达学习任务和学习目标，让学生带着任务去预习以实现课前学习目标。课中，针对重点难点问题设计 3 ~5 个典型问题让学生回答，对于学生精彩的回复，给予加分奖励。鼓励学生提出自己的问题，对于具有代表性的问题，进行加精和置顶，这样有利于其他同学进一步的学习。课后，学生可进一步对代表性问题进行思考，并完成章节相应达标测试。

截至 2021 年 4 月 14 日，赵海勇老师的两个教学班，老师总共提出问题 49 个，回复问题 232 个，学生总共提出问题 287 个，回复问题 1 013 个。从这组数据可以看出，学生提出并回答的问题数量远远超过了老师，体现了学生对问题驱动式在线教学的充分认同，真正实现了以学生为中心的教学。赵老师的这种教学探索非常有价值，符合教育教学改革的目标要求，值得其他老师学习与借鉴。

这是单纯从学院自身角度来看，下面我们横向比较一下。通过超星平台的后台管理系统进行院系比较。

图 2 是本学期全校老师自建课程的课程发布考试数量院系对比，我们计算机学院老师发布的最多，排在第一位（柱状图最下面），是 70 次。图 3 是全校老师自建课程发布考试数量对比的排名前十的情况，计算机网络课程排第一位，这门课是我们计算机学院的专业核心课。应该说，全院老师们付出了较之正常教学更多的精力和辛劳，向他们致敬！

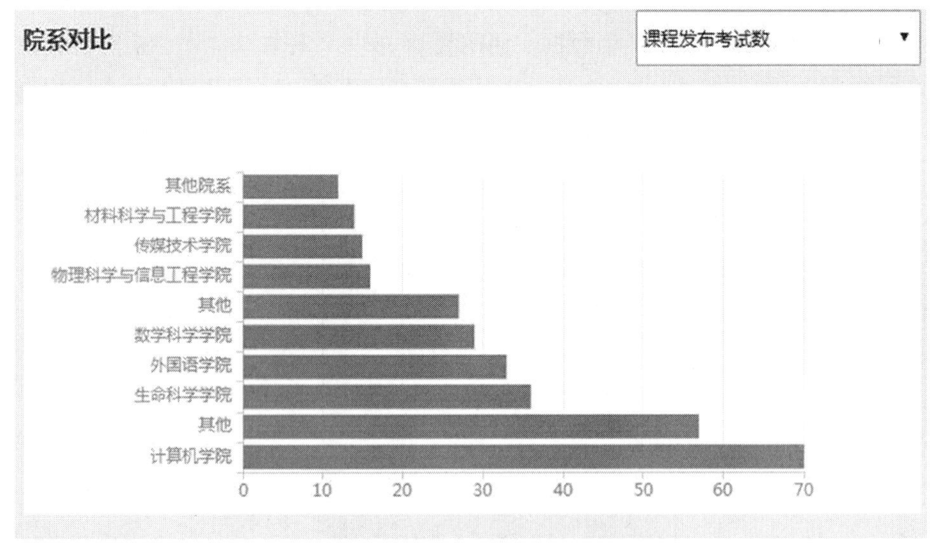


**图 2　院系课程发布考试数量对比图**

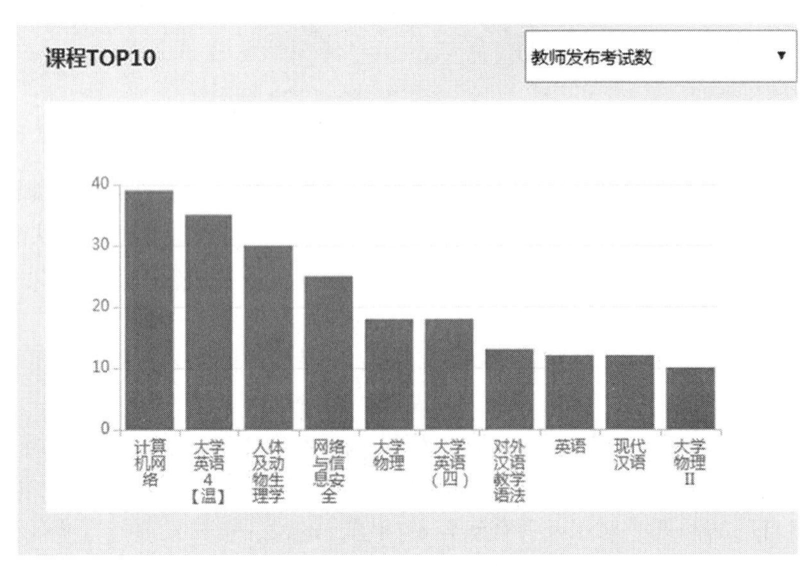


**图 3　课程发布考试数量对比图**

这些成绩的取得既得益于超前谋划，也得益于学院对在线教学工作精心的组织安排。

2. 教学工作靠组织

对于本学期的在线教学，学院主要采取了以下措施：

（1）根据学校整体要求，结合实际制订了学院的在线教学工作安排，并抓好落实。

（2）适时地召开党政班子会议、系主任会议，研究部署在线教学工作。其中，由教学副院长组织了多次系主任会议，重点总结教学情况、讨论研究在线教学中遇到的问题及解决办法。

（3）安排各系组织在线教学研究，开展总结反思，注重教学方式方法的创新，在此基础上推选优秀典型。应该说，我院老师非常踊跃，截至目前，我院向学校共推荐典型教学案例23项，提出了创新的教改方法，比如问题驱动式在线教学方法已被推送到教师发展中心的微信公众号。还有于承敏老师的典型教学案例被推荐参加山东省教育学会的优秀教案评选。

（4）安排学院督导组成员开展线上教学督导工作。要求每位督导者成员至少检查5位老师的教学情况，包括直播录播、教学大纲、教学日历、课件资料、作业布置、章节测验、辅导答疑等，做好检查记录，并形成督导小结。

3. 教师心得示优劣

在线教学好不好，它的优势和不足有哪些？一线教师最有发言权。

赵海勇老师说："在线教学最大的优势就是学生可以随时随地学习，少了课堂教学的约束，多了自由选择的灵活；其次，平台提供了在线辅导答疑功能，拓宽了师生互动的渠道，可以更好地调动学生学习的积极性。"

韩玉艳老师说："'互联网+教学'成为现阶段教师的主要授课方式，它的出现使得师生在疫情当前的教与学中游刃有余。教师通过互联网以及各大教学平台，将教学方式多样化，信息化。学生通过线上平台，使用优质教学资源提高自我主动学习新知识、新技术以及解决实际问题的能力。"

桑红燕老师总结道："①在线教学可以提供更加直观、全面的学习情况统计，能够了解学生每个知识点的学习情况，有利于因材施教，教师还可以根据情况随时调整教学内容及教学设计；②在线教学有利于发挥多种评价方式的优势。利用教学过程中的在线测试进行诊断性评价，根据作业批改情况进行形成性评价，再加上后期的课程设计、期末测试的总结性评价，全面合理地对教学和学习情况进行评价。③使用讲授法、案例教学法、演示法、练习法等教学方法与在线教学相结合，能够吸引学生注意力，激发学生学习兴趣，真正提高在线教学效果。④在线教学的不足是无法对学生进行面对面的课堂约束，但利用在线平台可以进行多种教学互动。签到、问答、测试等，还可以组织讨论，分组教学等。"

4. 学生心声显效果

关注教更要关注学。在线教学的效果如何，学生也有发言权。以下两名学生的心声很有代表性。

计算机科学与技术2018级1班郭修睿："网课这种新的教学方式，有许多的优点，首先，录课学习让学习时间更为宽松，只要在规定时间内完成即可，我们可以根据自己的学习情况进行复习或者提前学习，没学会的知识点也可以反复听，直到掌握为止。"

同班的董文敏："相比于线下上课，线上更加自由，条件约束没有那么多，更加锻炼了我们自主学习的能力。并且对于线上上课我们可以紧跟视频中老师的思路，而且当你有没跟上或不明白的地方就可以拉回去重新看一下，及时弥补漏洞。当然也有不足的地方就是无法进行监控，对于自律性低的同学来说，学习效果无法保证。虽然上网课很新奇，但还是想快点结束这种日子，回到与同学们有说有笑的校园。”

从上述总结可以看出，师生对这种疫情时期如此大规模的在线教学模式给予了充分的肯定，同时也指出了存在的不足。

## 四、扬长避短、乘势而上、将线上教学深入推进

疫情终将过去，我们终将取得全面胜利。当学子们回到校园，开始正常的教学生活后，我们该如何对待特殊时期发挥过重要作用的线上教学？是让它就这样极度灿烂而后昙花一现吗？不，绝不能。我们不能也不应该再回到传统的单一课堂教学模式！在线教学这个说新不新的事物，突然之间以这种特殊的方式来到全体国人面前，让许多人感到措手不及，但是对于有准备的人，对于正在探索教学改革寻求更高质量发展的高校来说，恰恰是一次绝好的发展机会。我们应该认真地总结反思，扬长避短，将在线教学向更高层次推进。

### 1. 挖掘优势、弥补劣势

在线教学的优势可归纳为“三平台一依据”，具体就是：

（1）为老师提供了随时随地搭建课程的平台：老师可以充分利用小的片段时间将自己准备或临时发现的有价值资料上传平台，也可以灵活选择时间进行录课，打破了时空的限制。

（2）为学生提供了随时随地开展学习的平台：学生既可以集中时间进行直播或录播视频的学习、参与老师的集中答疑等，也可以利用零星时间学习短资料、提问、答题、参与讨论等。

（3）为师生提供了在线辅导答疑交流的平台：许多在线教学平台提供了辅导答疑功能，老师和学生都可以提出问题，也都可以回答问题。老师利用此功能，设置激励办法，可以很好地调动学生的积极性，提高教学的参与度，让师生互动起来，让问题探讨深入下去。

（4）提供了形成性评价的依据，有力支撑工程教育专业认证：老师可以设置平时作业、章节测验、实验报告、参与讨论答题等在课程考核中的分值，通过平台留下平时成绩的依据，为工程教育认证提前做好准备。

在线教学的不足主要表现在：

（1）缺少了课堂教学的约束。对于自律性较差的学生，学习效果会打折扣。

（2）对于少部分课程不太合适。比如需要现场推理讲解、公式符号较多的课程，再比如需要现场操作各种设备的动手实践课程等。

（3）师生之间感情交流不及时、充分，比如眼神、面部表情、手势身体等肢体语言，而这些有时却是激发学生学习兴趣和调动学习者积极性的重要因素。

### 2. 巧设激励、助力混改

既然在线教学具有这么多优势，也存在一定的不足，我们就要扬长避短，推进混合式教学改革，将在线教学和课堂教学相结合，发挥各自所长，避开各自所短。学生返校后，学院将做好必要的衔接，利用 1 ~2 周的时间，让老师们将在线教学中积累的部分难点重点问题进行课堂讲解和分析提高，补上短板。安排极少数推理性强的课程利用晚上或周末补课，将落下的内容补上。同时，要求老师们继续坚持在线教学，将它的优势利用好、发挥好。

学院将进一步出台激励措施，鼓励老师们积极参与线上线下混合式教学改革。通过对教

学内容、方式方法以及考核方式等进行重新设计，发挥好网络课堂的开放性和现实课堂的约束性两个优势，优势互补，取长补短，让师生随时随地地展开教与学，而又能利用现实课堂开展研讨式教学，对重点难点及学生易犯错的知识点进行重点讲解分析，展开研究探讨。如此，混合式教学可谓珠联璧合。我们有理由期待：混合式课堂教学改革将得以快速发展并取得丰硕成果，为提升人才培养质量做出应有贡献，使学生受益，让社会满意！

## 参考文献


[1] 教育部. 关于在疫情防控期间做好普通高等学校在线教学组织与管理工作的指导意见[Z]. 2020-2-05.

[2] 钟登华. 新工科建设的内涵与行动[J]. 高等工程教育研究，2017（3）：16.

[3] 中国工程教育专业认证协会. 工程教育专业认证通用标准解读及使用指南（2020 版，试行）[S]. 北京：中国工程教育专业认证协会秘书处，2020.

[4] 蒋宗礼. 培养计算机类专业学生解决复杂工程问题的能力[M]. 北京：清华大学出版社，2018.

# 高校线上教学质量提升路径研究[①]

## ——基于全面质量管理的视角

梁树广　公维才　焦艳芳[②]

**摘　要**：随着互联网技术、信息技术和智能化发展，线上教学成为教育教学的一种主要形式。然而，目前我国线上教学还没有一个科学、全面系统的教学质量管理方法，这严重影响了线上教学质量的提升。本文将根据全面质量管理理论和方法，分析线上教学质量管理存在的问题，并提出保障线上教学质量的策略和措施，以期为线上教学提供一个有效的管理方法，进而促进线上教学教育质量提升和可持续发展。

**关键词**：全面质量管理；线上教学；教学质量

随着互联网技术、信息技术和智能化发展，线上教学成为高等学校教育教学的一种主要形式，尤其是在线下教学遇到特殊情况不能正常进行时，线上教学成为教育教学的重要形式之一，随之而来的线上教学质量管理也成为影响线上教学发挥作用的关键之处。然而，目前我国线上教学还没有一个科学、全面、系统的教学质量管理方法，社会各界对此问题还未进行深入研究，这严重影响了线上教学质量的提升。因此，如何对线上教学质量进行管理和监控成为教育管理部门亟待解决的问题。全面质量管理方法产生早期，主要应用于保障产品或者服务质量，目前，该方法被引入各个领域用于质量管理，其中包括国内外众多教育机构。线上教学作为教育教学的一种重要教学形式，同时也是一种特殊教育形式，线上教学质量监控工作是高等院校教学质量管理体系的核心构成，对教学质量管理工作的持续改进起到推动作用。因此，有必要将全面质量管理方法引入线上教学质量管理之中。本文将根据全面质量管理理论和方法，分析线上教学质量管理存在的问题，并提出构建线上教学全面质量管理体系和保障措施，以期给线上教学提供一个有效的管理方法，进而促进线上教育质量提升和可持续发展。

### 一、全面质量管理理论在线上教学质量管理中的适用性分析

全面质量管理理论（TQM）最早由费根堡姆在 20 世纪 60 年代提出，其核心观点是企

① 基金项目：基于教师视角的地方高校本科教学质量提升研究与实践（项目编号：Z2016M043）。

② 作者简介：梁树广，聊城大学商学院副教授；公维才，聊城大学商学院副院长，教授；焦艳芳，聊城大学商学院副教授。

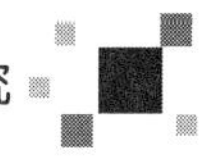

业要生产出价格合理、高质量的产品不能仅由一个生产部门所决定，而是所有职能部门共同努力的结果，并将全面质量管理定义为：为了能够在最经济的水平且能考虑到满足用户要求的条件下进行一系列市场调研活动，在企业内各部门将研制质量、维持质量和提高质量的活动构成有效的运行体系。之后，世界各个国家将全面质量管理方法应用到实践过程，并对其进行了一定创新和发展。其中比较有创新性改进的是戴明的 PDCA（计划、执行、检查、处理）循环、朱兰的质量三部曲（质量计划、质量控制、质量改进）、克劳斯比的零缺陷理论的发展而日趋成熟。1987 年，国际标准组织提出了全面质量管理的新含义：以质量管理为核心，以全员参与为基础，目的在于通过让顾客满意和组织所有成员（包括组织所有者、员工、供方、合作伙伴）或社会等相关方面都能受益而使组织达到长期成功的一种管理途径。从这些定义和研究中可以看出全面质量管理主要具有以下几个方面特征：第一，强调以质量为核心。第二，强调以顾客为导向。第三，强调质量管理的全因素（全面性）、全过程性及全员性。

国内外教育机构积极借鉴质量管理理念和方法，不断引入教育质量管理过程中。教育质量管理大致经历了质量控制、质量保障和全面质量管理 3 个阶段。20 世纪 80 年代，美国高校率先将全面质量管理理论引入高等教育管理，有效地促进了高等教育管理水平的提升。将全面质量管理引入线上教学质量管理中，有可行性和必要性。首先，全面质量管理的理念与线上教学教育理念一致。线上教学是以互联网为主要媒介开展的教育服务，具有服务性质，也属于一种服务产品，主要是为了满足学员的多样化需求或者特殊情况下学习的一种教育活动，即强调以学生为导向。这与强调顾客为导向的理念一致。其次，国际标准化组织已经把教育质量管理纳入标准化管理的范畴。线上教学作为其中一个行业，全面质量管理的理念、方法、标准等也适应于线上教学质量管理。最后，将全面质量管理的理念和方法应用于线上教学质量管理，有利于对线上教学质量进行全面监控和把关，从而提高教学的有效性。

当前，线上教学没有固定教学组织形式，没有有效的监控标准，教学随意性比较大，这严重影响了教学质量。在线上教学中采用全面质量管理方法，有利于强化以学生的需求为导向，全员参与的理念有利于保证学校全体成员参与教学质量的管理。全过程管理理念使线上教学实现了从教学目标、教学内容、教学过程到教学评价的教学全过程质量把关。全要素管理是将影响教学质量的各个因素，如师资、教学设施、教学经费等进行质量把控，有利于提高线上教学质量。因此，在线上教学中采用全面质量管理是可行的和必要的。

## 二、全面质量管理视角下线上教学存在的问题

自教育部 1999 年批准高校试办线上教学以来，高等学校线上教学走过了 30 年发展历程，为我国高等教育做出了突出贡献。高等学校线上教学工作主要包括构建网络教学平台、开发网络教学资源、实施网络教学管理、加强网络教学应用、评价网络教学绩效等方面的具体内容。二十多年来，我国线上教学在追求速度和规模的同时，教学质量管理并没有同步跟进，影响了学生学习的积极性和线上教学的可持续发展。同时，学生主动进行线上学习的意识和技能还有待加强，教师应着力加强对学生线上学习的方法指导和过程监控，使线上学习发挥出积极的作用。

### 1. 未将全员参与、全过程参与的教育管理理念和方法贯彻到教学过程

理念和方法对实际行动起着指导性作用，先进的理念和方法，有利于保障实际工作开展

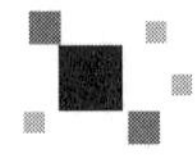



的效率，而落后的理念和方法则会降低工作效率。线上教学具有学习的人数、时间、地点不受限制以及信息量大等特点。正是由于具备这些特点，所以很难对线上教学进行监控管理。虽然线上教学各个方面和环节都会对教学质量产生影响，但是线上教学质量管理只是将个别部门、个别人员纳入教学质量管理体系中，而把一线教师、基层工作人员、学员排除在外，这严重违背了全面质量管理方法中全员参与的理念。实际上，线下教学评价和监督机制都可以迁移到线上教学过程中。另外，线上教学质量管理方法比较落后，注重一些定性和主观性方法对教学活动的评价，而定量评价较少；对教学评价只是用描述方法进行简单汇总，缺乏数理统计分析、因果分析和影响因素分析，这不利于对教学质量进行正确评估，不利于教学质量的提升。

2. 不能够以学生需求为导向

全面质量管理强调以顾客为导向，顾客的需求是企业调整全面质量管理策略的“驱动器”。线上教学作为一种特殊教育服务，本质上，学生就是顾客，学生对线上教学的满意度直接影响教学质量的高低。虽然享受线上教学服务的学生不受空间限制，可以独立自主学习，但是因为他们与线上教学的教师不能进行面对面的交流，使得一些网络教学资源并未满足学生的学习需求，教师线上教学后也没有得到学生的及时反馈。因此，线上教学很容易忽视学生的主体性、主导性。另外，当前线上教学质量管理工作仅由学校管理层负责，而学生是被管理对象，不能参与到教学质量管理活动中，使得学校管理层也不能及时了解与真实记录学生的学习状况，从而不能反馈教学质量信息。

3. 全过程管理体系不完善

全过程的质量管理是全面质量管理中的重要组成部分。线上教学质量管理不仅仅考察教学结果，更应该考察教学全过程中的质量管理，包括教学管理制度、教学内容准备、教学目标、教学评价等要素的质量管理，并且应该利用 PDCA 循环进行循环管理和解决问题。当前的线上教学质量管理不完善，主要表现在以下几个方面：第一，教学目标、教学内容和教学管理存在随意性和松散性，缺乏严格的教学规范；第二，缺乏系统的课程设计标准，难以保证所选课程设计方式能让学生理解并满意；第三，教学过程中缺乏严格教学秩序管理，学生迟到早退现象严重；第四，缺乏教学质量评价。

根据戴明的 PDCA 循环可以进行全面质量管理。即我们做一件事情，首先要做计划（Plan），计划完了以后去实施（Do），实施的过程中进行检查（Check），检查执行结果是否达到了预期，分析影响因素、出现问题的原因，并提出解决的措施，然后再把检查的结果进行改进、实施、改善（Action）。以上 4 步，不是运行一次就结束。一个循环完了，解决一些问题，未解决的问题进入下一个循环。这样把没有改善的问题又放到下一个循环里面去，就形成一个又一个的 PDCA 循环。

4. 全要素管理不全面

全面质量管理认为，质量管理不能单纯地仅仅抓产品质量，而且还要抓其赖以形成的各个要素的工作质量。线上教学本身就是一个大系统，任何一个环节、过程都会影响其功能的发挥，其作用虽有主次之分，但都是不可或缺的一部分。线上教学质量的全要素管理涉及的主要因素有领导重视程度、教学经费、教学设施、教师数量及其积极性、管理人员的专业性等。若对以上任一个因素管理不当，都会对线上教学质量产生不良影响。

## 三、全面质量管理视角下线上教学质量控制策略

在对线上教学进行管理时，需以全面质量管理理念为指导，制定线上教学效果评价指标，形成线上教学质量监控体系，以保障线上教学质量。

### 1. 线上教学全面质量管理的核心思想

线上教学全面质量管理就是在全面质量管理观念指导下，以既定培养目标和质量为目的，依托平台开发，资源库建设，配合成熟的教学管理机制，将质量监控融入日常教学过程的各个环节中，最终保证教学质量。其核心思想主要体现在以下 4 方面：

（1）以学生为中心。在教师、学生、学习平台、学习内容 4 个线上教学的基本要素中，其他 3 个要素都要为学生学习服务，重视学生的自身价值和权利，在教学中不放松“教”与“辅”的力量，充分体现学院、学习平台、教师对学生的尊重、支持、关照和引导。

（2）从学生需求出发。“以学生为中心”的指导思想决定了线上教学首先要研究学生的需求。大数据使教学真正面对每一个独立的个体，通过对学习者的全方位研究分析，形成一个庞大的数据库，为线上教学的改革创新和教学质量的保障提供了有利的技术支持。

（3）全员参与。在线上教学质量监控中，全员参与就是调动教学环节中的所有主体参与质量的把关与控制。

（4）持续改进。即整合质量监控的环节，明确各环节的实施细则与质量标准。

### 2. 线上教学全面质量管理监控体系

在全面质量管理思想的指导下，结合网络教学的所有环节，形成线上教学质量监控体系。

（1）制定培养方案，以明确培养方向与目标。

培养方案是保证教学质量和人才培养规格的重要前提。通过课程体系的科学设计与弹性学制、学分制教学管理制度的实行，实现学生在专业教育、通识教育和个性培养方面的均衡与多样化发展，从源头上保证应用型人才培养的教学质量。

（2）规范教学全过程，以保证教学质量。

规范的线上教学各个环节的管理，是教学有序运行、提高教学质量的基本保证。教学过程的立体监控主要通过以下 4 个方面来实现：第一，教学过程的实时监控。以课程学习平台为载体，对学习全过程的讲解、有针对性的辅导答疑持续关注。第二，作业及时反馈。计算机（手机）、PPT、话筒等成为线上教学必不可少的设备，整个教学过程中，学生眼中充满了大量的文字或图片，耳中充满了足够清楚的讲解，但大量的信息，即使认真听讲的同学也很难一时间全部听懂，就更不用说那些不认真听讲者。因为时空的限制，教师无法通过学生的眼神、神态等确定学习效果。因此，课后作业必不可少。为了提高学习质量，老师必须及时跟踪学生的作业完成情况。第三，考试组织的科学推进。推进考试组织管理的制度化、精细化、信息化和人性化。第四，综合实践的强化与改革。针对不同专业学科属性，丰富实践环节内容与形式，推进毕业论文全平台化管理与监控。

（3）构筑学习支持服务模式与体系。

学生支持服务是线上教学过程的重要环节，是远程学习者有效学习的保障。坚持“以学生为中心、双向交互”的服务理念，通过了解与分析学生的实际需求，包括线上学习指导服务的需求、教学资源内容与形式多样化的需求等，建立起集技术支持、资源内容支持、

信息支持和情感支持于一体的特色服务模式，保证学习质量。

（4）构建高质量的教学效果评价与反馈指标体系。

教学效果评价是体现并检验教学质量的重要环节。教学效果的评价，除了针对学生当时学习效果的考核以外，还借助课后作业的收集与反馈状况，对相关教师的教学过程做出反馈评价。通过对教学过程的认识，发现问题，改进革新，促使整个教学环节形成教学质量可持续提升的闭环。

## 四、全面质量管理视角下线上教学的保障措施

为了更好地实施网络教学全面质量管理体系，高校需要在组织、制度、评价和持续改进方面进行保障。

1. 建立线上教学全面质量管理小组

根据全面质量管理全员参与、全过程参与和全要素参与的理念，将涉及线上教学的相关人员，抽调一部分组成领导小组。该领导小组成员可以包括教学管理部门相关人员、网络管理部门相关人员、学生、参与在线授课的教师以及相关领域与行业类专家等。该领导小组定期召开会议，抽查评价相关课程。

2. 建立贯穿全过程的线上教学管理制度

建立从教学目标设立、教学内容设计、教学评价、网络资源等的教学管理制度，使老师教学时有据可依，学校管理时也有章可循。

3. 建立全面质量监控指标体系

建立线上教学全面质量监控管理体系，该体系应包含全过程的要素评价，既有主客观指标相结合，又有定性分析和定量分析，重点分析影响线上教学质量的因素，并为后期持续改进提供依据。

4. 建立持续改进体系

根据 PDCA 循环，全面质量管理是一个闭环，不仅在于制订计划、执行计划、检查计划，最终是在发现问题的同时，进入下一循环后消除上一级循环中的问题，并在循环内持续改进。如此多次循环下去，才能保障线上教学全面质量管理的持续改进。

## 参考文献

[1] A. V. 菲根堡姆. 全面质量管理［M］. 杨文士，廖永平，译. 北京：机械工业出版社，1991.

[2] 潘艺林，等. 我国网络教育质量管理范式研究［J］. 复旦教育论坛，2012（2）：76-81.

[3] 周自波，等. 供给侧改革视阈下网络教育质量提升路径研究［J］. 中国电化教育，2019（12）：53-60.

[4] 卢俊岑. 基于全面质量管理的社区教育教学质量管理研究［J］. 西北成人教育学院学报，2019（3）：21-25.

[5] 孙柏祥. 高等学校网络教学的管理与应用研究［J］. 电化教育研究，2010（10）：53-55.

［6］王运武，等．疫情防控期间提升在线教育质量的对策与建议［J］．中国医学教育技术，2020，34（2）：119-128．
［7］梁书华．基于在线课堂教与学的过程质量监控［J］．现代教育技术，2018（S1）：140-144．
［8］倪庚，等．基于全面质量管理理论的本科教学质量监控工作评价指标体系的构建［J］．教育理论与实践，2019，39（33）：15-16．

# 疫情下高校线上课程建设的思考与探索

唐明贵　邬云菲[①]

**摘　要：**新冠肺炎疫情期间，线上课程在高校教育中普及。与传统的线下教学相比，线上课程有优势，也有不足。反观线上教学开展现状，高校应以本次疫情防控为契机，充分发挥线上课程优势，推出优质课程，提升教师信息素养和操作技能，培养大学生自主学习能力。线上线下课程相互融合是未来高校教育发展的必然趋势，不断完善平台运行机制，促进网络升级提速，才能保障线上课程长足发展。

**关键词：**高校教育；线上课程；健全机制

当前，新冠肺炎疫情尚未完全消除，各大高校根据当地疫情实际情况，开展线上课程已成为最大限度减少疫情对教育教学影响的应急措施，对疫情期间的高校教育发挥重要作用，但与线下教学相比也存在不少问题。线上课程不能只是疫情期间的短暂实验，应利用这个契机不断优化发展，待疫情结束后与线下课程相互融合，共同促进高校教育教学的发展。

## 一、疫情期间高校线上开课的基本情况

受疫情影响，高校第一次大规模开展线上教学，线上课程临危上阵，降低了疫情对高校教育教学的影响。据新华网统计，截至 2020 年 4 月 3 日，全国在线开学的普通高校共计 1 454 所，95 万余名教师开设 94. 2 万门、713. 3 万门次在线课程，参加在线课程学习的大学生达 11. 8 亿人次。2020 年第一季度，我国在线课程平台上线慕课上涨了 5 000 门，其他在线课程增长了 1. 8 万门。以聊城大学为例，开展线上教学第一周，就有 26 个教学单位、923 名教师开设了 1 011 门课程，主要依托中国大学 MOOC、智慧树、超星平台等教学平台结合班级 QQ 群、微信群、钉钉等直播平台，为 193 634 人次大学生提供了在线教学服务。开展线上课程是疫情期间高校教育最有效的方式之一，但与传统线下教学相比，线上课程既有其自身的优势，也有很多不足的方面。

1. 高校线上课程的优点

线上课程在疫情特殊时期成为高校教育的主要方式，以其不受时空限制、灵活多样、资源共享等优点在很大程度上为高校教育发挥着重要作用。

---

① 作者简介：唐明贵，聊城大学政治与公共管理学院院长，教授；邬云菲，聊城大学政治与公共管理学院本科生。

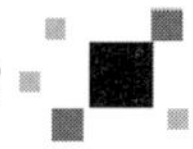

（1）突破时空限制。

突如其来的疫情让高校师生迟迟不能返校，高校大学生分布广，如期开学流动范围广，开学有较大难度。高校开展线上课程多采用教师录播和直播等形式，打破了师生之间教与学的时空限制，教师居家办公，发挥能动性教学；大学生在家随时随地学习，可通过回放录播、回看直播反复学习课程，深刻理解并牢固掌握相关课程知识。

（2）方式灵活多样。

线上课程包括录播、直播等方式，可通过慕课、线上共享文字和音频等学习资料，让高校教师传授知识的方式更加灵活多样。许多高校课程是第一次在线上开展，有新鲜感，容易激发学生的学习兴趣。同时，大学生在学习自己学校开设的专业课程的基础上，可对感兴趣的课程灵活选择与学习，大学生学习更加有针对性，更加个性化，真正实现“停课不停教、停课不停学”。

（3）资源免费共享。

据中国青年报统计，截至2020年2月2日，教育部组织22个在线课程平台免费开放在线课程2.4万余门，覆盖了本科12个学科门类、专科高职18个专业大类。大学生居家自学不仅能学习本校课程，也能免费学习其他高校的精品课程。清华大学等高校对外开放线上课程，中国知网对公众开放，大学生可凭身份验证免费检索文献资料，线上资源越来越大众化，大学生获得的资源差距缩小，有利于大学生拓展知识面，活跃思维。

2. 高校线上课程的不足

正如一个硬币总有两面，任何事物都有其两面性。尽管我国已经在完善线上教学系统，但由于此次疫情的特殊性，对其首次大规模检验还是暴露出不少问题。

（1）线上学习平台运行不稳定。

与线下课堂相比，线上交流沟通不够顺畅，易受不稳定性因素影响。画面清晰度、音频流畅度受网络稳定性影响较大。教学过程中学习平台无法登录、课程中途视频卡顿、网络延时、服务器崩溃等情况时有发生。例如，在全国大学生同上一堂疫情防控思政课时，因同一时间点击人数（近3 000万大学生）过多而使平台卡顿无法准时上课，让大家都陷入焦急的等待中，影响其他课程时间安排。

（2）网络通畅度和信号不好。

线上课程最常见的问题就是视频加载速度慢、互动消息延迟发送、提问问题发送不出去等网络堵车现象时有发生。同时，学生因信号不好不得不频繁登录、教师因网络不畅无法正常上课、学生因听课过程中声音图像不匹配而无法正常听课等现象也是屡见不鲜。因为网络信号问题，某些山区大学生甚至每天要走很远才能找到微弱网络信号，某些大学生为节省流量到别处蹭网才能上网课。

（3）线上课程互动性不高。

线上课堂虽然突破了时空限制，让师生同上一堂课，但正因为时空距离，教师不能及时了解屏幕对面大学生的学习状态，无法了解大学生听课的反应，不能判断教学效果，时常陷入无人理会的尴尬处境。据相关教师反应，上课前期教师调试设备时互动最多，在课堂提问环节中连线超时无人回答而只能自问自答的情况常见。除师生互动不多外，在线教学也会减少同学们在课堂上的互动，如小组讨论在上课过程中难以实现，上课期间如果需要小组讨论，只能通过其他平台或软件进行，甚至需要暂时离开课堂，教师不好把控讨论时间，也不能及时给予指导，交流结果也很受影响。

（4）线上课程教学质量不高

某些习惯于传统线下课堂教学的高校教师面对教学终端不免有些生硬，独自面对屏幕，缺乏同一空间下的课堂氛围，很多时候，有些学生一般在线上课签到后就直接退出课堂。居家没有纪律约束，大学生自觉性较差，不能按时上课，注意力不集中，甚至在上课期间玩游戏、聊天、看视频娱乐等。因此，对于那些自律性较差的学生而言，线上教学质量堪忧。因此，线上教学质量与线下教学不能实质等效。

## 二、高校线上课程存在问题的原因

线上课程暴露出的问题，究其原因，既有软硬件设施不足的客观因素，也有教师线上操作技术不熟练和大学生自主学习意识不强等主观因素。

1. 线上学习平台容量不足

目前，高校用于开展线上教学的学习平台有限，主要是超星学习通、智慧树、中国大学MOOC、钉钉等，线上学习平台容量不足，高校师生人数众多，难以避免多校师生同时用同一学习平台的情况，而同一时段流量集中爆发、多人同时在线登录极易导致平台运行出现问题，并且线上服务支持不到位，网络和服务器稳定性亟待提升。

2. 网络速率和覆盖率不高

我国人口基数大，随着网络的普及特别是疫情以来线上教学的广泛开展，网络使用量激增，网络容载量不足；目前我国网络系统正由4G向5G转换，网络性能仍需优化。特别是城乡网络基础设施差距大，全国网络覆盖不均衡，一些山区和农村网络信号差，对于这些地方的大学生课堂参与度与学习效果造成不良影响。

3. 教师线上操作技能不熟练

全国高等学校质量保障机构联盟秘书处委托厦门大学教师发展中心开展线上教学情况调查的结果显示，疫情之前未开展过线上教学的教师4 331人，占调查人数79.57%。八成教师是第一次尝试线上教学，也是在探索中学习和使用，平台操作不会用、不熟练，尚未完全适应自己网络授课主播的新角色；将传统线下教学的流程照搬线上，未能有效利用平台的互动技能；以单方面知识输出为主，忽视了线上教学与线下课堂的差异，对课堂秩序掌控不力，课堂吸引力不足，不能有效调动大学生的学习积极性。

4. 大学生自主学习意识不强

不少高校大学生仍不习惯线上教学的方式，对线上教学认识不当，认为线上课程只是应对疫情“超长假期”的学习方式，学习态度不端正。同时大学生寄希望于开学后教师对重难点重新讲解，再努力追补，将线上学习变为“线上刷课”，以可回放课程重复学习为由不认真对待，学习动力不足，课堂学习效率低。大学生居家缺乏良好的学习氛围，课下也会因为琐事无心学习，课后作业从网上照搬，独立思考成分少，雷同答案屡见不鲜；整理笔记或复习课程更是在教师检查或考试时才进行等。这些行为都体现了大学生居家学习时缺乏自律意识和自主学习意识，常常在游戏、追剧中虚度时光，碌碌无为，整体学习状态不佳。

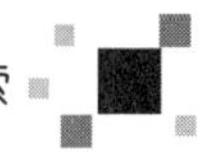

## 三、高校线上课程建设的新探索

随着教育信息化2.0的不断发展，线上课程必然应用到未来高校教育教学中，线上课程应在不断发现问题、解决问题中优化、完善和探索，实现长足发展。

1. 健全线上教学平台运行机制

健全线上教学平台运行机制，首先要扩大线上学习平台同一时段用户登录容量，不断改进软硬件设施，增进平台运行稳定性；定期维护检修，提供线上技术服务支持，为线上教学提供基础保障。同时，完善线上学习平台反馈系统，健全线上课程评价体系：健全包括教师评价、学生评价、用户评价在内的不同维度的线上课程评价体系，对每一节课、每一周、每一阶段都运用评价体系，有利于师生对参与线上课程过程中存在的问题进行有效反馈，实现反馈结果详细化、真实化、个性化，让反馈结果真正为人所用，发挥价值。只有这样，教师才能根据教学反馈结果，详细了解学生课堂参与程度，及时调整讲授方式；学生也可根据学习反馈结果，找到同一阶段自己与同学的差距，重新合理定位，激发自己的学习动力。

2. 加快全国网络升级全覆盖进程

网络是开展线上教学的关键因素，线上课程对于网络的要求更加严格，网速、通畅度都应得到进一步提升。各大电信运营商应加强全国网络联通，增强网络稳定性以使画面清晰、音频流畅；完善偏远地区的信号塔和网线的搭建等基础设施，促进无线网络发展，城乡统一标准加快建成5G网络基础设施进程，优化网络性能和速率，真正做到提速降费。就目前疫情阶段来说，高校应对参与线上课程有客观条件限制或困难的大学生进行补助，避免其因地域网络差异而落下太多课程。未来线上课程也会成为高校重要的教育方式之一，加快网络全覆盖进程，让网络信号覆盖每一个地方，也有助于促进教育公平，打赢教育脱贫攻坚战。

3. 提高教师信息素养和操作技能

教师的操作水平直接影响线上课程的质量，教师应自觉提升信息素养，学习线上教学平台的操作技术。高校应利用本次假期对教师进行集中线上教学培训，通过网络研修、线上辅导等方式教授线上平台操作技术，精准提升教师在课件制作、线上互动、在线直播等方面的能力。相同学科教师可以协作备课，取长补短，提高线上教学的质量和水平。线上课堂教学效果良好的教师应主动分享教学经验和策略，推荐优质的教学平台。教师要综合衡量各平台的优劣，选择适合自己学科的教学平台，并及时调整授课方式，提高课堂趣味性，调动大学生对线上课程的学习积极性，以期取得良好教学成果。

4. 发挥大学生学习主体作用

大学生是学习的主体，高校师生应调整心态，将线上教学作为防控疫情期间乃至未来学习过程中重要的学习方式，将居家自学作为大学生学习提升、充电续航的好机会，为与开学之后课程的有效衔接做好充足的学习准备。线上课程要发挥大学生作为学习主体的能动性，完善翻转课堂、思维拓展等以大学生为主体的课程运作体系。“师者，所以传道授业解惑也”，教师应改变线上教学策略，以辅导、答疑为主，及时解答大学生在学习过程中的问题，而不是单方面地灌输知识。同时，高校更应该发挥引导和领路人的作用，积极引导大学生自主学习，学习态度由被动上课向主动深度学习转变，充分发挥大学生学习的主动性与能动性。

5. 贯彻以人为本的教育理念

高校教育不应只是教育，更应以育人为目标。将疫情对高校教育的阻碍转化为高校教育方式转变和融合的契机，也转化为补齐高校教育短板的契机。在疫情状态下，增强大学生家国意识、培养大学生的社会责任感是高校教育中必不可少的环节。高校应利用线上课程的优势，建设思想政治教育和生命健康教育专区，宣传在本次特殊战役中冲锋在前的先进人物和英雄事迹，引导大学生学习“90后”“00后”抗“疫”英雄的榜样力量，培养大学生的家国情怀和社会责任感。本次疫情防控工作为高校思想政治教育提供了一本生动鲜活的教材，要引导大学生全面客观地看待本次疫情，用这些鲜活事例和榜样力量激励大学生提高思想境界，奋发进取，学好专业技能，在自己的专业领域发光发热，为国家和社会贡献自己的力量。

6. 建立健全应急管理系统

应急教育应贯穿整个教育阶段，大学生仍然需要应急教育。疫情状态下大学生的课程进度不能落后，心理疏导更不能忽视，要特别关注处于疫情重灾区的大学生的生活状态和心理状态，及时与之交流沟通，疏导恐慌情绪。应将本次疫情化危为机，建立健全大学生应急教育体系，开设应急教育课程，利用网络平台宣传普及应急知识，定期开展情景模拟、应急演习等技能培训，提高高校大学生应急技能，有效提升大学生处理突发紧急情况的能力，不单单是针对本次疫情，更应长远看待，促进应急教育系统化，使大学生在面对其他情况时也能够保护好自身安全。

7. 建立自有在线教学平台

全国有接近3 000所普通高等学校，接近3 000万大学生，难以避免同时上课情况的出现。现有供线上教学的平台和应用软件的数量和容量都不足，同时上课容易造成网络拥挤、平台卡顿和延时等问题。各高校对于线上教学应因校施策，结合自己学校实际情况，综合考虑本校大学生学习状态和生源地分布情况，建立本校自有教学平台，在一定程度上缓解线上教学平台的容载压力，提高线上教学质量。

## 四、结语

疫情结束后，高校课程必然转移到线下，但线上课程的热度不应该急剧下降。线上线下相结合是未来高校课程的发展趋势，线上线下课程融合发展有利于高校学生多样化学习，线上线下只是教育的形式，而教育的本质是立德树人。线上教育热不能退潮，更应抓住这次机会，多方面有针对性地推出多种形式的优质课程，在教授专业课程的同时，加强大学生思想政治教育和应急教育，对大学生进行价值引领，提升高校学生的综合素质。

## 参考文献

[1] 陈晓红. 多措并举，保障疫情下高校线上教学高质量发展 [N]. 湖南日报，2020-03-09.

[2] 郭英剑. 疫情时期，如何保障线上教学质量 [N]. 中国科学报，2020-03-24.

[3] 张曦. 从在线教育临危上阵 谈谈教育信息化的“抗疫力”及发展建议 [J]. 中国现代教育装备，2020 (4): 7-9.

# 自然地理学（二）课程 OLD 三段式在线教学模式构建与实践①

刘子亭　陶宝先　张保华　姚　敏　王　浩②

**摘　要：**受新冠疫情影响，2020 年春季学期自然地理学（二）课程教学采用在线方式开展。根据课程内容结构特点、大学生认知能力发展规律和要求，运用皮亚杰发生认知理论和布鲁姆教育学原理，构建了 OLD 三段式在线教学模式，实施了自然地理学（二）在线教学，将抽象、艰涩的原理具体化、立体化，促进了学生的理解和转化应用。

**关键词：**三段式；在线教学；自然地理学；新冠疫情

## 一、研究背景

传统的高校人才培养模式解决了一系列难题，但面向新时期国家建设和区域发展的人才需求规格要求，存在着诸多问题和不足。有关研究认为，目前我国高校人才培养基本上是在一种封闭的环境中进行学徒式教育，学生分析与综合能力以及解决实践问题的能力与建设创新型国家对创新人才的需求极其不相符，弱化了专业技术人才对社会的适应力和生存力。面向国家战略需求，培养大学生实践创新能力已经成为高校核心竞争力的直接体现。

自然地理学是地理科学类专业学科基础课程，内容涵盖地球表层自然地理环境要素和自然地理综合体的结构、特征、规律、过程及反馈机制等，具有很强的综合性、交叉性、实践性。该课程在第一学年两个学期进行，一年级新生学习该课程具有较大难度。开展实践教学是培养优秀地理学人才的重要环节和专业特色不可或缺的核心组成部分，对培养学生兴趣、巩固专业知识、提高创新思维和实践能力等有着不可替代的作用。在 2020 年春季学期新冠疫情期间，构建了由在线教与学（online teaching and learning）、生活化地理体验（geography for life）、地理实践提升（doing geography）构成协调实施的 OLD 三段式在线教学模式，实施了自然地理学（二）课程在线教学。

---

① 基金项目：2019 年山东省一流本科课程项目“自然地理学（二）”、山东省教改项目（项目编号：M2018X052）、聊城大学 2018 年金课建设项目“自然地理学”。

② 作者简介：刘子亭，聊城大学地理与环境学院副院长，副教授；陶宝先，聊城大学地理与环境学院副教授；张保华，聊城大学地理与环境学院教学院长，教授；姚敏，聊城大学地理与环境学院讲师；王浩，聊城大学地理与环境学院讲师。

## 二、OLD 三段式在线教学模式的构建

1. 模式构建原则

以学生为中心，坚持问题导向，根据自然地理学课程内容结构特点、大学生认知能力发展规律和要求，运用布鲁姆教育目标分类学原理和皮亚杰发生认知理论，创新在线教学模式，激发学生学习兴趣，促进知识、能力、素养综合提高，为专业学习发展夯实基础。

2. 模式结构

自然地理学（二）OLD 三段式在线教学模式，以在线教与学、生活化地理体验、地理实践提升为核心环节，分为课前、课中、课后 3 个阶段进行（模式结构如图 1 所示）。课程教学中，教师面向阶段教学目标，组织引导学生充分利用居家期间的碎片化时间和线上线下、课内课外教学资源，先后实施教学研讨活动，及时反馈和解决学习中的重点、难点、疑点问题，巩固转化提升理论原理。

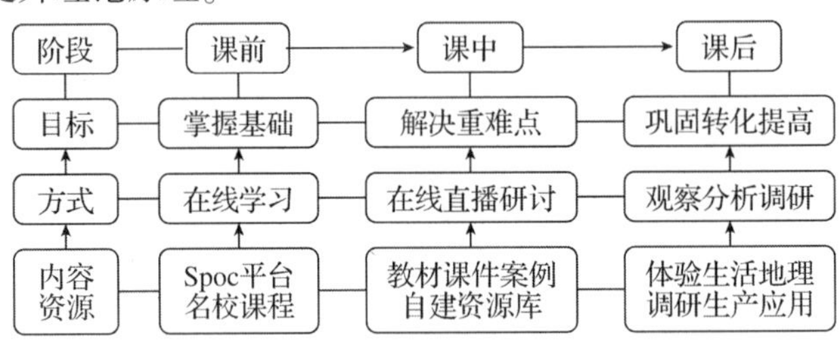


**图 1　自然地理学（二）OLD 三段式在线教学模式结构简图**

## 三、OLD 三段式在线教学模式的实施

1. 在线教与学

在线教学由在线课程资源学习和直播课程教学两部分构成。利用聊城大学在线教学平台，建成了自然地理学（二）SPOC 在线课程平台。选用北京大学陈效逑教授等主讲的自然地理学概论、复旦大学赵斌教授主讲的自然地理学以及南京大学舒良树教授主讲的普通地质学课程部分章节教学视频等，作为课前在线学习资源，组织学生进行学习，帮助学生掌握基础知识；建立了课堂练习题库用于巩固学生的学习成果。在 MOOC 讨论区平台，采用生-师、生-生和生-师-生的模式，开展广泛答疑，引导学生思考并回答问题，鼓励提出不同解释并进行探讨交流。

利用腾讯课堂开展直播教学。直播教学内容主要围绕课程重点进行，并及时反馈学生在课前在线学习中遇到的难点问题，以及在课下实践探究中产生的疑点困惑，及时答疑解惑，对学生进行引导。直播教学中，用中国共产党带领全国人民同心抗疫的伟大斗争的事例，阐释坚持以人民为中心，充分发挥集中力量办大事的体制制度优势，激发学生牢固树立爱国情怀；用“绿水青山就是金山银山”理念和我国目前在生态文明建设上取得的巨大成就，强化学生立志成才报国的使命感、责任感。

2. 生活化地理体验

结合课程学习主题，组织学生观察生活中的地理现象，剖析蕴含的地理学原理。譬如，在完成了“水循环”部分在线学习后，组织同学们对比家中栽植的同一种花卉在室内、室

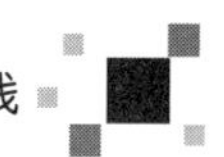

外不同温度下的灌溉周期，引导学生分析影响水循环的主要因素，总结出温度、湿度、风等条件的作用；通过对比大叶花卉和仙人科花卉等不同种类花卉的生长发育环境条件指标要求，分析水、热梯度变化对植被和生态环境的影响等。

在地貌学部分，指导同学们观察家庭所在地的地形地貌，使用手机定位系统测量行走路线，采集路径、距离、高差等数据，绘制观测区等高线图和地貌概图。组织同学们使用花伴侣植被识别软件，识别观测区植被名称、类型，统计样方植被多样性。组织居住在山地丘陵地区的同学，对比不同坡向和海拔高度植被类型和多样性差异，并在直播教学中进行交流。

3. 地理实践提升

为了进一步提升学生的地理学专业素养，培养学生运用地理学原理分析区域问题的能力，针对地理学学科的区域性、综合性、交叉性的特点，围绕当前热点问题组织开展了调查研讨。

引导学生参与生产实践活动，培养学生运用地理学原理解释及解决问题的能力。以当前广泛应用的设施农业的温室为例，组织学生到农村温室蔬菜生产基地或市区温室花卉基地测量温室内外温湿度和蔬菜花卉生产状况，了解高新技术对现代农业的支撑作用原理，并提出进一步优化生产的建议等。通过数据分析和小范围测试，部分同学提出了加强温室大气和土壤温湿度精细化监测，及时采取通风、调湿等措施进行干预，有效促进了生产活动的顺利开展。

在学习了各自然地理学要素之后，组织学生以家庭或居住点所在地区为研究区，开展调研，并进行课堂研讨交流。调研任务发布后，同学们积极行动，认真开展调研工作。例如，在接到了水资源可持续利用调查任务后，同学们通过仔细分析任务目标要求，制定调研方案，采用网络文献检索、在线数据查询、问卷星问卷调查以及专家咨询等方法，克服种种困难，收集当地水资源利用方式、数量等基础数据，剖析现状、存在的问题及原因，提出实施水资源可持续利用的措施，按时提交调研报告。在直播教学课堂上，同学们就调研中发现的问题摆事实讲原理，各抒己见、展开交流。老师注重引导学生在研讨中剖析水资源可持续利用问题的复杂性和多解性，运用综合分析的观点明确主次原因，并制定强化科技支撑、提高利用效率、加强风险管控等可行性合理化措施。

在新冠疫情形势下，组织学生利用居家期间充裕的时间和在线课程平台技术及名校网络课程资源优势，通过开展在线教与学、线下生活化地理体验以及生产实践应用，将自然地理学课程抽象、艰涩的原理具体化、立体化，促进了学生的理解和转化应用（如图 2 所示）。

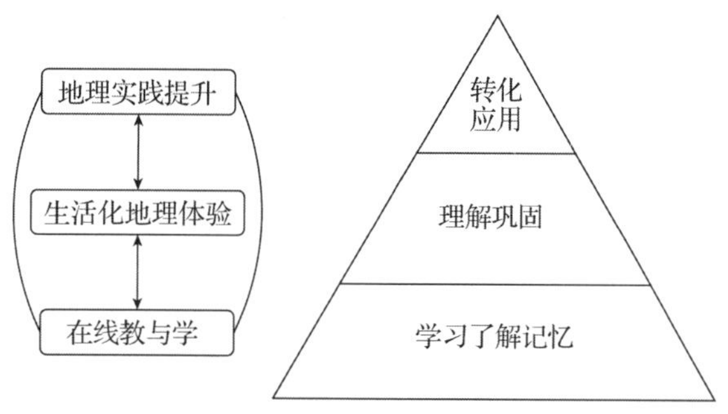


**图 2　自然地理学（二）OLD 三段式在线教学模式运行简图**

## 四、讨论与结论

在新冠疫情形势下，在线教学显著改变了传统教学模式，极大地推进了优质教学资源的传播。同时，对于实践性较强的自然地理学（二）课程而言，无论是课程资源和环境条件，还是师生之间的即时沟通交流等，分散居家在线教学又受到明显局限。通过构建自然地理学（二）OLD 三段式在线教学模式，充分利用优质课程资源，通过开展生活化地理体验以及地理实践提升，激发了学生学习兴趣，强化了学生课前、课中、课后的过程性学习。同学们积极参加学习、勇于开展实践、充分交流探索，并较好地掌握了网络学习交流的方法，加深了自己与家庭成员的情感，展示了当代大学生青春向上的进取精神、敢想敢做的冒险精神、吃苦耐劳的优秀品质和百折不挠的坚强毅力。

值得一提的是，由于疫情影响，自然地理学野外考察和室内试验项目未能如期开展，同学们对自然地理学课程经典理论原理的深度理解掌握和转化运用仍显不足，对 OLD 三段式教学模式的进一步评估与改进需要在下一步工作中有序开展。这些存在的问题和不足，有待新学期自然地理学教学工作的进一步改进解决。

## 参考文献

[1] 李志峰，周璇，谢峻林. 研究性学习与网络平台下大学生创新能力的培养 [J]. 合肥工业大学学报（社会科学版），2007：110-114.

[2] 卫灵. 关于中印人才培养与国际竞争力的认知与分析 [J]. 教学与研究，2010（4）：86-91.

[3] 黄杰. 实践创新项目驱动模式下的新型微波技术人才培养探索——以西南大学为例 [J]. 西南师范大学学报（自然科学版），2018（3）：139-143.

[4] 齐行权，王海峰. 独立学院大学生实践创新能力培养探析 [J]. 黑龙江教育（高教研究与评估版），2013（10）：39-40.

[5] 王建，张茂恒，王国祥，等. 现代自然地理学实践教学改革和实习体系创新 [J]. 中国大学教学，2010（4）：70-72.

[6] B. S. 布卢姆，等. 教育目标分类学第一分册：认知领域 [M]. 罗黎辉，丁证霖，等译. 上海：华东师范大学出版社，1986.

[7] J. 皮亚杰. 发生认识论原理 [M]. 王宪钿，等译. 北京：商务印书馆，1981.

# “互联网+”背景下的线上线下混合教学设计与实施[①]

包春江[②]

**摘　要**：从混合式教学理论的角度进行线上线下混合教学设计，对混合式教学实施的全过程进行系统思考，包括教学平台与教学资源、教学设计与教学组织、教学内容与教学方法、教学活动与过程评价、教学研究与经验分享等方面。旨在把线上资源和传统教学模式有机整合，以网络课程为平台实现教与学的有效结合，助力学生自主学习，激发学生的学习兴趣，提高教育教学质量，促进学生可持续发展。

**关键词**：混合式教学；主动学习；深度学习；教学设计

随着互联网及新媒体的发展，全球已进入信息化、数据化的新时代，现代教育技术与互联网结合，给高校的课堂教学带来了新的机遇和挑战。教育部2018年出台的《教育信息化2.0行动计划》明确提出了推进“互联网+教育”、坚持信息技术与教育教学深度融合的核心理念，新时代全国高等学校本科教育工作会议的召开和一流课程“双万计划”的实施，明确要求高校必须积极建设各类课程的在线资源，推进教育理念、教学内容和教育教学模式与方法的深刻变革。混合式教学模式不是一种全新的教学方法或理论，而是在“互联网+”背景下对传统教学模式的继承和发展。如何继承和发展好，推进大学课堂革命，是新时代高等教育工作者的使命和担当。

## 一、混合式教学的理论基础及基本规律

混合式教学是指包含线上教学与线下教学两种教学方式的教学模式。“线上教学”和“线下教学”即是我们常说的在线教学和传统教学。混合式教学模式取长补短，充分地融合了在线与课堂的教学优势。教师开展线上线下教学改革的目的是鼓励学生自主学习，提升学生的学习深度。

---

① 基金项目：本文为山东省本科高校教学改革重点项目“机械类专业应用型创新人才培养模式改革与实践”（项目编号：Z2016Z028）、聊城大学本科教改课题“‘创新力牵引、科产教融合、知创行合一’机械类应用型创新人才培养机制研究”的阶段性研究成果。

② 作者简介：包春江，聊城大学机械与汽车工程学院院长、教授。

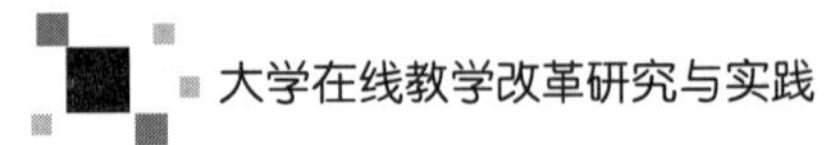


1. 混合式教学的理论基础

基于混合式教学的概念界定，本文将主动学习理论、深度学习理论、首要教学原理作为混合式教学的理论基础。

（1）主动学习理论。

学习过程是通过一系列内在心理动作对外在信息进行加工的过程。主动学习是促进知识由短期记忆转化为长期记忆的最佳方式。混合式教学，通过教师的指导和帮助，学生以自主学习和合作探究的学习方式参与到真实问题解决的实践活动中，通过观察与内省获得知识和技能，掌握解决问题的思路与方法，实现自我超越，即“做中教，做中学，做中求进步”。

（2）深度学习理论。

认知过程的维度包括记忆、理解、应用、分析、评价和创造六个层次。传统教学中，教师大多关注学生浅层学习活动，即如何帮助学生实现对知识的记忆、理解，而忽视了应用、分析、评价和创造等高阶思维活动，即少有关注知识的综合应用和问题的创造性解决。深度学习理论主张教师应该将高阶思维能力的发展作为教学目标的暗线贯穿教学始终。在混合式教学中，浅层的知识学习发生在课前，知识的内化在有教师指导和帮助的课堂中实现，促进学生高阶思维能力的提升。

（3）首要教学原理。

首要教学原理认为，当学生解决真实世界中的问题时，其学习效果会得到改善；有效教学包括激活、展示、运用和整合 4 个阶段，其核心思想是只有当教师的问题设计是面向真实世界且给学生提供相应的问题解决指导的时候，学生的有效学习才会发生，教师的教学效能才会得到提升。该理论不仅强调教学设计要关注对学生学习过程中问题解决方面的指导，而且要求教师转变讲授式教学理念，从知识的传递者转变为学生学习过程中的指导者、促进者。

2. 混合式教学的基本规律

无论是线上课程还是线下课程，课程的学习和教学是有规律的，各种教法在基本的逻辑上是确定的。我们不要被学科专业不同、课程类别差异、教无定法等表面现象迷惑，而是应努力依据学习和教学的规律去实现教学目标。混合式教学的基本规律如下：第一，学习是学生主动参与的过程；第二，学习是循序渐进的经验积累过程；第三，不同类型的学习的过程和条件是不同的；第四，教学是学习的外部条件，有效的教学是依据学习的规律对学生给予及时、准确的外部支持的活动。

## 二、混合式教学的设计与实施

混合式教学从外在表现形式上是采用“线上”和“线下”两种途径开展教学的，但线上教学不是整个教学活动的辅助，而是必备活动；线下教学也不是传统教学活动的照搬，而是基于“线上”的前期学习成果而开展的更加深入的教学活动，混合式教学改革一定要重构传统教学。基于混合式教学的理论及规律，笔者对线上线下混合式教学全过程进行系统设计，包括教学平台与教学资源、教学设计与教学组织、教学内容与教学方法、教学活动与过程评价、教学研究与经验分享等方面，实现自主学习的高效和深度学习的高阶。

1. 教学平台与教学资源

（1）选择适合的教学平台，支撑线上教学。

网络教学平台在传统教学系统的基础上，从对教学过程（课件的制作与发布、教学组

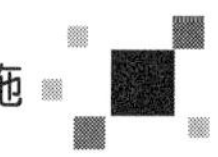

织、教学交互、学习支持和教学评价）的全面支持，到教学的组织管理，再到与网络教学资源库及其管理系统的整合，集成了网络教学需要的主要子系统，构建了一个比较完整的网上教学支撑环境。教师可选用泛雅网络教学平台、中国大学 MOOC、智慧树、学堂在线等教学平台并结合学习通、雨课堂、钉钉、云班课、腾讯课堂、微信群、QQ 群等线上教学工具，开展在线教学工作。

（2）建设丰富的教学资源，助力自主探索。

线上教学资源是开展混合式教学的保障，为了给学生自主探索提供丰富的学习资源，教学资源应该涵盖了解课程、讲授新知、测试评价、拓展新知等用途，帮助学生达成学习目标。

了解课程用教学资源：包括培养方案、教学大纲、教学计划等，让学生了解课程性质、课程目标、教学任务、教学方法、教学进度、教学要求与培养目标的达成关系等。

讲授新知用教学资源：包括电子教案、电子讲义、电子教材、教学课件、教学视频、教学案例等，传授新知、学习新知，完成教学任务。

测试评价用教学资源：包括问题清单、布置作业、绘制思维导图，巩固学生所学，反馈学生对知识的掌握情况；网上测试，重点考查学生对各知识点的综合运用能力，反馈学习效果。

拓展新知用教学资源：包括国家精品课程、学科前沿文献、参考书目、国家标准、相关讲座、相关资讯、考研或职业资格考试材料等，以供学生线上拓展学习使用，提高知识的构建能力。

2. 教学设计与教学组织

（1）以学习为中心的教学设计。

美国教育家格兰特·威金斯和杰伊·麦克泰格在《追求理解的教学设计》一书中指出：“在学生完成整个学习任务过程中，如果教学设计没有突出强调清晰的目的和明确的表现性目标，那么学生无法做出令人满意的反馈。”为促进学生自主学习和深度学习，教师要根据内容、学情等对每一节课进行详细的教学设计，通过导学、助学、促学和评学，设计知识点的呈现形式，提升课程质量。

导学：根据课程性质、教学内容、课程目标、学情分析等，明确本次课堂教学目标、制定学习任务、编写导学案、选择课程资源、制作课件、录制微课、设计导学问题、精选教学案例等。

助学：通过签到、随机点名组织课堂，提高学生到课率；通过提问、头脑风暴、分组讨论，提高学生参与度；通过辅导答疑、分类辅导，提高学习质量；通过介绍学科前沿文献、拓展学习资源，帮助学生深度学习。

促学：通过网络教学平台后台数据实时监控学生学习情况与学习进度，并对进度落后的学生采取个别关照、心理辅导、学法指导、同学帮扶等方式进行督促。

评学：通过作业质量、测试正确率、数据分析、调研反馈、学生评学、督导评教等，掌握“教”与“学”的质量以及目标达成度，并持续改进。

（2）以学生为主体的教学组织。

混合式教学要以学生为主体，精心地组织课前、课中、课后三个环节，全方位调动学生自主学习的积极性。

课前：上传预习教材、教学课件、参考资料，发布自主学习任务单，明晰课程目标，进行课前自测。学生根据任务单开展自主学习，完成任务，并将学习过程中遇到的问题提交至学习平台；教师则利用平台提供的讨论区与学生进行及时交流并有针对性地加以指导。

课中：组织见面课，对于简单易懂的内容，以学生结合教材、教学课件、教学资源等自主学习为主，教师组织课堂答疑解惑；对于重点难点，进行课堂直播或引导学生观看已录教学视频，运用头脑风暴、分组教学等方式，进行深度学习，互动讨论。网络教学平台无法完成的任务内容，通过面对面的方式来完成。

课后：组织学生完成作业、自我小结、绘制知识导图、课后自测、单元测试，针对问题通过平台讨论区或微信群、QQ 群进行交流答疑；上传各种学习资料，培养学生知识构建能力。

3. 教学内容与教学方法

（1）创新教学内容，强化课程思政。

基于新工科建设“问技术发展改内容”的教育改革理念，对课程教学内容进行更新，既要反映知识的先进性、系统性，又要体现时代性；基于课程思政理念，深度挖掘专业课程中的德育元素和内涵，将立德树人的理念贯穿于整个线上线下教学中。

注入新知识：教学内容不仅仅包括教材中的基本知识，更需要教师明确课程在专业中和专业在经济社会环境中的地位，以及专业的需求和发展态势，及时将时事资讯、前沿进展、行业规范、精品在线教学资源等与传统课本知识有效融合、重新组合，打造课程的高阶性、创新性和挑战度，引导学生深层次学习。

引入“课程思政”：教书育人是教师的天职，所有课程都有育人功能，教师在传授专业知识的同时应将做人做事的道理、社会主义核心价值观的要求、实现民族复兴的理想和责任融入课程教学，践行“课程思政”教育理念，实现课程思政与专业授课的同频共振，于润物细无声中实现价值引领。

（2）创新教学方法，强化能力培养。

为了实现教学目标，任课教师应根据课程性质、内容特点和教学任务等，采取不同的教学方法，提高学生自主学习和解决问题的能力。

问题驱动法：以专业领域内的问题为核心，规划学习内容，让学生围绕问题寻求解决方案。问题设计应遵循问题明确、由浅入深、难度适当的原则，课前设计好贯穿于本次课程的问题，以问题导入新课；课程中带着问题讲解新知，引导学生带着问题观看视频等资源，利用头脑风暴进行针对性提问，并对问题进行练习和答疑；课后利用讨论区提供的置顶、点赞、加星等功能对所学知识和拓展资源进行提问和讨论。

逻辑教学法：就是按照一定的逻辑顺序分析解答问题，用一条主线联系和贯穿知识点，即：什么是—为什么—怎么样。任课教师建立知识树，加大理论背景的介绍，帮助学生直观学习和深入学习，帮助学生在学习“是什么”的同时，真正理解“为什么”，从而提升学习效果。

案例教学法：适用于实践性较强的课程。围绕工程实际、生活案例展开，以事件为中心，创设虚拟情境，通过教师引导，理论联系实际，将该事件涉及的理论、知识、技术、方法等逐渐讲解分析透彻，助力学生思考，激发学生讨论，实现以学生为主体，提高学生的学习效果，促进学生深度学习。

4. 教学活动与过程评价

（1）创设教学活动，提高自主学习能力。

教学活动是师生之间、学生之间交往互动与共同发展的过程，学生既是教学活动的出发点，又是教学活动的落脚点。现在的教学理念与以往相比有很大不同，教师不能单纯讲授知识，而应该知识、素质、能力并重，且把能力培养摆在更重要的位置上，其中学生自主学习能力的培养尤为重要。通过线上学习，学生掌握了课程的基础知识；在线下，教师的任务是查缺补漏、突破重点难点，更重要的任务是精心设计课堂教学活动，组织学生把线上所学到的基础知识进行巩固与应用，实现更高一级的教学目标。

教师根据具体的教学目标与教学内容、课堂节奏与网络状态，创设不同的教学活动。打卡、签到、随机点名等，督促学生跟上步伐；调查问卷、投票等，便于老师了解学生现状和未来发展动向，进而有的放矢开展“对标培养”；线上弹幕、连麦提问，线下分组交流、主题讨论、释疑解惑等课堂互动，吸引学生注意力，提升课堂活跃度，调动学生积极性，培育学生发现问题、解决问题的能力；头脑风暴、分组竞赛、考试、测验等竞赛式教学活动，引导学生思考，探究知识真谛，培养批判思维，拓展知识面，达到相互学习、启迪智慧、加深理解的目的；程序设计、课程论文、动手操作、情境活动等实践性教学活动，发展学生的动手动脑能力、语言表达能力、分析归纳能力、文献查阅能力。通过上述多样化的教学活动，营造良好的学习氛围，这是保证线上线下教学效果的关键。

（2）注重过程评价，提升课程学习效果。

改变传统终结性评价方式，注重学习过程评价，对学生的学习过程及时地进行鼓励、反馈，会收到更好的学习效果。教师要明确课程总成绩的占比分布形式，明确线上考核内容，包括教学资源学习、视频学习、测验、作业以及考勤、互动、讨论发言内容，各项赋值由任课教师确定，其中在线测试是反馈学生学习效果的重要手段。通过对学生各项活动得分的统计，了解具体教学的活动效果并及时进行调整，教学活动更具针对性。

教学平台的教学管理评估功能，可对学生的学习情况、课程的访问情况等进行全面的统计分析，获取学生出勤情况、课堂表现、课堂活动参与情况、学习视频的时间、教学资源学习情况、作业的完成情况、知识点测试和单元测试成绩分布和正确率、课程论文质量、讨论区热点、学习难点等实时的分析结果，并及时做出诊断性评价、形成性评价和总结性评价。教师获得评价的反馈信息，能够及时了解学生的学习情况以及对知识点的掌握情况、教学过程中存在的问题，从而采取相应措施有效调整教学方案和教学组织形式，促进教学目标的实现；学生获得反馈信息，能加深对自己当前学习状况的了解，激发学习兴趣，调整适合自己的学习方法，主动学习，促进学习目标的达成。

5. 教学研究与经验分享

（1）3 种方式助力教学研究。

网络教研是传统教研方式或常规教研方式有益的补充，包括自我解惑式、同伴互助式、教学团队式网络教研 3 种方式。教师利用知网等查阅相关文献、通过在线平台收看名师讲座、翻阅专门书籍等，进行自我解惑式网络教研；通过交流群的教师与教师、教师与学生、教师与教学管理人员、教师与教学平台技术人员之间的交流学习，进行同伴互助式网络教研；通过院级、系级、教研室的线上教学经验交流会、专题研讨会，分享经验，示范借鉴，相互帮扶，集思广益，共同改进提高，进行教学团队式网络教研。相比传统教研，网络教研没有时间和空间的限制，教师之间沟通和交流的形式丰富多样，优势明显。

（2）3个渠道分享教学经验。

分享教学经验可通过网络论坛、聊天软件、博客3个渠道来实现。

网络论坛：教师用自己的身份登录论坛后，既可以将自己的见解发表在网上，又可以对别人的教研观点进行评论。

聊天软件：教师建立教研群，通过群聊将自己的感想、收获、困惑发上去，共同交流，共同进步。

博客：教师通过博客可以将自己的教案、课件、随笔等放上去，通过博客记录教研活动的点点滴滴。

## 三、结语

从“互联网+”到“智能+”时代，传统的教学模式暴露出一定的局限性，已经不能满足当代大学生个性化需求和多样化发展，无法调动学生的学习主动性和积极性。而混合式教学模式将传统课堂教学的优势和网络化教学的优势结合起来，既发挥教师引导作用，又充分发挥学生学习过程中的主观能动性，能够有效提高教学质量。混合式教学是对传统教学模式、内容的整体重构，是解决传统教学“满堂灌”的可行之举，是高等教育改革和发展的趋势。但传统教学依然是根本、是主流，必须将实体课堂教学与在线教学有机结合，改造升级传统教学，加快混合式教学改革，切实促进教学质量的提高。

## 参考文献

[1] 张毅龙．陈鹤琴教学法［M］．北京：教育科学出版社，2007.

[2] 安富海．促进深度学习的课堂教学策略研究［J］．课程·教材·教法，2014（11）：57-62.

[3] MERRILL M D. First principles of instruction［J］. Educational Technology：Research and Development，2002（3）：43-59.

[4] 刘儒德．学习心理学［M］．北京：高等教育出版社，2010.

[5] 朱家存，王守恒，周兴国．教育学［M］．北京：高等教育出版社，2010.

[6] 李逢庆．混合式教学的理论基础与教学设计［J］．现代教育技术，2016（9）：18-24.

[7] 韩宪洲．深化“课程思政”建设需要着力把握的几个关键问题［J］．北京联合大学学报（人文社会科学版），2019（2）：1-6.

# 在线理论课程教学环节优化的思考与实践

## ——以超星学习通为例

卢爱华[①]

**摘　要**：理论课程教学环节包括教学、练习、反馈3个环节，传统的线下教学由于技术及客观条件的限制，教学效果是有待提高的。在线教学借助于网络及在线学习系统，在教学环节做到了由一对多变为类似一对一教学。在练习环节实现了精准化，在反馈环节能够使学生得到及时反馈，经过半年的实践，在线教学理论课程的3个教学环节优化效果是非常明显的。

**关键词**：在线教学；教学环节；练习环节；反馈环节；超星学习通

## 一、对理论课程教学环节的理解

伟大的教育家孔子说过："学而时习之，不亦说乎？"

理论课程的学习首先是学，其次是习，而习是最重要的。

学的形式有多种，可以是跟老师（别人）学、跟书本学，也可以是自学。

习的形式有多种，可以是按照老师提供的练习材料去做练习，可以是自己创设项目去做练习，也可以是以解决实际问题的方式去练习。

在习的过程中，必须要有一个反馈机制，来纠正自己在练习中的错误与不足，这样才能提高自己的知识与技能，这就是需要一个教练（教练也可以是一种机制或机器产生的数据与结果）。教练隐含的另外一个原理是孔子讲的因材施教，也就是个性化的教育，根据每个学生不同的心理、情绪、理解能力、练习程度等诸多方面的情况调整教学内容、教学进度，以及练习内容和练习方法。

这样来看，理论课程教学有3个环节，一是教学环节，二是练习环节，三是练习反馈环节（学习结果或程度的反馈），这3个环节依次循环往复并不断调整，在此过程的循环中，学生才能不断增加知识，提高解决问题的技术与能力。

这里面需要注意一个误区，就是尽管老师很重要，但学习的主体是学习者，是学生，而不是老师。所以，怎样做到让学生自主学习，主动学习，这是一个非常重要的问题。

---

① 作者简介：卢爱华，聊城大学音乐与舞蹈学院副教授。

## 二、线下教学3个环节存在的劣势

在以往的纯线下教学中，根据我个人的教学情况，主要存在以下几个弊端：

1. 大班级授课，教学环节的学习环境不利于学生个性化学习

我目前所教的两门理论主课中，大多数的上课班级学生总数均在百人左右。这样多的人在一起上课，产生的噪声非常多非常杂，并且教室大，后面的学生难以听清楚教师的讲解，难以看清楚教师在黑板的演示。另外，由于学生人数多，课堂管理也变得非常复杂，很多学生分心走神做其他与学习无关的事情就变得很容易了。如果学生做不到积极主动地学习，学习效果是很难保证的。

2. 在练习环节中，学生练习机会少

由于学生人数众多，老师的人数少，导致教师在布置作业的时候，会思考如何省力，因此在布置作业的时候可能就会布置比较少或者比较容易批改的作业，这样会使学生练习的内容偏少或者强度不够，因此练习的效果不是太好。

3. 受教师的限制，学生在教练环节得到的反馈少

由于老师的人数少，故而每位学生所分配的教练数量少，因此，学生在学习的过程中得到的反馈很少或者根本得不到反馈。由于没有反馈，学生不知道自己练习的对错及程度，渐渐地就会丧失学习的兴趣。由于没有练习，前面的知识就很难消化与记忆，而无法内化为自己的能力，导致在下一步的学习中增加了对新知识的学习难度，这便是一个负反馈，会形成恶性循环。

4. 无法对学生的学习过程进行数据记录，很难做到对学生进行因材施教，实行个性化教育

由于学生人数多，授课老师对学生的个性化指导的机会少，因此，教师很难在教学、练习、反馈这3个环节中做到对每一个学生了如指掌，并进行针对性的个性化教育。这个问题，在缺乏技术支持的条件下，是很难解决的。

## 三、在线教学对理论课程教学环节的优化

1. 教的环节变相实现了一对一的教学，学习场景非常有利于学生的学习

首先，线上教学平台资源很丰富，便于教学工作的开展。以超星学习通为例，教师可以在课前上传自己的多媒体课件以及与教学内容相关的视频资料、图片、图书、音频文件、互动性的调查问卷等。这些教学资料可形成教学资源矩阵，教师在设计教学过程及结构中可以充分利用这些教学资源。

其次，在原来的线下课堂教学中，教师是一对多的，而线上课程实际上是类似于一对一，虽然教师是面对很多学生在讲课，但作为接受方学生来讲，每个学生都在属于自己的一个学习空间内，也就是相当于教师面对一个学生在讲课。因此，学习的环境是非常有利于学生学习的，当然，这里需要一个前提条件，就是学生具有主动学习的愿望及高度自觉的纪律性。

最后，线上课程可以回放，学生能够反复回听，对于主动学习的学生更为有利。线上课堂教学打破了时空限制，学生可以在任何时间、任何地点学习线上课程。

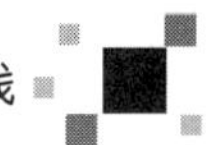

由于程序的设计，学生的在线状态、学习时长包括在学习过程中的实时互动都能够实现大数据记录，老师在教学环节结束后可以进行统计和分析，比如自己上传的学习资料中，哪些资料是学生感兴趣、点击率高、完成度高的，哪些学习资料是学生点击率低、完成度低的。另外，学生在学习过程中提出的疑难问题，系统都能够记录并反馈给教师，这样教师就能实现在教学环节的不断调整，提升自己的教学质量。

2. 练习内容与练习强度有了技术保障，利用在线学习软件实现对理论课程练习环节的优化

前面说过，线下教学时，由于学生人数多，老师人数少，导致在练习的过程中，学生练习内容少，练习强度不够，关键一点是学生练习得不到及时反馈，导致学生无所适从，进而影响下一步的学习。线上教学系统就能很好地解决这个问题，以我使用的学习通授课系统为例，超星学习通平台可以发起各种课堂练习活动，例如选人回答问题，系统可以随机选择学生回答问题。这个选人回答问题的设计完全排除了教师的主观因素，选择学生回答问题是完全随机的，这样能较好地检验教师真实的教学效果，学生也知道被选中答题完全是运气，这种偶然性、随机性也能激发学生的好奇心和期待感。抢答问题的设计可以避免选人回答问题出现选中学生不会答、选中多人都不会答的尴尬情况，凡是抢答的学生一定是有意愿回答问题且对该问题有着独到见解的。投票这个互动设计，教师可以把一些题目的答案设计成几个选项，让学生去投票选择，这样能够检验学生对知识点的理解和把握。同时从一些比较有争议的问题的投票情况中，能够测查学生的倾向性和背后的思维逻辑。

在练习环节中，超星学习通最重要的一个设计是发布讨论话题。这个功能十分强大，首先教师可以通过这个功能发布一些开放性话题，学生可以展开充分讨论。其次，这个讨论的功能由于学生可以通过它上传自己的课堂练习作业，因此这个功能实际就相当于让每个学生接受课后检验，使每个学生都可以接受老师的批改及反馈，同时，学生与学生之间也可以相互点评与借鉴。第三，该功能还可以作为课下作业的虚拟提交场所。这样的好处是，作业提交到讨论区，一是方便老师统计作业上交情况，二是学生之间可以互相学习和借鉴，三是可以长期保存，便于学习后期的复习与巩固。另外，该功能还可以设定讨论的截止时间，截止时间一到，作业便不能提交，这样也能增加作业的时效性，发挥对部分学生的约束作用，保证课堂知识点的及时练习与反馈。在近一年的授课实践中，学习通的这个讨论功能是我使用最多的一个功能，学生对这样的练习也是非常满意的。

3. 在反馈环节，在线学习软件能够让学生得到及时反馈

前面我们讲到，学习环节分为教学、练习与反馈 3 个环节，以往的线下教学侧重于教学与课堂练习这两个环节，这里我们要强调的是，为什么必须要有反馈这个环节。

首先，有些学生在练习的时候，由于各方面的原因，可能真的不知道如何去做练习，那么教师可以对此给予必要的指导，告知学生怎样去做练习，启动学生的练习过程。

其次，有些学生虽然知道如何去练习，但在练习的过程中出现了偏差或者错误，但自己却浑然不知，如果这时缺乏教师的及时反馈，未及时纠正和改正，那么学生练习得越多结果反而越糟糕，学生会固化这个错误，甚至到最后习以为常，把错误的知识或者技能当成正确的，后期纠正起来将是非常困难的。所以反馈这个环节，应当引起教师的高度重视。但这个环节现实的情况是，由于学生人数众多，教师受到精力与时间的限制，对学生练习中与作业中出现的问题一般不能及时做出反馈。这样即便学生还能通过其他方式比如同学之间的反馈

来纠正自己的某些问题，但从长期来看，学生得不到教师及时的正确的反馈，会大大挫伤其学习的积极性，所以反馈这个环节在学生的学习过程中是非常重要的，一定要引起教师的高度重视。

反馈环节上述的诸多难题，在在线教学中得到了较好的优化和缓解。超星学习通的解决方案主要是建立专门的作业系统和考试系统，系统可以让老师每节课布置作业或者进行小测验以及阶段性的考试。

学习通的作业系统与考试系统，在客观题测试方面能够机器自主阅卷，给出分数，也就是说测试结果与考试结果学生可以立即看到，并且能让学生查阅题目解析，这样的好处是反馈实时传达给学生，极大解决了教师批改作业精力不足和时间不够的问题。学生如果对测验有疑问，可以随时在系统中向教师提出请求，教师根据学生反馈的信息，把问题进行归类，如果是共性问题，可以在随后的课堂上重点讲解，这样不仅能够及时回应学生的问题，还能优化教师的课堂教学，提高教师的教学能力。如此一来，线上教学系统就起到了教练的重要作用，优化了课程学习的反馈环节，并且进一步优化教学的整体环节。

4. 线上教学系统能够对学生学习进行全过程数据记录，实现教育的数字化转型

线上教学系统能够对学生学习进行全过程数据记录，例如上课签到、回答问题的次数、作业提交的次数与结果、学习总时长的数据等，老师根据这些学生学习的大数据，不仅能做到因材施教，还能做到及时调整教学目标、教学内容和教学方法，提高教学质量。通过这些数据以及对这些数据的分析和建模，我们就能具备了实现数字化教学的条件，也就是让教育建立在大量数据基础之上的模式识别、需求识别、意愿识别，实现充分的个性化教育。

## 四、线上线下复合型授课模式对教学环节的优化与互补

当然，纯线上教学也有它的缺点，例如缺少互动，学生的情绪无法及时回馈等。所以，理想授课方式应该是一种线上线下复合型的授课模式。也就是说，学与习的环节侧重于线上，教练反馈的环节放在线下。这样就能弥补线下与线上教学各自的不足，从而大大提升教学效率和教育质量。

## 五、结语

传统的线下教学由于受制于技术条件，在教学、练习、与反馈 3 个环节均有不足的地方，随着网络技术、教育软件技术的进步与发展，我们可以通过这些技术去优化线下教学这 3 个环节的不足之处，教学环节优化教学内容的丰富性，练习环节优化练习方式的多样性，反馈环节优化反馈的及时性及准确性，从而最大限度地提升课程教学质量。

## 参考文献


[1] 孙浩. 网络直播用于在线教育的优劣势比较研究 [J]. 科技视界，2020 (33)：14-16.

[2] 邱慧丽，等. 基于超星学习通的混合式课堂教学模式研究 [J]. 鄂州大学学报，2019 (4)：96-103.

[3] 苗青. 基于超星学习通的移动教学模式分析 [J]. 无线互联科技，2017 (20)：88-89.

[4] 乔建永. 构建“创新教学环节”突出创新能力培养 [J]. 中国高等教育，2012 (9)：30-32.

[5] 魏顺平. 在线教育管理者视角下的学习分析——在线教学绩效评估模式构建与应用[J]. 现代教育技术，2014（9）：79-93.
[6] 曲明洋，等. 基于超星学习通混合教学模式的应用研究[J]. 吉林化工学院学报，2019（6）：32-35.

# 疫情期间马克思主义经典著作导读课程线上教学模式的探索与思考[①]

刘　晋[②]

**摘　要**：为了在新冠肺炎疫情影响下充分保障正常教学秩序，全力做到“停课不停教，停课不停学”，聊城大学2020年春季采用线上教学方式进行授课。马克思主义经典著作导读课程积极响应学校号召，全面开展线上教学活动，在做好线上教学准备工作的基础上，采用“bilibili直播+学习通+QQ群”的线上教学方式进行授课，同时还开展了符合课程特点的线上讨论活动，培养学生的科研意识和问题意识，并根据学生居家学习特点制定了线上教学管理制度，全面保障学生的学习效率和积极性。

**关键词**：新冠肺炎疫情；线上教学；教学改革

2020年年初，新型冠状病毒肺炎疫情肆虐，牵动着亿万国人的心。习近平总书记多次对疫情做出重要指示，强调要把人民群众生命安全和身体健康放在第一位，坚决遏制疫情蔓延势头。1月27日，教育部发出通知，要求各地大中小学校推迟春季开学时间，并于1月29日发出倡议：利用网络平台，展开“停课不停学”教学活动。

按照教育部、省教育厅和学校的统一部署，聊城大学政治与公共管理学院马克思主义经典著作导读任课教师精心进行教学设计，从开课前的准备工作、课程教学过程、学习过程跟踪管理等3个主要环节认真准备，为切实保障课程正常教学秩序、保证线上教学质量“保驾护航”。相对于面对面的传统教学模式，在线“云教学”更需要精心的组织和设计，才能规避网络教学弊端、发扬线上教学长处，从而取得特殊时期良好的教学效果。

## 一、开课前的准备工作

### 1. 确定授课方式

这次特殊情况下的全程在线教学是在师生分离、处于不同空间的方式下进行的，具有教师居家教学、学生居家学习的特点。相较于课堂集中上课，学生居家学习的环境较为宽松，容易受到周边事物影响，且对其自制力也是一个考验。因此，在综合征求学生意见和充分考

---

① 基金项目：本文系“聊城大学金课建设资助项目”阶段性成果（项目编号J201911）。

② 作者简介：刘晋，聊城大学政治与公共管理学院副教授。

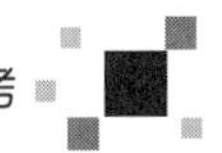

虑课程性质的基础上，马克思主义经典著作导读严格按照课程表规定时间，采用直播方式授课。

一方面，通过直播统一授课，能够使学生找到回归教室的“课堂感”，获得师生音画同步的“参与感”，还能够有效调动学生学习的积极性，为保障课堂教学效果提供心理支撑。

另一方面，马克思主义经典著作导读是该课程授课对象（思想政治教育专业大二学生）的专业核心课，是该专业学生深入理解马克思主义基本理论的重要窗口，该课程理论性较强且具有一定的难度，需要结合马克思主义经典著作逐句进行分析。若单纯通过“录播”方式授课，学生难免感觉枯燥，容易产生畏难情绪和疲劳感。而该课程的网络慕课资源也存在系统性不强、与我校学生学习实际相脱节的情况。综合考虑以上两种因素，“直播”是特殊时期该课程的最优选择。

2. 选定教学平台

在开课前一周，由于大量课程数据的涌入，大部分教学平台出现直播卡顿现象。因此，为了保证课程直播的流畅性，马克思主义经典著作导读课程积极启用第三方直播平台——bilibili 直播间，进行课程直播。该平台是国内领先的年轻人文化社区，具有长期做直播的运营经验，在大学生群体中拥有良好的受众基础，且能够有效保障课程直播的流畅度，备受学生欢迎。

同时，我校还在超星平台建设与设计了马克思主义经典著作导读课程页面，配合“学习通”App，发布课程公告，并上传各类教学资源：包括预习任务、课程实录、课程教案等。还借助该平台进行“任务点”统计，从而可以综合掌握学生学习情况，并给出相应评价。对于学生而言，这也是一种来源于外力的监督与约束机制，以有效保障居家学习效率。

除此之外，该课程还建立了班级 QQ 群，与学生随时沟通，保持联系，使学生遇到问题能够及时反馈，切实保障学习效果。这样，通过“bilibili 直播+学习通+QQ 群”的方式组织教学，就从授课形式、管理制度和课后沟通等方面实现与学生的全面对接，得到学生的一致好评。

3. 课前组织工作

疫情期间的特殊性使师生处于空间分离的状态，再加上教材的缺失，不利于学生形成对一门课程的思维连续性，在上课时容易出现只能接收信息，而没时间对信息进行思考的情况，造成“只见树木，不见森林”的片面性错误。因此，特殊时期的线上教学，给学生布置预习任务是十分重要的。一方面，通过预习，能够使学生对直播课程的教学内容和逻辑整体性有所了解，帮助学生加深对课程内容的认知，建立整体性的知识联系。另一方面，通过布置与课程内容相关的发散性题目，能够提高学生独立思考和学以致用的能力，增强课程的高阶性，培养学生的学习兴趣。

马克思主义经典著作导读课程课前会在超星平台以课程公告的形式，布置预习任务，提供自主学习单，主要包括上传电子教材和参考资料、指定阅读段落、初步理解相关知识点、结合学情和时政布置相关思考题等，使学生在课前就能够对本节课的知识内容有所了解，能够带着问题听直播课，并为开展课堂讨论活动、提高师生互动效果奠定良好的基础，使学习效率大大提高。

## 二、在线课程教学工作的开展

1. 授课模式：综合运用多方教学平台，最大限度还原课堂教学“真实感”

课程直播的形式如何展开，将直接影响教学效果。若通过只能看到老师，而无法配合PPT的形式进行直播，则不利于学生对知识点的把握；而只能看到PPT画面的语音直播形式则使课堂的生动性不足；屏幕分享式的直播方式，其PPT画面内容一次全部展现，不利于学生集中注意力。因此，选择一种教师与PPT同时出镜的方式对于提高课堂直播效果具有重要作用。同时，马克思主义经典著作导读的课程特点也决定了该课程需要采取此种方式，因为在教学过程中，教师需要结合文本进行分析，若文本能够完整呈现在屏幕上，则既便于教师展开讲解，也方便学生观看与阅读。

马克思主义经典著作导读课程在综合运用智能家居设备的基础上，创造了独具特点的授课模式。课程负责人将课件从电脑投屏至电视，运用激光笔进行PPT翻页，并购置了白板。教师站在电视屏幕和白板之间，运用bilibili进行授课场景直播，从而最大程度还原课堂中“PPT+黑板”的效果，减少居家学习和课堂授课相比造成的不便，取得了良好的教学效果。据学生反馈，这种授课方式就像是真正在教室听课，课件、板书清晰呈现，网络通畅不卡顿，也在一定程度上有利于学生集中注意力，认真听讲。同时，全部的授课过程都可以留存，课堂结束后教师及时将课堂实录上传至超星平台，方便同学回看。这一人性化的措施为网络信号不好的同学提供了极大的便利，使他们在课下可以有足够缓冲的时间进一步展开学习和回顾，从而提高学习效率。

2. 授课过程：为特殊时期“量身打造”教学设计，课中、课后开展线上研讨活动

疫情期间的线上教学能够在一定程度上解决“教”与“学”的矛盾，但也存在一定的弊端，如学生长时间盯屏幕容易产生视觉疲劳、居家学习缺少课堂集体授课的凝聚性和现场感、学生缺少课堂环境的硬约束容易分心走神、教师无法直观了解学生掌握程度等。以上“短板”就决定了线上教学在课程组织形式、教学设计流程等方面不能与课堂教学完全一致，否则容易造成“教”与“学”的脱节，最终影响课程授课质量和学生学习效果。

结合线上教学特点，为规避其短板和弊端，马克思主义经典著作导读课程在特殊时期重组教学内容，为线上教学“量身打造”教学设计。具体做法为：将每节课的整体授课任务拆分为若干知识点，每个知识点讲授时间在15分钟左右，每讲授完一个知识点就穿插一次课堂讨论活动。因为受学生注意力和时空条件限制，教师和学生无法“面对面”，所以线上授课的时长要掌握适度原则。即使要按照传统课时去实施线上直播授课，也要注意采取分段处理的原则（沈震）。讨论的话题包括预习过程中已经布置的题目、知识运用能力测试和课堂知识点重点随机测试。课堂讨论活动可以直接检验学生对授课内容的掌握情况和运用情况，主要通过直播间发送“弹幕”的形式开展，学生可以将自己的想法发布在直播间，也可以看到其他同学的观点。“弹幕”是青年学生在闲暇娱乐生活中经常采用的一种方式，因此，发送“弹幕”参与课堂讨论带给学生一定的新鲜感，学生的参与度也很高。每次讨论过程大约控制在10分钟，一节50分钟的课大约能够讲授两个知识点，开展两次课堂讨论活动，这种授课+讨论穿插进行的方式增强了课堂的知识性和趣味性，丰富了授课节奏，能够有效组织学生参与到课堂中来，提高了学生的综合思维能力和知识运用能力。教师也能通过学生的回答及时了解学生的学习情况，及时进行查缺补漏。

为增强学生深入思考问题的意识，培养学生解决问题的能力，在课后，马克思主义经典著作导读课程会在超星平台发布研讨问题，研讨问题的设置一般是将理论与实践相结合，侧重于将理论放置于现实背景下，将二者联系起来进行分析。例如，在讲到《关于费尔巴哈的提纲》时，其中有部分内容是关于“人与自然”的关系，这就可以结合我国新修订《野生动物保护法》的背景引导学生思考立法背后的理论依据。提高学生运用理论解释现实的能力，也能够使学生在查阅资料、整理文字发言的过程中树立“早科研”的意识。在平台讨论区，学生往往能从多个角度进行分析，且能够看到其他同学的回答，这本身就是一种思想交流的过程。还有的学生会在其他同学留言下进行回复，并提出疑问，其实这也是一种思考问题的表现，在生生之间展开讨论的同时，更有助于他们思维水平的共同提高，获得分析问题的灵感。在研讨活动中，老师往往是最后发言的，老师的回答并不是简单的肯定或否定，而主要侧重于思路的总结，在对于学生回答给予总体肯定的基础上，通过启发的方式进一步帮助学生扩展思路，建立发散思维，培养创新意识。

总体而言，无论是课中的讨论还是课后的研讨，都有利于学生将自己的想法与观点表达出来。由于线上研讨是通过发送文字的方式进行，这就给予学生一定思考问题的时间和空间，使学生有充足的时间整理思路，而且学生还能够看到其他同学的参与情况，这也是一种相互之间的正向激励，有利于营造活跃的课堂氛围。尤其是对于一些性格内向的同学，也许在课堂授课时，他们不愿意举手回答问题，而在线上研讨的过程中，他们往往能够通过文字实现充分的表达。这是线上教学的优势，是线下教学所无法比拟的。

3. 授课内容：结合“抗疫”背景，融入课程思政

马克思主义经典著作导读课程主要讲授马克思与恩格斯、列宁的主要著作。通过教学，需要使学生在文本解读的基础上更加深刻地把握马克思主义的思维方式和基本精神，坚定学生对马克思主义的信仰，提高其运用马克思主义基本理论分析政治、经济、思想、文化等社会现实问题的能力。可以说，将理论与实践相结合是该课程的必然要求，内含的“课程思政”是该课程的鲜明特点，培养大学生正确的理想信念是该课程的内在使命。

在当前我国抗击疫情的过程中，涌现出大量可歌可泣、家国情怀浓厚的一线抗疫故事，这些故事主人公“舍小家、为大家”，“敢拼搏、敢奉献”的精神充分展现了新时代社会主义建设者崇高的精神风貌。从这些抗疫故事和英雄精神中能够提炼出丰富的爱国主义、集体主义、劳动教育等思政素材，而这些素材大多也能够从马克思主义理论中找到理论依据。

所以，在马克思主义经典著作导读教学过程中，需要将教学内容与“抗疫”背景相结合，将抗疫一线的先进典型事迹融入课堂教学中，并将其与马克思主义理论相结合。一方面能够使学生受到爱国主义、集体主义等精神的洗礼，提高责任意识和职业担当，深入理解中国特色社会主义集中力量办大事的制度优势；另一方面，有利于学生深入理解课程的基本理论，培养学生的马克思主义理论素养，提高其运用理论分析现实的能力。同时，也能够增强课程的时效性和创新性，将知识传授与价值引领二者合一，实现立德树人的课程目标。例如，在教学过程中，将“抗疫群英谱”与马克思关于劳动的思想相结合、将习近平总书记关于“人民群众生命安全”的论述与马克思关于“人的自由而全面的发展”的思想相结合、将疫情期间我国援外医疗队典型事迹与马克思关于世界历史思想相结合、将新冠肺炎疫情产生原因与马克思关于“人与自然”关系的论述相结合，等等。将“抗疫叙事”与课程相结合，实现“情理结合、以情说理、以情动人”，提升课程思政的建设效果。

在实际授课过程中，当讲到抗疫故事的时候，往往能够调动学生极大的参与热情，他们能够通过“弹幕”或讨论区留言的方式参与到课程中，学生或是抒发感想，表达对抗疫英雄的敬佩之情，或是运用所学知识，对抗疫故事或抗疫经验进行理论分析。无论使用哪种方式，都反映出学生对该问题产生了强烈的共鸣感和共情感，取得了较好的教学效果。在今后的教学工作中，可以进一步有针对性地对某些抗疫经验与事例进行深挖，提升理论分析的深度，拓宽理论分析的视角，从而更好地拓宽学生思维，进一步提升学生的专业素养和精神素质。

## 三、线上学习过程的跟踪管理

线上教学的一个突出特点是学生的学习效果很大程度上取决于学生自主学习的积极性和自律能力，而进行学习过程跟踪管理是保障在线课程教学效果和学生学习效率的重要手段。学生在学习线上直播课程时，没有了在教室共同学习的氛围，必然影响学习专注度，而居家学习的周围因素也会对学习过程造成干扰。因此，针对线上教学制定相应的管理制度，给予学生一定的制度约束，是必须考虑的问题。马克思主义经典著作导读主要采取如下措施：

### 1. 双管齐下，“考勤”与“作业”相结合

为了保障学生居家学习效率和效果，马克思主义经典著作导读课程要求学生上课前 15 分钟在“学习通”签到，必须是照片签到，学生需穿着平时上课的衣服在学习桌边坐好，笔、笔记本、学习桌和学生本人都要入镜，用来表明学生已经从心理和行动上改变在家的懒散状态，切实进入听课状态和学习状态。

同时，马克思主义经典著作导读课程还要求学生在听直播课时一定要记笔记，下课后 15 分钟之内需要拍照上传笔记的照片至超星平台，作为检验学生听直播课学习效果的依据之一，这就通过外力“倒逼”学生认真听课，保持学习状态。同时，该课程还将笔记成绩纳入平时成绩，占比达 20%。这样一来，就从制度上保证学生两节课的听课质量，使学生有满满的“课堂感”和“收获感”。

### 2. 在评价机制上，过程性成绩与“生生互评”相结合

在充分考虑本学期教学特殊性的前提下，马克思主义经典著作导读课程适当调整了评价机制，提高平时成绩在总成绩中的占比，着重考察平时学习状况，注重对学生参与讨论、提交作业、回答问题的过程性评价，并将其计入平时成绩。

对于学生提交的课堂笔记作业，任课教师在设置评分标准的情况下，积极运用学习通“生生互评”的方式进行打分。学生对于此种评价方式给予极大的认可，他们认为，在“生生互评”的过程中，一方面可以了解批改作业的标准和流程，为提高自己的作业质量提供了参考；另一方面，通过批改其他同学的作业，知道其他同学在家都没有放松学业，也会督促自己认真学习，向其他优秀的同学学习，实现了“以评促学”的目的。

## 四、在线教学的管理与思考

在线教学过程中，应充分发挥教师的主观能动性。在目前的教学平台市场上，各种教学工具鱼龙混杂，各大教学平台开发商也在疫情时期开设大量的在线教学讲座与培训。作为教师应尽可能选择一种操作简单、适合自己课程性质与教学风格的教学工具为线上教学服务，并尝试着深挖其各项教学功能，为拓展课程形式、丰富教学手段提供更多可能性。同时，教

师要“正确认知学生在‘互联网+’时代的自我学习能力、精准把握学生的心理现状、巧妙运用现代教育技术弥补线上课堂中的交流缺失，将高校现有教学资源与现代教育技术有机融合”（段鹏），充分挖掘学生潜力。

特殊时期，教师教学状态与学生学习状态的正相关更加突显。疫情时期，教师与学生“云端”相聚，虽处于同一时段，但毕竟空间分离，隔屏相望，难以产生课堂教学的紧张氛围与气场，再加上学生居家学习的心理状态本就有些松懈，网络上也充斥着各种逃避网课的技法与攻略，所以，在同一课程背景下，教师的教学状态与管理状态将直接对学生的学习状态产生影响。若教师对在线教学的态度散漫，消极管理，得过且过，则学生对该门课程的学习状态也会不认真。若教师对在线教学态度积极，严格按照规定时间上课，讲课状态与课堂授课无异，也会传递给学生学习“正能量”，提高学生对该门课程的重视程度。教与学本就是矛盾共同体，为了切实保障在线教学质量，真正使学生有所收获，无论教师还是学生都应该以严谨认真的态度投入教与学的过程中，相辅相成，共同提高。

## 五、结语

建设一门教学效果良好的线上课程是一个长期的过程，教师需要投入的教学时间是成倍增长的。进行线上教学需要根据其特点进行教学设计，不能将原来传统教学管理方法与教学内容简单移植到线上教学中。有研究表明，“教育技术的研究与推广，可以提升教师教学能力与水平”（李荣等）。教师经过两个月的实践，对线上教学流程、技术操作和教学特点都有了一定的熟悉与了解，可在此基础上，将教学工作精细化，在教学时长、教学设计、评价机制、课堂活动、管理制度等方面进一步完善，打造精品化的线上课程。

# 参考文献

[1] 沈震. 疫情防控下高校思想政治理论课线上教学策略［J］. 思想理论教育导刊，2020（3）：15-19.

[2] 段鹏. 疫情应急体系下高校线上教学运行机制研判［J］. 中国高等教育，2020（9）：13-15.

[3] 李荣，朱飞，徐延语，边永玲. 香港、台湾地区高校：以教学发展机构推进教师发展［J］. 高等农业教育，2013（3）：120-123.

# 应用气候学线上教学课程思政初探[①]

陈永金　张保华　刘子亭　马　慧　陶宝先　刘海云[②]

**摘　要**：近年来，课程思政研究论文如雨后春笋般出现，但有关课程思政教育的线上教学尚处于初步探索阶段。本文通过一个学期的实践，总结了应用气候学课程线上教学中课程思政教育的几点做法，主要包括精心备课，挖掘思政素材，将专业知识与思政教育融会贯通，将趣味性与思政教育结合，提升文化自信，在课外作业中体现思政教育等方面，以期为线上教学的课程思政教育研究与实践提供有益借鉴。

**关键词**：应用气候学；课程思政；线上教学；新冠疫情

为社会培养和输送优秀人才是高校义不容辞的责任和使命担当。优秀人才应具备良好的人品，在博学广识的基础上，在某一个领域或某些领域有所专长。作为优秀人才，首先要有广博的知识基础，并且学有所长，同时，更重要的是要有浓厚的家国情怀，有强烈的社会责任感。家国情怀和社会责任感的培养不仅需要思想政治课来实现，更需要专业课程主动作为，主动承担这份责任，让专业教育更加丰满。

课程思政的理论渊源来自2016年全国高校思想政治工作会议，习近平总书记在会上明确指出，"高校各类课程要与思想政治理论课形成育人的协同效应"。关于课程思政的定义，不同学者有不同的观点。宫维明认为，课程思政是在以传统"思政课程"为主渠道的前提下，将思想政治教育的内容和精神融入所有课程中，完成全程育人、立德树人的目标。陆道坤认为，课程思政是一种隐性教育方法，它将思想政治教育的原则、要求和内容融入各种类型的课程设计、教材开发、课程实施、课程评价等各环节，从而建构全课程育人格局。邱伟光认为，课程思政是指高校教师在传授课程知识的基础上引导学生将所学的知识转化为内在德性，转化为自己精神系统的有机构成，转化为自己的一种素质或能力，成为个体认识世界与改造世界的基本能力和方法。

在具体研究中，高晓琳研究认为，新形势下高等院校要做到全面提升人才培养水平，必

---

① 聊城大学教改重点项目"基于自然地理学课堂教学的大学生创新能力培养研究"（项目编号：G201904）、聊城大学2019年度一流学科课程培养项目"自然地理学"（项目编号：Y201922）、省级教改项目"基于主成分分析法的学术型研究生培养模式研究"（项目编号：322091703）资助。

② 陈永金（1968—　），聊城大学环境与规划学院副教授；张保华，聊城大学地理与环境学院院长，教授；刘子亭，聊城大学地理与环境学院副院长，副教授；马慧，聊城大学地理与环境学院研究生；陶宝先，聊城大学地理与环境学院副教授；刘海云，聊城大学地理与环境学院研究生。

须将课程思政融入教育教学的全过程中。庄梅兰认为，当前高校教师思政工作面临着从思想认识、制度保障到基本内容、技术支持等方面的现实困境。沙占华提出，要将课程思政建设情况纳入学校对学院以及个人的考核中，才能使课程思政建设走上规范化的轨道。王艳红就生态文明教育在生态学课程思政教学中的必要性和实践性进行了初步探索。焉炳飞探讨了物理化学实验教学的特点及课程思政融入物理化学实验教学的必要性，并为课程思政能够顺利融入物理化学实验教学中提供了策略。孟卓通过基础力学课程的思政教育实践认为，培养学生的科学思维、科学方法、科学精神及责任意识是该课程思政的主要内容。马克异等通过讲好科学家的故事，弘扬前辈探求科学真理和团结协作的精神，将思政教育与分子生物学课程实现有机结合。

以上各方面的研究与探讨大都是以线下教学为基础展开的，2020 年突如其来的新冠肺炎疫情对线下教学产生了严重影响，绝大多数课程都从线下转到了线上，如何在线上教学过程中进行课程思政教育是一个新的课题。本文通过一个学期的教学实践，初步探讨了应用气候学的课程思政教育，为线上课程思政教育做一个先期探路。具体做法如下：

## 一、精心备课——亲其师信其道

课程思政的基础是专业课程，要做好课程思政教育，必须把专业课程研究好、研究透。专业课程是思想政治教育的载体，没有一个好的载体，立德树人教育就是无源之水、无本之木。2020 年上半年，由于疫情的影响，学生无法返校上课，故而应用气候学课程采用了线上教学方式。本课程是面向大四学生的选修课，学生们一般情况下都很忙，既要撰写毕业论文，又要准备各种考试，还要找工作、准备研究生复试等，这些都严重影响了他们对本门课程的参与度。如果不精心备课，学生就可能提不起兴趣，参与课程学习的次数就会降低，学习质量就难有保障。鉴于网上没有应用气候学的公开课，通过参加学校教务处举办的泛雅超星线上教学培训课程，了解了线上教学流程，精心选择教学内容（见图 1），录制视频，将枯燥的理论知识点变成可观可感的视频。例如，为了讲授好植物光周期现象，教师花了几天时间录制自己阳台上种植的植物对光周期的反应（见图 2），效果较好。本课程开展线上教学 3 周，共发布视频 6 个，平均访问量 39 次，最高的 79 次，最低的 11 次。

图 1　教师备课

图 2　豆科植物与光周教学视频截图

## 二、挖掘思政素材——润物细无声

“培养什么人、怎样培养人、为谁培养人”是新时代教育面临的根本性问题，高等学校要通过思想政治理论课、专业课、通识课培养既具有专业科学知识，同时又坚定道路自信、理论自信、制度自信、文化自信的新时代创新型人才。如何在专业课中渗透德育教育，该问题已引起高教界的重视。如何在线上教学中渗透思想政治教育，却是一个新生话题。课程思政不宜做成单纯的思政课程，否则就偏离了专业教育要求。课程思政应该将思政教育与专业内容有机结合，并以现实生活素材为载体，达到润物细无声的效果。在应用气候学课程线上教学的第一课，我先从新型冠状病毒肺炎疫情导致课堂学习无法进行说起，师生进行线上教学也是在参加攻克新冠病毒的战争。在党中央的坚强领导下，全国人民同仇敌忾，实施了封闭村庄、封闭社区、驰援武汉等措施，取得了对新冠病毒的决定性胜利，让西方国家领略到了社会主义中国的强大凝聚力、行动力。我们坚信，一定能取得战疫的全面胜利。同时，从病毒传播与气候的关系看，随着季节的更替，病毒的活力与繁殖力都会随气温的升高而降低，最终胜利的一定是我们。从学生反馈过来的信息看，效果还是较好的。学生在家学习记录如图 3 所示。

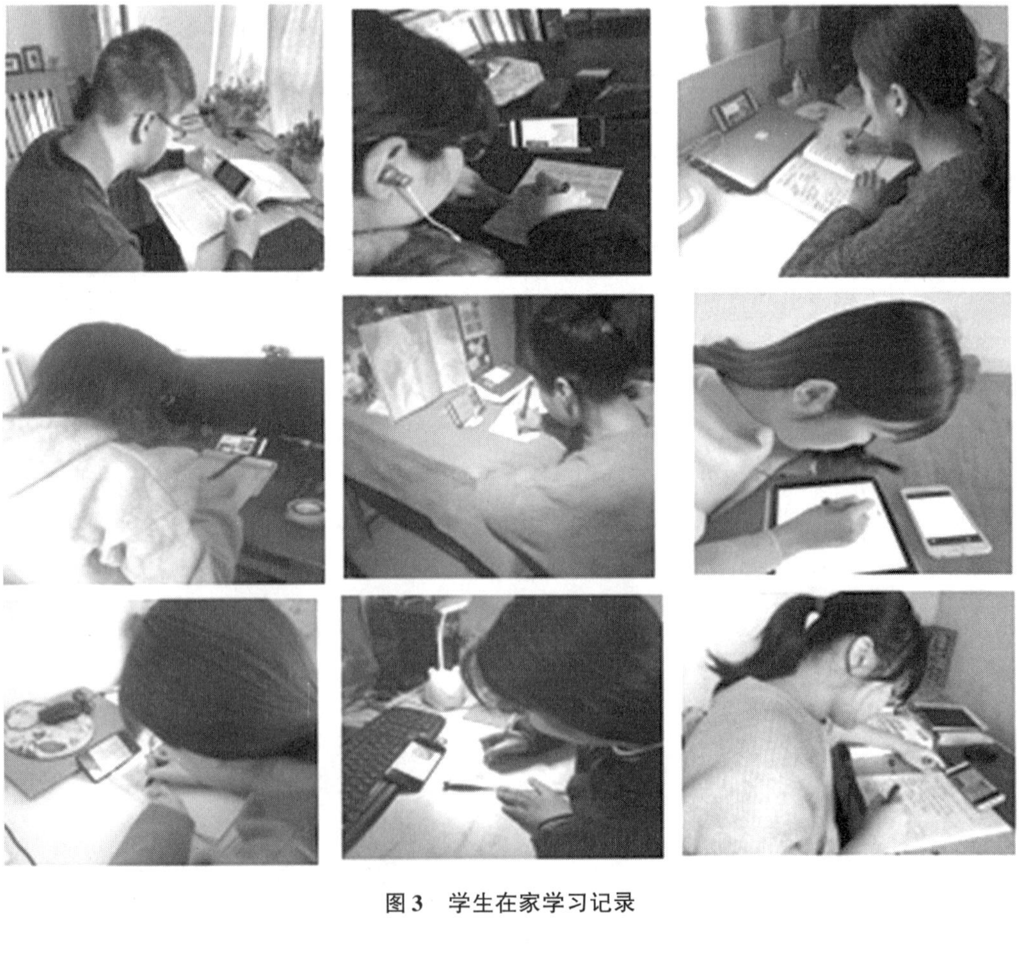

图 3　学生在家学习记录

## 三、专业知识里的思政——不离不弃的爱

农业气候是应用气候学的重要内容，设置在绪论之后的第二章。但由于长期以来传统农业经济效益低，年轻人对农业不感兴趣。在讲述本章的时候，从受疫情的影响不少国家对我国实施贸易禁运谈起，民以食为天，如果没有强大的农业，如果粮食完全依赖国际市场，我

国经济社会就会面临严重危机。随着乡村振兴战略的实施，随着现代化信息技术在农业领域的应用，现代农业将会成为我国经济社会发展的支柱产业。从统计数据看，24 个选修应用气候学课程的同学 3 周内的访问量为 1036 次，第三周的访问量为 569 次，占到了总访问量的 54%（见图 4）。

**图 4　学习访问量统计**

## 四、曲径通幽——趣味是最好的老师

爱因斯坦说，兴趣是最好的老师。在讲授知识过程中如果能补充一些趣味性知识，就更容易被学生接受，而思政教育要想达成目标，就要以学生感兴趣的课堂教学为基础。例如，在讲到农业生产与气候的关系时，首先让学生思考世界人口最稠密的地区是哪里，根据以前所学，很容易回答是东亚、东南亚和南亚地区。接着让学生进一步思考，为什么这个地区人口这么稠密，提示他们从气候角度思考，学生容易想到该区域属于高温期与多雨期一致的季风气候区，有利于粮食作物的生产，有了足够的粮食，就能养活大量的人口了。接下来引导学生进一步思考，季风气候有哪些不利条件（自然灾害频发），再联系到东方国家与西方国家在应对新冠肺炎病毒过程中的不同表现，学生就容易理解为什么以我国为代表的东方国家能够控制住病毒的传播。谈到这里，即使不再往深处讲，学生会在生活中自觉控制自己的行为，避免疫情传播，同时对我国此次抗疫成就的国家自豪感油然而生。

为了进一步提高学生的学习兴趣，教师还将日常生活中男女生的差别与农业文化联系起来，例如男生往往大手大脚，果断坚决，易于决断；而女生则认真仔细，思前顾后。这些特点在购物、出门等活动中表现得非常明显。那为什么男女有如此大的差别呢？追根溯源是由人类在农业活动初期男女在劳动活动中的分工不同造成的：男的主要负责渔猎活动，看到猎物需要迅速出击，才能捕获猎物，如果瞻前顾后，机会稍纵即逝，猎物就会逃之夭夭，就有可能空手而归，这样整个氏族的人就要挨饿；而女人主要负责采集植物果实，在人类社会初期，哪些能吃，哪些不能吃是一个非常大的问题，如果把有毒的果子采回来，人们吃了就有可能丧命，所以，需要仔细辨别，要求女人通过非常敏锐的视觉、味觉等去进行甄别。因为这种课堂内容既有趣，又符合生活逻辑，所以学生听课时都会感到趣味盎然。

## 五、博古通今——文化自信的源泉

文化自信，是更基础、更广泛、更深厚的自信，是更基本、更深沉、更持久的力量。增强学生对我国优秀传统文化的理解，尤其是将优秀传统文化与专业知识相结合，是培养新时代优秀人才文化素养，提升文化自信的重要途径。中华民族源远流长的五千年优秀传统文化是中国特色社会主义的文化源泉，只有加深对传统文化的了解和热爱，才能提升对中华民族的热爱，对伟大祖国的认同，对共产党领导的中国特色社会主义理论、制度和道路的理解和热爱，才能将自己的成长与祖国的复兴、民族的富强联系起来。

作为我国最早的一部诗歌总集——《诗经》中有很多关于气候与生产生活的描述，如《国风·豳风·七月》：“七月流火，九月授衣，春日载阳，有鸣仓庚。女执懿筐，遵彼微行，爰求柔桑。”这段的意思是：农历七月，天气开始转凉，九月就要准备过冬天的棉衣。春天阳光和煦，黄鹂鸣唱。年轻姑娘挎着竹筐到田间采桑喂蚕。这首诗描述了气候随着季节的变更而变化，以及农业活动的场景。

在唐诗宋词中有很多描写气候与天气现象的诗词。如《夜雨寄北》与《春夜喜雨》两首诗，都把四川盆地独特的夜间降雨的气候特征写了出来；南宋赵师秀的《约客》把江淮流域梅子成熟季节恰逢锋面雨的气候特点形象描写出来；唐朝刘禹锡的《竹枝词》，“东边日出西边雨”则把夏季对流雨的特点完美展现了出来（见图5）。

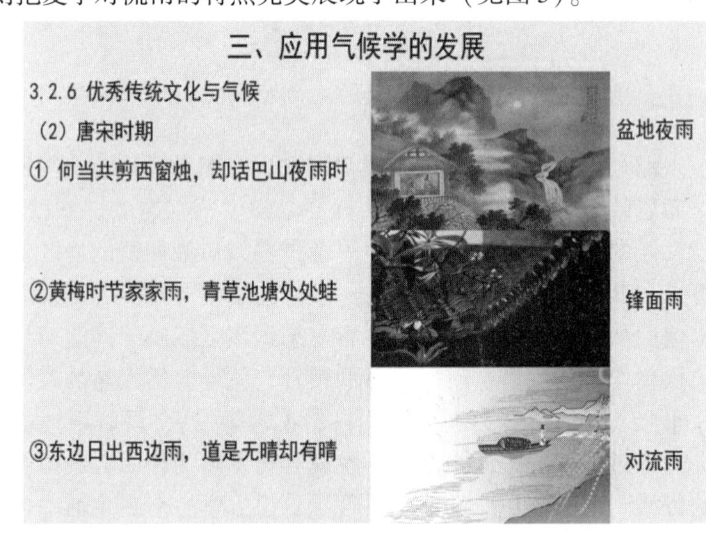


图5　唐宋诗词中的气候学

## 六、理论与实践结合——作业中的思政

线下教学中作业的作用多被局限于巩固知识或动手能力培养层面，思政教育功能往往被忽视。线上教学条件下，教育功能和创新功能的重担不仅需要通过知识传授过程来实现，还需要通过作业来强化。教师利用线上教学的学习通平台，使作业的形式更加丰富，教师可以通过设置填空、选择、简答、论述乃至其他形式的题目来促进学生对知识点的理解与掌握，通过精心设计作业内容来强化思政教育。

1. 作业要体现课程思政功能

在讲过气温对植物物候的影响后，教师选用了两幅梅花图来考查学生对三基点的掌握程度（见图6）。之所以用梅花，因为它具有坚韧的性格，能够忍受严冬的考验，而春梅则是第一个将春天的消息传递出来，给人以希望的植物。在做作业的同时，了解不同植物的不同特点与品质，于润物细无声中把教和育二者紧密结合起来，起到了良好的课程思政功能。

第五次作业：三基点
返回学生列表
姓名：耿乐 班级：16级地科 成绩：100.0分
一.单选题（共2题,33.2分）
1 下面两幅图都是梅花，但是一幅是冬梅，一幅是春梅，你认为冬梅和春梅哪个三基点温度高?
A、春梅
B、冬梅
C、无法判断
D、都高
正确答案：A 学生答案：A

图6 梅花与三基点线上作业截图

2. 作业要起到培养启发新知的能力的作用

利用学习通平台上传表格功能，将小麦、水稻等几种常见作物的三基点列表作为教学材料（见图7），让学生回答在气候变暖条件下将俄罗斯远东地区的冻土开垦为耕地，哪种作物更适宜在该地区生长。这个问题不仅涉及全球气候变暖、三基点问题，而且就气候变化对区域土地利用变化情况进行考察，对如何应对全球气候变化也具有启发作用。

三.简答题（共1题,17.0分）

1 随着全球气候变暖，俄罗斯远东地区多年冻土将会在夏季解冻，为开垦提供了可能，根据下表中各种作物的三基点温度，请你选择备选物种到开垦土地种植，你会选择哪些物种？理由是什么?

| 农作物 | 最低温度 | 最适温度 | 最高温度 |
|---|---|---|---|
| 水稻 | 10—12 | 30—32 | 36—38 |
| 小麦 | 3—4.5 | 20—22 | 30—32 |
| 玉米 | 8—10 | 30—32 | 40—44 |
| 油菜 | 4—5 | 20—25 | 30—32 |
| 棉花 | 13—14 | 28 | 35 |

正确答案：
小麦和油菜可以成为备选作物，因为这两种作物的最低温度低于其它作物，能够适应纬度较高地区的气候条件。

学生答案：
我会选择小麦和油菜进行种植，原因如下：
1. 俄罗斯远东地区位于高纬度地区，收到的太阳辐射少，年均气温值较低，适宜种植耐寒作物。
2. 小麦和油菜最低温度相对较低，属于喜凉作物，能够适应高纬度地区的融化冻土环境。
3. 水稻、玉米等其他作物不仅是耐寒能力较差而且俄罗斯远东地区温度也不能够满足作物的最适温度，及时存活产量也不理想。

图7 全球变暖条件下俄罗斯远东开发与植物三基点线上作业截图

3. 作业题目要具有开放性

相对于作业的知识巩固功能，其开放性与探究性功能更具有价值。在农业气候学部分接近尾声时，笔者设计了一道关于“杏花村到底在哪里”的问题，告诉学生：杏花村到底是在山西汾阳还是在安徽池州的争议在古代就已经存在了，但至今仍无法得出定论。在学习了农业气候学后鼓励学生从植物物候、地理位置、气候变化等方面来分析这个问题。不少同学对此做了较深入的分析，取得了较好效果。至于问题的答案到底是哪里，只要言之有据即可。这种开放性的问题，对学生学习积极性的提高和对问题探究性的兴趣培养都具有积极作用。

## 七、结语

习近平总书记指出：好老师首先应该是以德施教、以德立身的楷模。好的课程应该是兼顾知识传授和思政教育的综合体。课程思政是高校立德树人的突破口和新抓手，有助于帮助学生解答思想困惑、价值困惑、情感困惑，激发其为国家学习、为民族学习的热情和动力，帮助其在创造社会价值过程中明确自身价值和社会定位。加强课程思政教育，尤其是线上教学课程思政研究应该是新时代智慧教学的重要研究领域之一，其道路是曲折的，但前途是光辉灿烂的。

## 参考文献


[1] 习近平在全国高校思想政治工作会议上强调：把思想政治工作贯穿教育教学全过程 开创我国高等教育事业发展新局面 [N]. 人民日报，2016-12-09.

[2] 宫维明. “课程思政”的内在意涵与建设路径探析 [J]. 思想政治课研究，2018（6）：66-69.

[3] 陆道坤. 课程思政推行中若干核心问题及解决思路：基于专业课程思政的探讨 [J]. 思想理论教育，2018（3）：64-69.

[4] 邱伟光. 课程思政的价值意蕴与生成路径 [J]. 思想理论教育，2017（7）：10-14.

[5] 高林晓，王玉林，冯定坤，等. 课堂思政背景下仪器分析实验教学改革探究 [J]. 云南化工，2019（9）：176-178.

[6] 庄梅兰. “课程思政”背景下高校教师思政工作创新思考 [J]. 湖北理工学院学报（人文社会科学版），2020（1）：77-86.

[7] 沙占华. “课程思政”与思政课程同向同行的逻辑必然及路径选择 [J]. 保定学院学报，2020（1）：92-98.

[8] 王艳红，伊力塔，曾燕如.《生态学》教学中“课程思政”教育的探索 [J]. 高教学刊，2020（9）：170-172.

[9] 焉炳飞，李文佐. “课程思政”融入物理化学实验教学模式的初步探索 [J]. 云南化工，2020（2）：182-184.

[10] 孟卓. 基础力学课程思政教育的实践与探索 [J]. 教育教学论坛，2020（13）：8-10.

[11] 马克异，牛东红，李文娟，张俊玲. 将“课程思政”融入“分子生物学”课程教学过程的探索 [J]. 教育教学论坛，2020（13）：232-233.

# 公费师范生教育实践模式研究[①]

韩 涛 卢 军[②]

**摘 要**：2020 年 8 月 17 日，国务院常务会议召开，会议通过了《中共中央国务院关于全面深化新时代教师队伍建设改革的意见》，决定推进师范生免试认定教师资格改革，确认公费师范生免试认定教师资格，这对于高校来讲是一项进一步提升人才培养质量的重大责任工作。教育实践是公费师范生培养的重要途径，通过参与新模式的教育实践，可以全面提高公费师范生的教育教学能力和教师素养，培养人民满意的好老师。

**关键词**：公费师范生；教学能力；教师素养；免试认定教师资格

2020 年 9 月 8 日，教育部印发了《教育类研究生和公费师范生免试认定中小学教师资格改革实施方案》（教师函〔2020〕5 号）的通知，聊城大学为提高师范类专业人才培养质量，构建了政府、高校、中小学“三位一体”的教育实践机制，构建学业导师、实习导师、中小学导师“三师协同”的全程育人导师团队，构建见习、实习、研习“三段贯通”的实践教学体系，并建立一系列的规章制度做保障，全面提升公费师范生的教育教学能力和教师素养，提升教师队伍素质。

## 一、我国公费师范生教育发展历程

自 1951 年 10 月 1 日政务院颁布《关于改革学制的决定》开始，我国正式确立了社会主义三级师范教育体系，形成了公有公办、公费制与毕业分配制等教育制度。2001 年颁布的《教育部国家计委财政部关于 2001 年高等学校招生收费工作有关问题的通知》，宣布了师范生公费时代告一段落，师范生毕业后也开始不受限制，可以自由就业。2007 年 5 月国务院办公厅颁布的《教育部直属师范大学师范生免费教育实施办法（试行）》，标志着免费师范生政策正式施行。“免费师范生”，指在校学习期间享受“免除学费，免缴住宿费，并补助生活费”（“两免一补”）的待遇，同时必须履行相关协议，毕业后回到生源地从事幼儿或小学教育教学工作的师范生。2018 年 3 月，教育部等五部门印发《教师教育振兴行动计划

① 基金项目：山东省高等学校教学改革项目“高校中文教师教育新专业技能培养规程与实践”（项目编号 2012221）、山东省本科教改项目：“基于‘免试认定教师资格改革’的公费师范生教育实践模式研究”（项目编号 M2020109）、“新时代卓越中学语文教师培养模式改革与实践”（项目编号 M2018X054）、山东省本科高校教学改革重点项目“地方高校公费师范生精准对标培养的课程体系研究与实践”（项目编号：Z2018S004）的阶段性研究成果。

② 作者简介：韩涛，聊城大学教务处科长，讲师；卢军，聊城大学文学院教授。

（2018—2022 年）》，将“免费师范生”改称为“公费师范生”，履约任教服务期由原来的不少于 10 年调整至 6 年。2018 年 7 月 30 日，国务院办公厅印发《教育部直属师范大学师范生公费教育实施办法》对部属师范大学师范生公费教育政策进行了系统、全面的规定。

山东省 2016 年启动免费师范生培养计划，当年首批招收 3 000 人，截至 2019 年年底，山东省在校公费师范生已达 1.7 万人。2019 年 11 月 1 日，山东省教育厅等五部门印发《山东省师范生公费教育实施办法》（鲁教师发〔2019〕1 号）取代了 2016 年的《山东省师范生免费教育实施办法》，新实施办法对师范生公费教育的定义为：是指在山东省高校面向师范本科专业实行的，由省财政承担其在校期间学费、住宿费并给予一定生活费补助，学生按照约定履行相关义务的培养管理制度。山东省师范生公费教育重点：培养一专多能的初中短缺学科教师，学有专长、胜任多学科教学的小学全科教师以及擅长保教的幼儿教师。对培养高校提出的要求是：要按照德育为先、一专多能、面向农村、强化实践的原则，根据基础教育发展和课程改革的要求，系统设计培养方案。加强公费师范生师德教育，树立先进的教育理念，坚定长期从教的职业理想，创新培养模式，强化教育实践，落实实习支教制度，全面提高公费师范生培养质量，为将来成为优秀教师打下牢固基础。

## 二、我国公费师范生教育实践的研究现状

我国于 2007 年实行师范生免费教育政策，与此同时，国内学者也开始了对免费师范生培养问题的研究，并随着该政策的逐步推进而逐年增多。以中国知网作为数据源，以“免费师范生”或“公费师范生”为主题进行检索，核心期刊论文 390 篇。对所得论文进行分析发现，2011 年之前，国内学者对免费师范生的研究相对比较离散，在教育制度政策、职业认同、学习情况、学习动机、课程建设、教学体系建设等方面均有涉及；随着首届免费师范生的毕业，论文显著增加，集中在就业情况、教学模式、教学能力、教育技术能力等方面的研究。截至目前，对公费师范生教育实践的研究比较少，因 2016 年我国才将师范生公费教育扩展到省属师范类高校，因此有关省属公费师范生培养的研究论文也很少。《地方高校公费师范生培养研究——以聊城大学为例》提出在省属公费师范生培养以产出为导向的“三三三”教育实践模式，可全面提高学生的师德修养和教育教学能力，对于推动我国师范生教育有积极借鉴意义。

## 三、国外公费师范生教育实践的研究现状

美国的教育实习主要在专业发展学校（TPDS）中进行，以美国的三一大学为例，合作方式是大学教师与中学教师组成合作指导小组，教育实习生每周有一天要独立承担中学班级的所有管理和教学工作，每周要回一次大学进行实习讨论和小结。英国一些大学成立了“伙伴关系指导小组”，由实习学校、地方教育局和大学教育学院组成，给师范生配备学科、专业指导教师、联络教师和教学指导教师。伦敦大学就与近 500 多所中小学和学院建立了合作伙伴关系，共同完成教育实习。加拿大的教育实习由各高校教育学院与中小学共同负责。高校教育学院开设教育理论与方法论的课程，中小学负责为职前教师提供实习机会与岗位。在教育实习过程中，每一位新手教师（novice teacher）都会在一位资深教师的指导下实施课堂教学。芬兰通过实行贯穿式的分段教育实习，其教育实习经历了中小学师范专业规范管理，实习时间分段进行并贯穿师范生学习全程，实习地点由固定的教师学校保障，实习内容

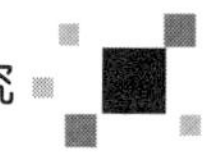

注重实践与研究的结合，注重评鉴课堂和自我评鉴等。综上成果，国外高校教育实践不只是为将来的教学做准备，更考虑了教师个体的成长等方面，且他们的教育实践时间充裕，美国有半年，英国有15周。教育实践大都由模拟实习、见习、实习等组成。在教育实践中，师范生参加中小学校内各种教研活动，负责其所任课班级的教学活动。一般由地方教育行政部门成立工作领导小组，小组成员由教育行政部门的官员、大学的指导教师和实习学校代表组成，注重学生实践过程评价。

## 四、基于“免试认定教师资格改革”的教育实践模式

2020年9月4日，为贯彻落实《中共中央国务院关于全面深化新时代教师队伍建设改革的意见》，根据国务院常务会议决定推进师范生免试认定教师资格改革，确认公费师范生免试认定教师资格，这对于高校是一项进一步提升人才培养质量的重大责任工作。教育实践是公费师范生培养的重要途径，对于高水平师资的培养发挥着重要作用，参与教育实践有助于对学生进行师德修养和教育教学能力训练，培养学生的社会责任感、创新精神和实践能力。

### （一）构建高校、政府、中小学“三位一体”的教育实践机制

高校根据培养方案，安排公费师范生到定向就业市进行实习支教，教育主管部门安排实习岗位，并与高校共同对师范生进行监管，做到人岗相适应，为公费师范生回就业市竞岗选聘打好基础。具体方法是：第一种情况，高校之间可自愿签订《公费师范生教育实习校际学分互认协议书》，将学生送交就业地高校，由就业地高校联系安排师范生实习，实习期间由就业地高校与实习支教点学校共同管理和指导师范生实习，评定实习成绩。第二种情况，对于高校驻地市和当地无公费师范生培养高校的市，各高校可以直接与地市的教体局联系，双方签订协议后派送师范生到就业市实习。以上两种情况均可实现公费师范生回协议就业地实习支教。

### （二）构建学业导师、实习导师、中小学导师“三师协同”的全程育人导师团队

在实行“双导师”制度基础上，高校增设“学业导师”，其主要任务是在公费师范生的培养过程中，进行专业课程指导和政治思想教育，进而为公费师范生到广大农村中小学从事教师这一职业打下坚实的基础。

公费师范生从入学开始即确定学业导师，学生见习阶段由学业导师、见习导师、中小学导师共同指导，实习阶段由学业导师、实习导师、中小学导师共同指导，研习阶段由学业导师、大赛导师、中小学导师共同指导。

加强教师素养教育，让学生在实践中践行师德，学会教学、育人和自我发展。师德是教师的核心职业素养，学生师德养成教育应当贯穿教师教育全过程，以德引路、以爱养心、以情化人，引导师范生认同教师这个职业，并且乐教、爱教、忠于人民的教育事业。扎根农村精神的养成需要树立以公费师范生发展为本的育人观，建立全过程的师德教育体系，搭建全方位实践平台。通过理论学习、人格感染、文化熏陶、课外活动、践行实践等多种方式，让师范生对农村教师从认知到移情进入角色，最后立志从事农村教育。

### （三）构建见习、实习、研习“三习贯通”的实践教学体系

把互为衔接的见习、实习和研习，循序渐进地贯穿在大学四年的专业学习中。见习阶段

以教学观评课为主，实习阶段以教育实习为主，研习阶段以教学设计和教学技能提升为主。

（四）建立师范生教育教学能力考核制度

根据教育部《教育类研究生和公费师范生免试认定中小学教师资格改革实施方案》通知要求，高校建立公费师范生培养制度保障体系，出台《公费师范生培养过程性考核办法》《公费师范生教师职业能力测试办法》《公费师范生教师职业素养培养工作实施方案》等一系列制度文件，保障公费师范生的教育实践效果，提高师范类专业人才培养质量。

1. 对公费师范生培养过程进行考核

根据师范生教师职业能力标准，重点考核师范生思想品德情况及师德素养、教师教育课程学业成绩、教育实习实践完成情况、专业能力及技能培训情况等。大学一年级时重点加强师范生的“三字一话”“诵读演讲”“课件制作”等专项训练，重点抓语言表达能力、教态、板书、课件制作等基础性教学技能，使他们理解教育基本技能的基本要求和关键点。大学二年级时，师范生已具备了教学的基本技能，可通过教学观评课形式汲取一线教师在授课过程的优点，认识自己的不足之处，并在自己授课时举一反三。通过开展“教学设计”“课堂组织”“说课讲课”的训练模块，使师范生及时了解到最新的教学理念，完成教学设计，通过模拟上课和微格教学提升课堂驾驭能力。大学三年级时，大多数师范生主要进行中小学教育实习，在实习过程中，通过协助一线教师授课、批改作业，并帮教师对作业进行分析，了解学生知识的薄弱点，并在授课过程中进行有针对性的讲解。还可通过参与班级管理，提高自己的教师素养。大学四年级时，师范生最主要的一项活动是参加师范生从业技能大赛。通过学院初赛、学校复赛、省级预决赛等的层层选拔，通过指导教师、校外名师的指导，促进公费师范生的教学水平由量的积累到质的提升，达到以赛促教、以赛促练、学练结合的目的。

2. 统一组织师范生教师职业能力测试

根据人才培养目标、师范生教师职业能力标准要求、国家中小学教师资格考试标准和大纲，统一命题（命题组应包含校内外教师教育专家、一线中小学教师和校长等），统一对本校公费师范生开展教师职业能力测试，考核合格后取得学校颁发的师范生教师职业能力证书。制定公费师范生教师职业能力达标评分标准，拟分别从模拟上课、三字一话、答辩（内容包括育人理念、师德师风、学生管理、新课标以及选手上课相关内容等）等方面进行测评（见表1）。

**表1　公费师范生教师职业能力达标评分标准（草）**

| 项目 | 评价标准 |
| --- | --- |
| 教态与表达 | 普通话准确，表达清楚、流利；语速适中、停顿恰当；表情自然，举止得体 |
| 教学内容讲述 | 按照教学目标和教学程序，突出重点，突破难点，内容讲解科学、准确。在规定时间内完成教学 |
| 课堂气氛掌控 | 有较好的把握课堂气氛的能力，能够体现与学生的互动，能调动学生学习的积极性和主动性 |
| 教学方法与手段 | 恰当使用多媒体设备或黑板板书进行课堂教学，教学课件设计美观、大方，能够有效辅助教学过程的展开。黑板板书的内容、形式、布局考虑周密，准确性、简洁性、示范性、艺术性良好 |

续表

| 项目 | 评价标准 |
|---|---|
| 教学效果 | 知识技能、过程方法、情感态度价值观“三维”教学目标落实到位。学生核心素养得到发展，学科德育教学要求得到落实。完成教学内容，教学目标达成度高 |
| 个人特色 | 在教学过程中具有创造性，特点鲜明；能够恰当地将教师的个性特点作为教学资源，形成自己独特的风格 |
| 钢笔字 | 行笔较稳，八种笔画起止分明，字字工整，笔画长短适度，结体合理，全篇整齐干净 |
| 粉笔字 | 结构平整、字迹工整、书写规范、讲究笔法、版面整洁、布局合理 |
| 普通话 | 普通话发音准确，吐字清晰，归音到位。语言流畅优美，声情并茂，富有感染力 |
| 答辩 | 准确理解评委所提问题，准确应答，切合题意；条理清晰，结论明确，重点突出，有说服力；回答流畅，现场应变能力强 |

综上所述，教育实践模式的实施，有助于培养能够掌握扎实的专业基础知识和教育基础理论，具备从事教学活动和教育管理的有效教学实践技能和初步经验，忠于教育事业、热爱教学工作、师德高尚、学识深厚、能力突出，具有较强的乡村中小学教学工作适应能力的教师，并及时督促、指导他们逐步成长为适应并引领中小学教育事业的卓越人才。

## 参考文献

[1]《山东省师范生公费教育实施办法》解读[EB/OL].(2019-11-28)[2021-03-06] http://edu.shandong.gov.cn/art/2019/11/7/art_107059_7809257.html.

[2] 卢军. 地方高校公费师范生培养研究——以聊城大学为例 [J]. 山东教育（高教），2020，(5).

[3]《教育类研究生和公费师范生免试认定中小学教师资格改革实施方案》[EB/OL].(2020-09-04)[2021-03-06] http://www.moe.gov.cn/srcsite/A10/s7011/202009/t20200907_486052.html.

# 师范生线上教育实习模式建构与实践反思

## ——以聊城大学历史学专业为案例的考察

丛　振[①]

**摘　要：** 2020年的新冠肺炎疫情给师范专业教育实习工作工作带来了考验，为了确保学生实习顺利完成，本文以历史学专业为案例，提出了“线上平台+师范生+指导教师”的模式，并从线上实习资源、双向互动演练、教与学的转换等方面进行了颇具成效的实践和探索，顺利开展了线上实习。

**关键词：** 教育实习；历史学；师范教育

2020年春节期间，突如其来的新型冠状病毒疫情席卷中国大地。为加强新型冠状病毒肺炎疫情防控工作，有效减少人员聚集，确保广大师生生命安全和身体健康，教育部及山东省教育厅发布各级各类学校推迟开学的通知。聊城大学历史文化与旅游学院2017级历史学（师范类）专业本科生原计划2020年春季学期参加省教育厅组织的顶岗教育实习也因疫情原因无法顺利进行。根据教育部提出的“停课不停学”口号，聊城大学历史学专业在省教育厅与学校的指导下积极开展线上实习工作。

### 一、“线上平台+师范生+指导教师”模式建构

当前，各个高校已经充分利用网络资源积极开展线上教学活动，总体来看线上教学模式大致分为两类。第一是以腾讯课堂、微信群聊、钉钉等软件作为授课平台的直播授课；第二是利用优质慕课资源或自行录制的录播授课。但师范生参加顶岗教育实习，是在学校的组织和教师的指导下，依据教学大纲和教学计划，在实习学校通过顶岗任课的方式来完成实习任务的教学实践活动。在此期间，师范生应在教师岗位承担一定的教学任务，全程参与教学活动。在这一过程中，师范生既是教师，也是学生，具有双重身份。因此对于师范生的线上实习，不能单纯用通俗意义的网络授课进行传统的“教”与“学”，需要根据新情况构建新模式。

根据教育部《关于在疫情防控期间做好普通高等学校在线教学组织与管理工作的指导意见》，以及山东省教育厅下发《关于做好疫情防控期间实习实训管理工作的通知》《关于

---

① 作者简介：丛振，聊城大学历史文化与旅游学院副院长，副教授。

组织 2020 年度实习支教师范生进行网上观评课的通知》，我们积极组织 2020 年参加全省实习支教的师范生，开放山东教师教育网“一师一优课”，建立线上教学工作坊，开展支教师范生网络观评课活动。

聊城大学教务处为全校 1 600 名师范生完成报名（基本全覆盖），为 73 位指导教师完成注册。省厅共配置 13 个工作坊（其中参加支教的 6 个学院每个学院 1 个工作坊，另外 7 个坊是非支教学院或有分散实习的学院的工作坊）。根据上级安排，历史文化与旅游学院领导通过线上会议的方式多次交流协商，确定线上实习方案。学院及时公布《2017 级历史学专业教育实习方案》，方案分别从四个方面展开：加强规范管理，合理安排时间；建立合理的评价制度；细化指导教师工作，加强学生实习训练；加强实习学生分类管理，突出自愿参加原则。结合教育厅要求对实习支教师范生开展网上观评课安排，对如何组织师范生开展“居家”网上学习做出了详细的规定，明确了指导教师如何组织师范生网上学习，如何进行课程安排与考核，如何进行学习评价和教学评价等。

### （一）加强规范管理，合理安排时间

本学期教育实习原计划初步分为在线网络观摩评课（以下简称“网络观评课”）和中学实习两个阶段，但因疫情原因目前只能开展在线网络观评课。网络观评课按照学校、学院要求统一安排有序开展，并向师范生明确观摩的任务、听课评课的具体时间和内容要求等。是否到中学实习，需要等待上级安排。加强对实习师范生的指导与管理，建立定期检查指导工作制度，解决师范生实习中的实际问题。严格指导教师的遴选，挑选业务能力好、责任意识强、工作经验丰富并曾多次指导学生获得全国及省级教师技能比赛的优秀教师担任指导教师。

### （二）建立合理的评价制度

实习课程成绩评定采用山东省教育网系统自动给定成绩和指导教师评定成绩相结合的方式。其中师范生网上观摩评课由系统自评成绩，师范生完成十节课的教学设计后，指导教师最终评定成绩。正常开学后，每个师范生除了完成实践教学任务外，还要有书面的教学材料，如实习总结、教案、听课记录、教学反思、教学日志以及在网络课程观摩期间的评课反馈等，这些均可作为实习评分依据。

### （三）细化指导教师工作，加强学生实习训练

第一，由指导教师推荐中学历史教学网站和上传教材、课标资料以及新编历史教材的 PPT 课件与教案，让学生参考学习，并积极备课，编写 10 个教学设计。第二，按照山东省教育厅要求，让学生进行网上学习实践活动，观摩学习中学历史名师的课堂教学录像；对网上推送的十节课进行评分，并且对每节课写出 500 字左右评语。第三，每个学生须准备 10 个教学设计或教学 PPT 课件，指导教师对其评价打分。如果师范生本学期不进行实习支教，评课和教学设计二者分别占总成绩的 50% 和 50%；如果师范生后期进行实习支教，评课和教学设计分别占总成绩的 25%，实习支教实践成绩占 50%。第四，指导教师会不定期利用超星课堂和师范生一起观摩学习，并带领学生进行评课互动，随时指导学生听课评课，并交代评课时要注意哪些问题、要重点学习哪些问题；等等。通过以上这些活动，提升学生的听课评课水平，强化学生教学素养，不断提升其教学技能。

### （四）加强实习学生分类管理

学院对于非支教的学生，采取自愿原则报名参加实习，在制定教学方案时一定要突出自

愿原则。已经进入上级安排的统一工作坊实习的学生，若自己提出不愿参加实习，绝不强求，同意退出。总之，要充分利用好网络平台，合理规划本学期实习工作。一是让学生在课前对中学课堂实况有个基本了解，为下一步实践上课做好准备。二是通过观摩平台实操训练，让学生掌握教师基本技能和方法，起到示范指导及训练的作用。三是通过多种形式的实习训练，巩固师范生的专业知识，培养他们的教师素养，使他们了解中学历史教学工作的基本原则与方法，进而促使他们树立为人民的教育事业献身的精神。

## 二、“线上平台+师范生+指导教师”模式的实践

本次线上实习网络观评课以山东省教师教育网为载体，以“教学工作坊”为主要实施工具。师范生通过观看山东省教师教育网提供的来自全省各个中学的优质课堂实录，可对课堂教学各方面（如教学设计、教学过程、教学效果、技术规范等）进行全方位评价，且课后要撰写不少于800字的观评课心得。在此过程中，指导教师针对师范生的不同问题进行及时的反馈交流。进而逐步实现“线上平台+师范生+指导教师”的线上实习模式。具体操作方式主要有如下几点：

第一，教学工作坊为指导教师进行实训指导提供了多种便利功能，如“活动包”“表扬栏”“资源”等。在此以“活动包”功能为例，指导教师可在教学工作坊中提出一些问题进而引导同学们思考并发言，比如：“作为实习老师，如何才能上好一堂课?”通过提问的方式，鼓励学生积极发表自己的认识和看法，指导教师积极参与，引导学生自主、合作、探究学习，从而营造一种良好的学习氛围。通过在线实习，师范生不仅可以及时完成学习任务，还可以通过网络平台增进师生关系，进而更好地理解教师这一行业。

第二，利用规则约束提升学生自制力。2020年春季，受疫情影响，全国高校延期开学，只能开展网上教学与网络实习。这虽然在一定程度上改变了学生的学习方式，但从另一个角度来说，也是提升学生自制力、使学生养成自主学习好习惯的好机会。在运用实习工作坊的过程中，为确保每位学生定时定量高效率地进行观评课的学习，我们对每一位同学提出每日签到的要求。并将签到数据列入相关成绩考核中，以此对学生线上学习进行管理。为了模拟实习氛围，让实习支教师范生们更好地融入教师的角色，更快地适应网上实习平台，我们将实习支教师范生分为六个小组，并及时给每个小组相应的任务，要求限时完成，提高了学生的自律性与学习积极性。

第三，充分利用线上资源进行教学实录的对比评价。借助于平台中“一师一优课，一课一名师”提供的优秀教学实录资源，指导教师在工作坊中推出同课异构的两位老师的教学视频，让师范生进行对比观摩，并在工作坊中提交评论或感悟。一方面既可督促大家共同进行观摩学习，调动实习师范生观评学习的积极性；另一方面，指导教师也可以借此对学生的学习状况有所把握。最后老师进行适当的评课指导，通过以评促教，以评思教，提升实习师范生对历史课堂教学的认知水准，从而间接起到训练教学技能、提高教学水平的作用。

第四，及时提供教学资源。学生居家进行线上实习，所能获取的教学资料较少，指导教师通过教学工作坊中的“资源上传”功能，以及QQ群、微信群等渠道为学生提供了相关电子教学资料，如课堂教学实例以及相关论文资料，从而解决学生搜寻参考资料困难的问题。

第五，采用双向互动方式进行演练。指导老师在对师范生教学技能进行指导点评时，采用视频会议形式进行。在讲授过程中，要求学生打开麦克风与摄像头进行互动，例如使用腾

讯会议时，指导老师要求学生连麦在线回答问题，并邀请其他同学进行点评，在运用超星学习通时，指导老师根据事先分组名单对不同组学生提出不同的问题，监督学生按时组织线上回答。

## 三、“线上平台+师范生+指导教师”模式的反思

诚然，线上实习为疫情期间的特殊举措，在实际效果以及结果预期中都与传统模式有较大差距，主要体现在以下几个方面：

第一，线上实习很难做到身临其境。师范生通过参加顶岗实习支教，在支教过程中充当教师角色，参与教学活动全过程。特别是在师生互动以及教师与其他教育工作者的沟通交流环节，线上实习并不能做到完全模拟，缺乏实践使得师范生的教师角色意识不够强烈。关于此问题可以待高校开学后，根据实际条件进行顶岗实习支教或者开授教师技能相关课程进行补充。

第二，线上实习模式相对理想化。本次线上实习所采用网络观评课内容均为省内各个中学上传的优质课程内容的录播视频，通常是授课教师精心准备并反复演练的规范化课程。在教学实践过程中，并不能完全达到网络观评课所表现的效果。师范生在实际教育实习过程中会遇到来自学生、家长以及其他教育工作者的诸多问题，这在线上实习中是较难得到训练的内容。在此建议指导教师根据教育工作中所遇到的常见问题通过视频直播或者网络作业等方式进行案例学习与点评，从而提升师范生针对不同教育工作问题的应对能力。

第三，“学”与“教”的转化。如前所述，师范生是以双重身份参与顶岗实习支教，仅通过网络观评课与指导教师的线上辅导，难以让师范生从学生身份真正转变到教师身份，从教育工作者的角度对平台所提供的优质课程进行评价与反思总结。对于即将迈向讲台的实习支教生来说，仅凭借观评课学习是并不能把知识完全吸收内化的，这就要求指导老师与学生线上线下的教学相结合。在观评课前做好准备，利用已有的资料，使学生熟悉课标和教材，了解本节课编者的意图，熟知教学内容的重难点和三维目标。观课后引导学生进行脉络梳理，抓出难点，做好笔记与反思。

在指导学生进行线上实习的过程中，教学工作坊当中存在一些需要完善的细节。例如学生的签到考勤工作部分对于签到人数在系统中并没有明确的统计，指导教师对于考勤人数并不知情。指导教师希望对表现积极、发言踊跃或者回答问题优秀的同学进行表扬鼓励，但是表扬栏里却和这些都没有任何关联。如果在表扬栏里发起表扬，还要从所有的学生名单当中去查找那位同学，确有实际操作上的困难。如果工作坊平台能做这些改进，效果会更好。总之，“线上平台+师范生+指导教师”模式作为线上实践教学的一种新尝试，更多的优点和长处还没有被我们充分发现，需要我们进一步地学习探索与反思完善。

## 四、结语

当前国家疫情防控形势依旧严峻，如何做好疫情期间高校师范生线上实习与技能的训练，实现网络实习与传统实习的优势互补，最大限度地保证线上实习质量依然是各师范类院校所关注的重点工作。面对当前形势，教师与学生都要转变传统思想，及时调整教学手段与学习状态，使得线上实习发挥最大的价值。

# 参考文献

[1] 莫国炜，朱汝葵，陈思静. 师范院校线上线下滚动式教育实习模式的探索［J］. 高教论坛，2017（10）：49-52.

[2] 韩涛，王喆，张璐. 疫情防控期间师范生在线教育实习的探索与实践——以聊城大学为例［J］. 山东教育（高教版），2020（Z2）：97-99.

[3] 梁永锋，胡伟明，王会，龚全明，鲁莎莎. 线上线下化学教育见习实习一体化模式的构建［J］. 山东化工，2021（10）：212-216.

# 多元化考核评价对学生学习行为影响研究[①]

## ——以大气污染控制工程课程为例

王　岩　刘子亭　陶宝先　张保华[②]

**摘　要：**本文为探讨多元化考核评价模式对学生学习行为的影响。以环境科学专业大气污染控制工程课程为例，采用课前诊断性评价、课中过程性评价以及期末终结性评价相结合、考核内容与考核主体多元化评价模式开展评价，将各教学环节得分与总成绩进行了相关分析，并对学生的学习行为做了对比研究。最终发现，与传统评价模式相比，学生在“回答问题”“积极讨论”“课前预习”“撰写笔记”和“汇报展示”这5个方面，学习行为都发生了明显的积极性改变；总成绩与学生信息获取能力、深入思考能力、课堂活跃程度以及教师课堂活动方案设计与教学目标的契合度相关性较强。这也说明，多元化考核评价能够更为客观、公正地对学生做出评价，有利于培养他们发现问题、分析问题、解决问题的能力，并能促进教学反思，但仍需探索改进。

**关键词：**多元化考核评价；学习行为；大气污染控制工程

## 引言

在2018年9月10日召开的全国教育大会上，习近平总书记指出“推进教育改革，加快补齐教育短板”。美国加州大学洛杉矶分校副校长Cindy Fan教授在考察我国高等教育时认为，“单声道”的课堂教学模式是掣肘一流本科教育质量的最大短板。中国一流大学与世界一流大学之间存在差距的主要原因之一，很可能是“单声道”的课堂教学模式。

考核评价模式改革可以倒逼课堂教学模式变革。传统考核评价内容狭窄（往往只关注认知领域）、方式单一（期末考试占绝对比例）、主体局限（往往只有任课教师），过分强调评价的甄别和选拔功能，忽视评价的导向和激励功能，以及对学生实践能力、创新精神、心

---

① 基金项目：聊城大学首批“金课”项目（项目编号：311101901）、聊城大学校级教学改革项目（项目编号：311161904）、聊城大学一流本科课程重点培育项目（项目编号：311102108）、山东省高等教育本科教改项目（项目编号：M2018X052）、山东省一流本科课程。

② 作者简介：王岩，聊城大学地理与环境学院副教授；刘子亭，聊城大学地理与环境学院副院长，副教授；陶宝先，聊城大学地理与环境学院副教授；张保华，聊城大学地理与环境学院院长，教授。

理素质以及情绪、态度和习惯等综合素质的考察。这种评价模式很难考察出学生对知识的运用能力，不利于学生的个性发展和综合素质的培养，无法满足现代社会的发展和对人才的需求，无法体现教学质量和教学效果，导致学生只擅长浅层学习，不会深层学习，解决问题的能力明显不足。

多元化考核评价强调过程考核与多元评价。20 世纪 90 年代以来，英国、美国以及我国台湾地区相继开展了多元化学生评价改革。它的理论基础是瑞士心理学家皮亚杰（J. Piaget）提出的建构主义理论思想。他认为，学习不应该被看成是对于教师授予知识的被动接受，而是学习者以自身已有的知识和经验为基础主动的建构活动。建构主义理论的核心思想是“以学生为中心”，强调学生对知识的主动探索、主动发现和对所学知识意义的主动建构，强调的是“学”。

本文以环境科学专业核心课程大气污染控制工程为例，对聊城大学 2015 级本科生（传统评价模式）和 2016 级本科生（多元化考核评价模式）进行了对比研究，剖析评价模式的改变对学生学习行为和学习效果的影响，并探究多元化考核评价结果的影响因素。

## 一、多元化考核评价体系构建

多元化考核评价体系由考核内容、考核方式和考核主体三部分构成，如图 1 所示。时间与空间相结合、定性与定量相结合，评价内容更全面，评价方式多样化，评价主体多元化。

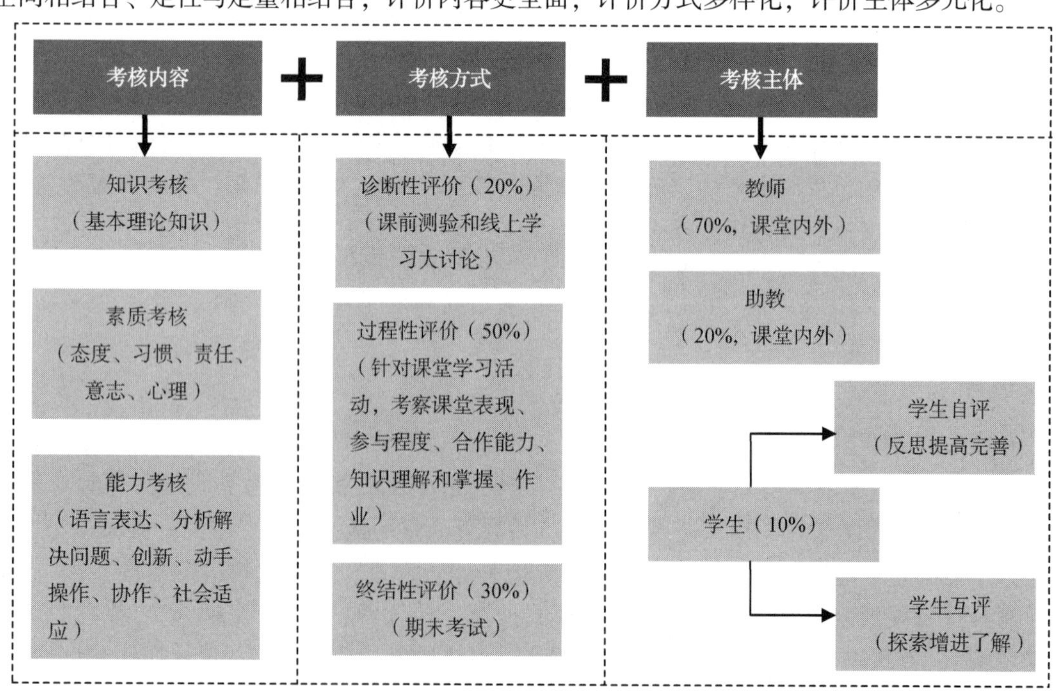


**图 1　多元化考核评价体系**

考核方式中的诊断性评价和过程性评价，体现在“课前自主学习”和“课上知识内化训练”过程中。教学过程与评价过程相融合流程如图 2 所示。

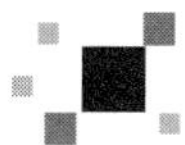

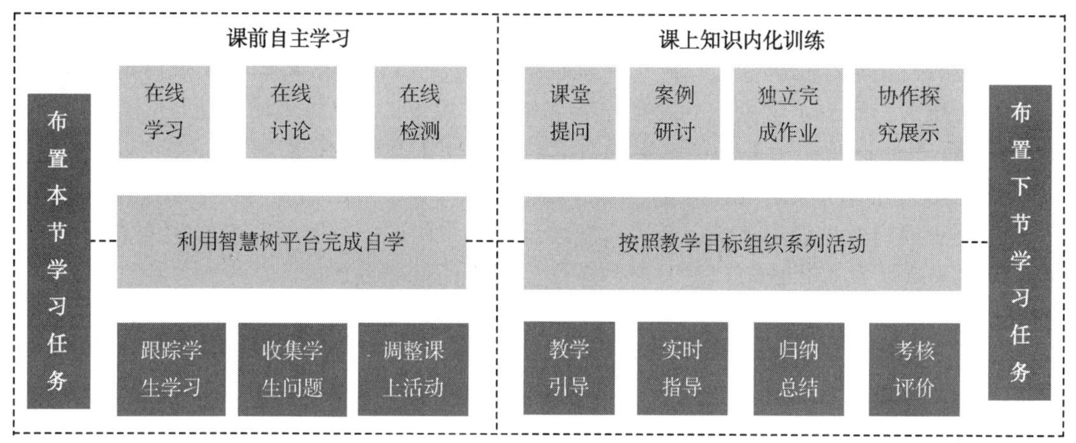


**图 2　教学过程与评价过程融合流程**

按照"布鲁姆教育目标分类原则"，教学中要进行课前任务单和课堂活动的设计。在课前阶段，明确学习目标、学习内容和要求，为课上活动做准备。记忆、理解和应用属低阶思维，相应内容在课前线上学习（异步进行）。分析、评价和创新属高阶思维，通过参与课堂活动来培养（同步进行）。课堂上，以学习任务为明线，以知识、技能、素质培养为暗线，学生围绕老师设计的系列活动独立或分组合作探讨学习并展示观点。在此过程中，教师密切关注学生学习中出现的问题，及时反馈、评价和督促，适时调整教学策略和教学方法，激发学生的学习兴趣，提升学习动力。教师本着多鼓励、重提高的原则，不以回答对错为唯一标准，强化学生积极参与思考的热情。教师及时公开考核信息，有助于学生及时认识到学习过程中存在的问题和不足，有利于培养学生自觉学习的良好习惯，使学生及时调整学习策略，促进学生身心健康发展。

## 二、多元化考核评价效果

通过两个学期对学生学习行为的观察，以参与各项学习活动中的人数占总人数的比例为统计参量，对实施多元化评价模式和传统评价模式的学生行为进行了对比，结果如图 3 所示。

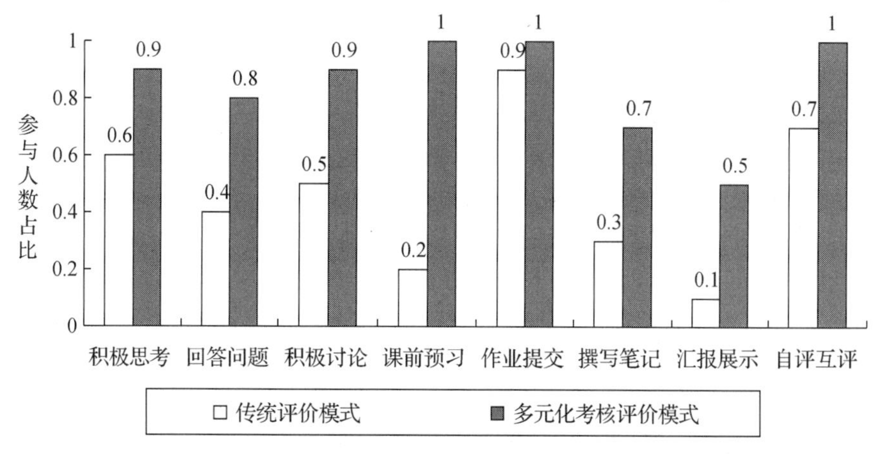


**图 3　两种考核评价模式的学习行为对比**

在"回答问题""积极讨论""课前预习""撰写笔记"和"汇报展示"这 5 个方面，

学生学习行为都发生了明显的积极性改变，“课前预习”表现尤为显著。“课前预习”培养了学生学习的自觉性和积极性，提升了课堂教学效果；“回答问题”和“积极讨论”激发了学生的学习热情，培养了学生的创新性思维和批判性思维；“撰写笔记”使学生养成了自我反思的习惯；“汇报展示”提升了学生的自信心，锻炼了学生的语言表达能力和分工协作能力。实践证明，抓好考核末端，确实能够激励学生融入学习全过程。课程多元化考核能够较为客观、公正地对学生做出评价，较为真实地反映出学生的实际水平，使学生能清楚地认识自己，为其自我发展提供决策信息，有利于学生身心的健康发展。

## 三、多元化考核评价分析

以环境科学专业 2016 级实施多元化考核的 40 名学生的成绩为样本，对各教学环节得分与总成绩进行相关分析，结果如图 4 所示。

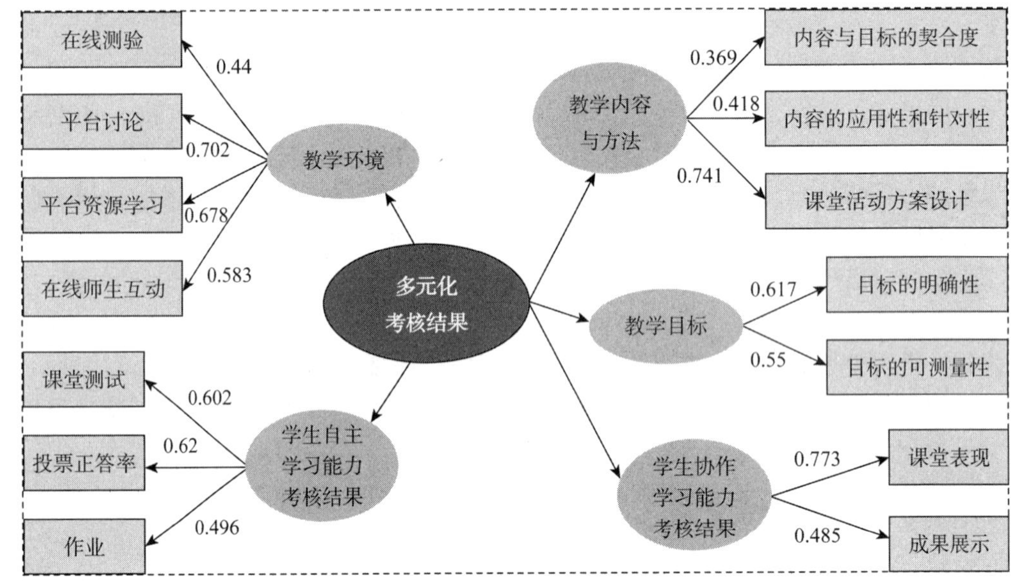


**图 4　多元化考核评价分析图**

在线测验、平台讨论、平台资源学习和在线师生互动体现的是教学环境，其中平台讨论和平台资源学习与总成绩相关性较强，反映的是学生学习的自觉性、积极性和获取信息的能力。课堂测试、投票正答率和作业体现的是学生独立学习和深入思考的能力，其中课堂测试成绩和投票正答率与总成绩相关性较强，反映的是学生对知识的掌握和应用情况。课堂表现和成果展示体现的是学生协作学习能力，其中课堂表现成绩与总成绩相关性较强，反映的是学生在课堂上的活跃程度以及高阶思维能力。

目标的明确性和课堂活动方案设计与总成绩相关性较强。目标的明确性和可测量性体现的是教师对教学目标设置的合理性；内容与目标的契合度、内容的应用性和针对性以及课堂活动方案设计体现的是教学内容与方法的合理性（教学目标和教学内容与方法两项的得分源于教师对学生的问卷调查）。可见，下达课前任务单时按照“布鲁姆教育目标分类原则”明确教学目标固然重要，但更重要的是教师如何设计教学活动促成教学目标的实现。因此，课堂活动方案既要作为紧密联系教学内容与教学目标的桥梁，又要尽可能贴近生活，生动有趣，以便激发学生的学习热情。

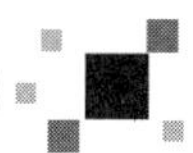

## 四、结论

多元化考核评价使学生由被动学习转向主动学习和基于问题的学习，由低水平参与学习活动转向高水平参与，有利于培养学生的创造性思维和批判性思维。

多元化评价具有诸多优势，但在实施过程中对教师和学生都提出了更高要求。教师是课程多元化考核的组织者和指导者，居于主导地位，必须具备实施多元化考核的良好综合素质。教师首先要改变满堂灌的教学方法与教学设计，针对学生的不同需求组织教学活动，课堂讲解、点评、答疑指导和讨论都要做到随机应变。这就要求教师必须具有很强的责任心和良好的职业道德，并能及时改进教学方法，更新教学活动，常做教学反思。

值得关注的是，并非所有的学生都具备多元化考核评价技能。这种考核方式需要学生投入比以往高出两倍的精力，并且课程开始前不确定感强、内心容易感到慌张和焦虑。部分学生对评价标准没有形成具体、清晰的概念，其作为评价主体时完成自评和互评的主观性较强，所以学生评价占比不宜高于 10%。综上所述，这种评价模式在未来的教学实践中仍需进一步探索完善。

## 参考文献

[1] 杨兆山，陈煌．坚持办教育的人民立场——学习习近平总书记全国教育大会重要讲话精神［J］．现代教育管理，2019（1）：1-7.

[2] 王金旭，朱正伟，李茂国．成果导向：从认证理念到教学模式［J］．中国大学教学，2017（6）：77-82.

[3] 林崇德．中国学生核心素养研究［J］．心理与行为研究，2017（2）：145-154.

[4] 蔡永红．对多元化学生评价的理论基础的思考［J］．教育理论与实践，2001（5）：34-37.

[5] 卢艳华．多维互动教学模式在英语教学中的应用［J］．教学与管理，2011（36）：145-146.

[6] 张薇，周兰姝，徐燕，等．多元化评价模式在成人护理学课程中的应用［J］．解放军护理杂志，2019（7）：76-78.

# 基于平台数据挖掘的在线学业成绩预测研究[①]

王　岩　陶宝先　刘子亭　董　杰[②]

**摘　要**：为了从在线教育平台学习数据中挖掘影响在线学习学业成绩的重要因素。本文以大气污染控制工程课程为例，基于数据挖掘工具 SPSS Modeler 中的 C5.0 决策树和类神经网络两种统计分析方法，构建了分类预测模型，并对模型的准确率进行了评估。结果表明：两个模型的总体准确率分别为 98.28% 和 97.70%，评估准确率分别为 92.54% 和 94.03%。研究表明，决策树模型和类神经网络模型均可以用于新的数据分类。

**关键词**：数据挖掘；决策树；类神经网络；在线学习；成绩预测

## 引言

2020 年年初新冠病毒肺炎疫情的暴发，显著推进了在线课程学习在高校教学中的实施并获得了广泛认可。据统计，2019 年中国在线教育用户规模达 2.54 亿人，其中以中青年群体，尤其是高校在校生为主。在线学习不同于传统面对面教学，师生处于时间空间不同步的分离状态，如何挖掘出影响在线学习学业成绩的关键因素，对学业成绩进行预测并及时实施学业干预，是目前在线教育亟待解决的问题。

在大数据时代，在线学习者在学习过程中会积累海量的结构性和非结构性数据，这些数据存在于各个网络学习平台和管理系统中，需要教师具有一定的数据处理能力来实现和完成数据应有的作用和价值。目前出现了少量研究考试通过率影响因素的文献，但这些文献中有的仅做了理论分析，没有对实际问题进行深入讨论，有的虽然通过一些统计分析方法对考试或比赛成绩做了相关研究，但仅使用了相关分析、回归分析等简单的统计分析方法，只能处理线性关系的情况，且预测误差大。

本文基于数据挖掘工具 SPSS Modeler 中的 C5.0 决策树和类神经网络两种统计分析方法，

---

① 基金项目：聊城大学首批“金课”项目（项目编号：311101901）、聊城大学校级教学改革项目（项目编号：311161904）、聊城大学一流本科课程重点培育项目（项目编号：311102108）、山东省高等教育本科教改项目（项目编号：M2018X052）、山东省一流本科课程。

② 作者简介：王岩，聊城大学地理与环境学院副教授；陶宝先，聊城大学地理与环境学院副教授；刘子亭，聊城大学地理与环境学院副院长，副教授；董杰，聊城大学地理与环境学院副院长，教授。

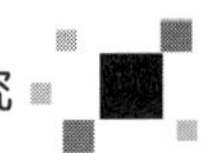

以“智慧树在线教育平台”中开设的大气污染控制工程课程为例，以在线学习本科生的学习数据为研究对象，通过统计分析历史数据，建模研究影响在线学习学业成绩的关键因素，以期能够帮助教师转变教学理念，改进教学方式，为学生提供学习指导，提高学校教育质量。

## 一、SPSS Modeler 简介

IBM SPSS Modeler 是一款以图形化语法为用户界面的数据挖掘软件，集成了诸多计算机机器学习的优秀算法和行之有效的统计分析方法，且操作简便快捷，实用性强，分析结果直观易懂，图形功能强大，支持与多种数据库之间的数据和模型交换，目前已经成为使用最为广泛的数据挖掘软件。

SPSS Modeler 的操作与数据分析的一般流程相吻合，将操作的各个环节表示成若干个节点，将数据分析过程看作是数据在各个节点之间的流动，并通过图形化的数据流方式直观表示整个数据挖掘的环节。在 SPSS Modeler 中建立数据流的一般思路是建立数据源、数据准备、建立模型和模型评价。本研究采用 SPSS Modeler 18.0 根据上述流程进行在线学习学业成绩预测模型的建立和验证。

## 二、研究方法

### 1. 数据提取

选取 2018—2019 学年第二学期两个学期在线学习者的学习数据建立数据源文件。源文件为 Excel 文件，命名为“成绩 . xlsx”。文件包含 174 条记录，每条记录包括 12 个变量：姓名、班级、学号、性别、是否班级任职、平台登录次数、学习进度是否符合要求、累计观看视频时长（分钟）、论坛讨论次数、章测试成绩、是否完成调查问卷以及期末成绩是否优秀。

选取 2019—2020 学年第二学期在线学习者的学习数据，建立命名为“成绩预测 . xlsx”的 Excel 文件，作为未来样本进行预测和模型准确度验证。“成绩预测 . xlsx”文件包含 67 条记录，每条记录包括除“期末成绩是否优秀”之外的 11 个变量。

### 2. 数据关联

启动 SPSS Modeler 并新建流文件后，选择界面下部“源”子菜单内的“Excel”，将其拖入面板中，将文件“成绩 . xlsx”导入。

选择界面下部“字段选项”子菜单内的“过滤器”，将其拖入面板中。通过过滤节点将对学业成绩没有影响的无关字段进行过滤，比如姓名、班级和学号。选择界面下部“字段选项”子菜单内的“类型”，将其拖入面板中。将“期末成绩是否优秀”设为目标变量，其他字段均为输入变量。数据节点、过滤节点和类型节点三者通过单击右键，选择“连接”的方式顺序连接。

### 3. 选择算法并建模

选择界面下部“建模”子菜单内的“C5.0”和“类神经网络”，将其拖入面板中，并分别连接到已建立的“类型”图标。分别以右键单击“C5.0”和“类神经网络”图标，选

择“运行”，模型图标即各连接了“期末成绩是否优秀”图标，面板右侧分栏也同时出现，建模完成。双击该图标即可查看建模结果。

分别将“C5.0”和“类神经网络”模型的“期末成绩是否优秀”图标与“类型”图标相连接，再选择界面下部“输出”子菜单内的“分析”，将其拖入面板中，与“期末成绩是否优秀”图标连接，右键单击“分析”图标，选择“运行”，即可看到各模型的输出结果与实际数值的比较，即模型的准确度。分类模型流程如图1所示。

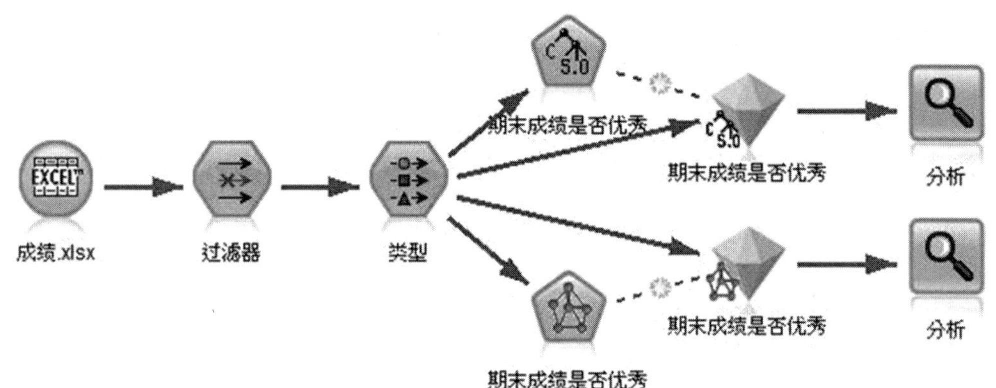


图1　分类模型流程图

4. 样本预测

按照“数据关联”中的操作方式，将“成绩预测.xlsx”数据节点与过滤节点相连，将面板右侧分栏出现的两个模型均拖入面板与过滤器相连，模型后均接输出表格用以查看预测结果。右键单击“期末考试是否优秀”图标，选择“从此处运行”，即可得到预测结果。预测模型流程图如图2所示。

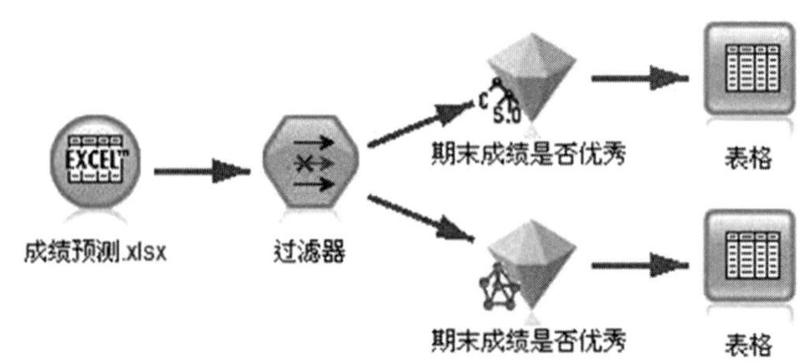


图2　预测模型流程图

## 三、结果分析

1. 决策树分析

C5.0决策树分类主要分为两个过程。首先是学习过程，即通过对大量的训练数据集学习来构造决策树。第二步是利用构造的决策树进行分类，先利用测试数据集评估决策树分类

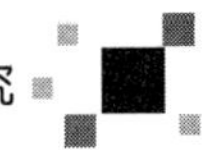

的准确率，如果准确率可以接受，则将生成的决策树用于新的数据分类。

本研究形成的决策树挖掘分析结果和预测变量重要性如图 3 和图 4 所示。该模型以“平台登录次数”“累积观看视频时长（分钟）”“章测试成绩”和“性别”四个属性为决策树的形成因素，构建的决策树包含 14 个子节点，深度为 5，预测的总体准确率为 98.28%。

**图 3　决策树挖掘分析结果**

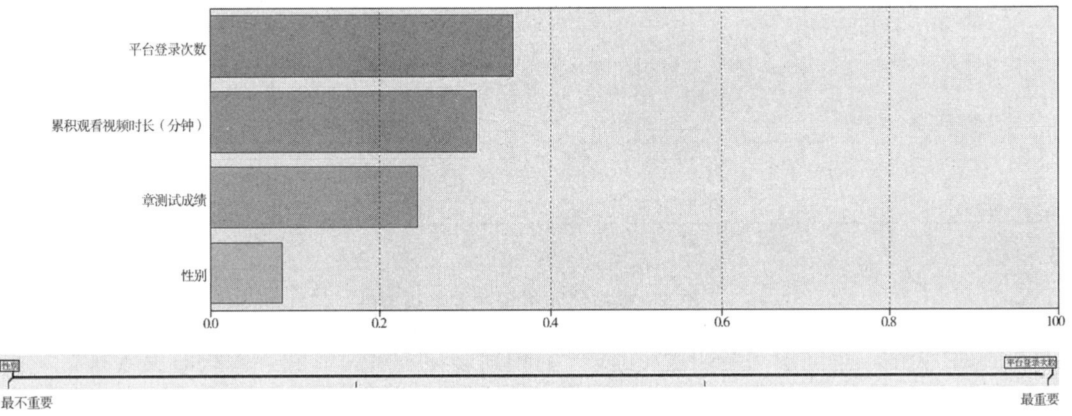


**图 4　决策树预测变量重要性**

从挖掘分析的结果可以看出，如果章测试成绩等于或低于 88 分，且累积观看视频时长低于 742 分钟时，学业成绩不优秀，置信度为 100%；在累积观看视频时长高于 742 分钟时，男生不优秀，女生优秀，置信度均为 100%。

如果章测试成绩高于 88 分，且在平台登录次数大于 104 次时，学业成绩优秀，置信度为 96.4%；在平台登录次数小于 97 次时，学业成绩不优秀，置信度为 88.9%；在平台登录次数大于 97 次但小于 104 次时，且累积观看视频时长高于 787 分钟时，学业成绩优秀，置信度为 80%；累积观看视频时长低于 787 分钟时，学业成绩不优秀，置信度为 77.8%。由此可见，“平台登录次数”“累积观看视频时长（分钟）”和“章测试成绩”是影响在线学习者学业成绩是否优秀的关键性因素，“性别”因素次之，“是否班级任职”“学习进度是否符合要求”“论坛讨论次数”和“是否完成调查问卷”这些因素没有进入决策树，对学业成绩影响很小。

2. 类神经网络分析

类神经网络是一种模拟人脑思维的计算机建模方式。这种分类算法是以节点来构造一个超平面。将训练样本集中的每个样本看作 $n$ 维空间上的点，一个超平面将 $n$ 维空间划分成两部分，处于超平面上方的所有样本点为一类，处于超平面下方的所有样本点为另一类，从而实现二值分类。

本研究形成的类神经网络预测变量重要性如图 5 所示。模型加入了过滤之后的所有变量，其中“章测试成绩”“累积观看视频时长（分钟）”和“平台登录次数”对学业成绩影响较大，而“性别”“是否完成调查问卷”“班级任职”和“学习进度是否符合要求”对学业成绩影响较小。模型预测的总体准确率为 97.70%。

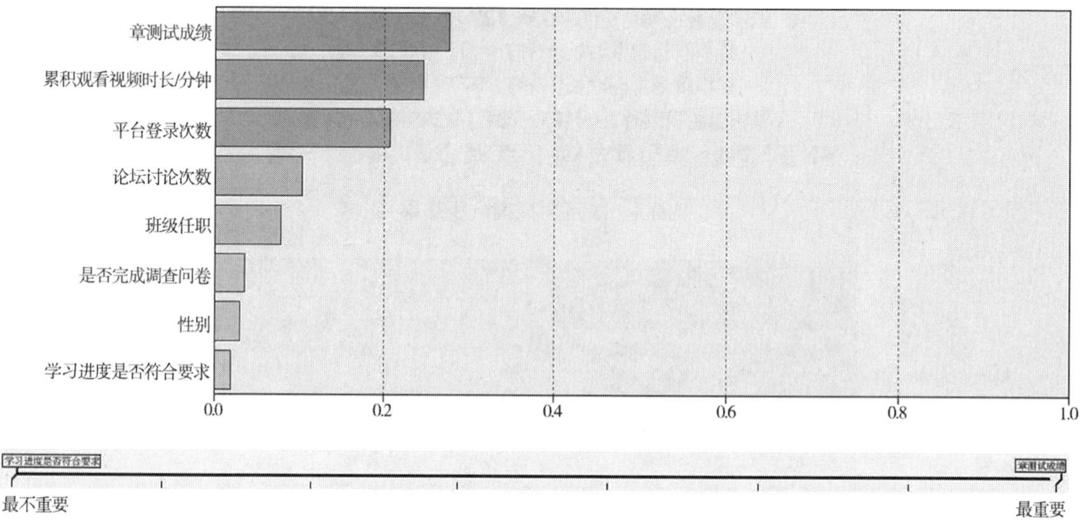


**图 5　类神经网络预测变量重要性**

影响较大的 3 个因素“章测试成绩”“累积观看视频时长”和“平台登录次数”，分别代表了成绩优秀者平时学习态度认真，坚持网络学习，投入的时间和精力多，学习基础牢固以及阶段性学习检测成果突出。这些属性自然而然会反映到学生在线学习的最终成绩上，将这 3 个属性作为在线学习学业成绩的预测依据是合理的。“性别”的影响体现在，同等情况下女生比男生更容易获得优秀。这与女生做事往往比男生更踏实稳重、认真高效密不可分。影响最小的 3 个因素中，客观上讲，“是否完成调查问卷”和“班级任职”与学业成绩没有必然联系，笔者将这两项因素用过滤节点过滤后重新建模，发现预测结果和本论文结果并无明显差异。但“学习进度是否符合要求”是与学业成绩密切相关的，预测结果之所以认为该因素对学业成绩影响很小，是因为建模样本中绝大多数学习进度都符合要求，所以这方面带来的影响失去了体现的前提。

3. 模型准确率评估

结合样本预测结果和样本实际结果，我们评估了 C5.0 决策树和类神经网络模型分类预测的准确率，结果见表 1。

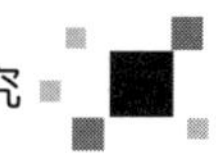

表1 模型分类预测准确率评估

| 样本总数/个 | 实际优秀数/个 | 决策树预测优秀数/个 | 决策树模型准确率/% | 类神经网络预测优秀数/个 | 类神经网络模型准确率/% |
|---|---|---|---|---|---|
| 67 | 17 | 17+5 | 92.54% | 16+3 | 94.03% |

## 四、结论

本研究采用数据挖掘分类方法中的C5.0决策树模型和类神经网络模型，以“智慧树在线教育平台”中2018—2019学年第二学期参加大气污染控制工程课程的学生学习数据为建模样本，在SPSS Modeler数据挖掘环境中，构建了在线学习学业成绩的预测模型。

决策树模型和类神经网络模型预测结果显示，模型预测的总体准确率分别为98.28%和97.70%。“章测试成绩”“累积观看视频时长（分钟）”和“平台登录次数”这3个变量对在线学习学业成绩影响较大，“性别”对在线学习学业成绩有一定影响，而“是否完成调查问卷”“班级任职”和“学习进度是否符合要求”的影响相对较小。

以2019—2020学年第二学期的学习数据为预测样本，通过对预测样本的预测结果和样本实际结果相对比，评估了模型的准确率。生成的决策树模型和类神经网络模型的准确率分别为92.54%和94.03%，这说明模型可以用于新的数据分类。

这些结论对于学生在线学习和教师教学与管理都有很好的指导意义。由于大气污染控制工程课程在网络平台开设时间较短，且样本数量有限，所以研究范围和深度都存在一定的不足。在今后的工作中，我们将进一步扩大样本量，将理论与实践深入结合，通过不断应用、校验和评估，力争建立更加稳定、可靠、准确的预测模型。

## 参考文献

[1] 艾媒报告. 2018中国在线教育行业白皮书［EB/OL］. https://www.iimedia.cn/c1061/65339.html.

[2] 陈子健，朱晓亮. 基于教育数据挖掘的在线学习者学业成绩预测建模研究［J］. 中国电化教育，2017（12）：75-89.

[3] 唐汉卫，刘金松. 论德育过程中教师的数据智慧［J］. 教育科学，2018（6）：19-24.

[4] 李洁. 提高大学英语四级通过率的措施探讨［J］. 海外英语，2011（10）：57-58.

[5] 李红燕，曹苏娜，曹贻鹏，等. 基于统计分析的英语四级通过率和入学重点率的相关性之实证研究［J］. 时代教育，2010（7）：121-122.

[6] 朱雪梅，吴慧. 基于终结性测试成绩相关性分析的高中地理课程决策［J］. 中学地理教学参考，2017（21）：28-31.

[7] 李睿珂. 运动员消极情绪与比赛成绩相关性分析仿真［J］. 计算机仿真，2016（11）：353-360.

[8] 张治斌. 基于SPSS Modeler的数据挖掘过程解析［J］. 数字技术与应用，2017（9）：72-73.

[9] 游佳，李爱阳，王森林，等．SPSS Modeler 在脑卒中患者预后建模中的应用［J］．中国医疗设备，2018（10）：60-63.
[10] 孙力，程玉霞．大数据时代网络教育学习成绩预测的研究与实现——以本科公共课程统考英语为例［J］．开放教育研究，2015（3）：74-80.

# 基于师生协同的高校在线实验教学质量提升研究[①]

李东光[②]

**摘　要：**师生协同思想在高校在线实验教学质量提升中具有重要的应用价值。师生协同机制模型以系统的逻辑阐释了高校在线实验教学质量提升的机理和方式。该模型包含主体角色模块、平台模块、过程模块和绩效模块这四大模块，其中主体角色模块是高校在线实验教学质量提升的实现主体与活动始点，平台模块是质量提升的工具依托和基础，过程模块是质量提升的有效促进和保障，绩效模块是质量提升的成效体现。师生协同视角下高校在线实验教学质量提升还需要特别关注在线实验教学前的师生准备情况，教学中的师生沟通交流情况以及教学后的师生实验总结反思等关键环节的教学问题。

**关键词：**师生协同；在线实验教学；教学质量提升

教书育人是高校的第一要务，实验教学是提升高校本科生实践创新能力的重要途径，提升教学质量是高校常抓不懈的课题。受新冠肺炎疫情影响，全世界范围内高校教育教学在2020年上半年普遍采用在线教学模式，也包括基于特定实验软件平台的在线实验教学。在习近平总书记、党中央的坚强领导下，在全国高校师生的协同努力下，我国高校的教育教学质量得以有效保障。由于高校实验教学本身涉及的领域广、可能遇到的问题多、教学环节复杂等态势，实验教学升级为在线实验教学后遇到很多新情况、新问题、新挑战，使得影响教学质量保障和提升的因素变得复杂多样。这些都是本文值得重视和深入研究的问题。每所高校、每位教师或许都会有独特的教学理念、方法和经验，但师生协同的理念和方式尤其应该是在线实验教学质量提升领域中不可回避的话题。笔者根据在线实验教学的实践经验与理论总结，特别探讨师生协同视角下高校在线实验教学的质量提升问题。

## 一、师生协同在高校在线实验教学质量提升中的价值

### 1. 师生协同的内涵

协同思想来源于20世纪70年代德国著名物理学家哈肯（Hake）所创立的协同学（synergetics）。该思想主要研究远离平衡态的开放系统在与外界有物质或能量交换的情况下，

---

① 基金项目：聊城大学教学改革研究项目“基于教师视角的地方高校本科课堂教学质量提升研究与实践”（项目编号：Z2016M043）、聊城大学实验教学改革研究项目“物流管理专业实验课程独立设置方案”（项目编号：26322170138）。

② 作者简介：李东光，聊城大学商学院副教授。

如何通过自己内部的协同作用，自发实现时间、空间和功能上的有序结构的一门科学。协同思想与教学中师生这两大角色主体的有机结合，就产生了师生协同的思想。师生协同就是在教学系统中通过师生之间的共同努力以达到教学内容、教学过程和教学目标等方面协同一致的理念和方法。

2. 高校在线实验教学面临的问题

在教育强国和质量强国的背景下，提升教育教学质量，尤其是高等教育教学质量是党和国家的要务。实验教学以及在线实验教学则是当今高校培养创新型、复合型人才的重要教学方式。基于实验软件平台的实验教学原本在高校的实验室里能够正常完成，但在新冠疫情影响下不得不转变为师生物理空间分离的远程在线实验教学。在线实验教学由于师生不在同一教学场所，教学过程中的干扰因素增加，进而致使师生沟通不便，使得教学质量不容易得到保障。因此，确保高校在线实验教学的质量提升是保障和实现高等教育人才培养目标的关键。

3. 师生协同在高校在线实验教学质量提升中的价值

教学系统包含的内容和元素很多，是一个不平衡的、复杂的、开放的系统。教师与学生作为教学系统中最重要的两大主体角色，是提升教育教学质量的关键所在。提升高校在线实验教学质量，首先需要两大教学主体，即师生之间保持协同，在教学活动的任何环节能够实现通畅交流；其次需要教学时空之间的协同，需要师生基于实验软件平台在同一教学时间和同一教学虚拟空间中有序开展实验教学活动；最后是需要在线实验教学活动中的教学内容、教学目标和学习内容、学习目标之间的协同，这些都离不开师生之间协同一致的努力。因此师生协同在高校在线实验教学质量提升中具有重要的应用价值。

## 二、高校在线实验教学质量提升的师生协同机制模型

根据高校在线实验教学的活动进程以及所涉及的关键因素和关键问题，本文构建了高校在线实验教学质量提升的师生协同机制模型（见图1）。

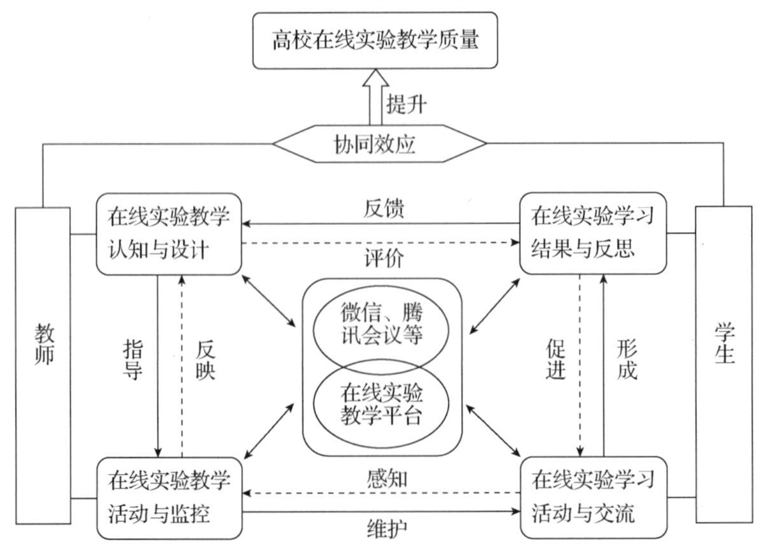


**图1　高校在线实验教学质量提升的师生协同机制模型**

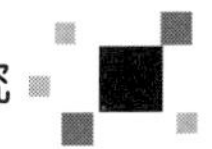

该模型包含四大模块：主体角色模块、平台模块、过程模块和绩效模块。其中主体角色模块是高校在线实验教学质量提升的实现主体与活动始点，平台模块是质量提升的工具依托和基础，过程模块是质量提升的有效促进和保障，绩效模块是质量提升的成效体现。四大模块之间相互联系、有机融合，共同实现和促进了高校在线实验教学的协同效应与质量提升。

1. 主体角色模块：教师与学生

高校在线实验教学包含教师、学生、教学院长、系主任等多元主体，但教师和学生是最重要的两大主体。在线实验教学虽然是一个开放的、多元的、复杂的系统，但只要抓住教师与学生这两大教学主体角色，充分发挥其作用，也就把控住了在线实验教学质量提升的核心。如何充分调动教师与学生这两大教学主体角色的积极性、主动性、创造性和协同性，是在线实验教学质量提升的起点。对于师生的积极性与主动性，其内涵和主旨在于提高思想认识上的重视并积极付诸行动，按时保质保量完成各自的教育与学习任务。近年来，不同专业领域、不同职业生涯阶段的教师都有出现“职业倦怠”的可能，不同专业、不同年级的大学生也都有出现“学习倦怠”的偏向。不管是教师还是学生只有端正自己的理想追求和使命价值，克服懒惰心理，时刻怀有紧迫感和危机感才能在内心深处消除这种倦怠心理，让自己始终保持积极和主动。对于教师保持自身创造性，就是要求教师在教学方法、教学内容、教学环节等方面根据现实发展不断推陈出新，满足高校应用型、创新型人才培养的要求。同时，也要求学生以及学生团队在实验中学习、在学习中进行实验探索，有自己的创新性认识。要做到师生协同发展，就要求师生在教学过程、教学内容和教学目标等方面做到思想一致、行动一致和结果一致，以达到教学质量“1+1>2”的协同效应目标。

2. 平台模块：在线实验教学平台与现代通信 App

平台模块首先包括在线教学实验平台，即各种在线实验软件平台。这是做好在线实验教学的工具依托和基础。如聊城大学近些年在管理学、经济学等领域引入了物流系统模拟软件平台、人力资源管理模拟软件平台、人员素质测评软件平台、工商管理综合软件平台、外贸模拟软件平台、经济学综合软件平台、会计电算化软件平台、金融演练模拟平台、商业银行模拟教学平台等一系列高质量的在线实验软件平台，很好地保障了理论教学和应用教学的实际需要。教师要根据所讲授课程的特点以及所使用的特定在线实验软件平台的情况规划、组织好教学，让在线实验软件平台充分服务于在线实验教学。平台模块还包括各种现代通信 App，如微信、腾讯会议、QQ 等各种通信交流平台。各种现代通信 App 是在线实验软件平台的辅助和补充，旨在保障在线实验教学过程中师生之间的通畅交流。

3. 过程模块：教师在线实验教学活动与学生在线实验学习活动

过程模块包含教师的典型在线实验教学活动与学生的典型在线实验学习活动各两项内容。这 4 项典型活动在逆时针方向和顺时针方向分别形成两个教学活动闭环，如图 1 所示。逆时针方向的实线在线实验教学闭环显示：教师的在线实验教学认知与设计→（指导）教学活动与监控→（维护）学生的在线实验学习活动与交流→（形成）学习结果与反思→（反馈）教师的在线实验教学认知与设计。顺时针方向的虚线在线实验教学闭环显示：教师的在线实验教学认知与设计→（评价）学生的在线实验学习结果与反思→（促进）学习活动与交流→（感知）教师的在线实验教学活动与监控→（反映）教学认知与设计。4 项典型在线实验教学活动都围绕图 1 中的平台模块展开。教师的教与学生的学之间形成不断交互的、有机统一的在线实验教学整体。其中正向交互与反向交互的教学活动不断融合、不断查遗补漏、不断反思反馈，共同促进在线实验教学质量的提升。

4. 绩效模块：高校在线实验教学质量提升的师生协同效应

绩效模块是指基于以上主体角色模块、平台模块与过程模块的协同作用和发展，最终形成高校在线实验教学质量提升的师生协同效应。师生协同效应表明了整个在线实验教学系统的运行质量。根据协同论的基本原理，系统中的各子系统之间若能够和谐运行，那么协同效应就会实现，就能达到高质量的发展。根据图 1 师生协同机制模型的逻辑和思想，则会形成在线实验教学质量的理想状态——师生自组织的有序状态。在线实验教学的质量或理想绩效不是孤立的结果，而是师生协同教学活动的应然体现。

## 三、师生协同视角下高校在线实验教学质量提升的各环节关键问题研讨

高校在线实验教学质量提升的关键环节主要包括教学前、教学中以及教学后这三大环节。每一环节中，师生都有很多教学内容需要完成，每一环节都有一些关键问题需要师生特别重视。

1. 高校在线实验教学前的师生准备工作

教师的充分准备主要在于对在线实验教学的认知到位，做好教学设计和教案编撰。在正式实验前，教师要对在线实验软件平台进行试运行，并根据班级和学生的数量对在线实验软件平台进行参数调整和科学设定，并对学生进行适当分组。如浙科物流系统模拟软件平台在使用前要进行调整实验参数、添加实验班级和设定具体实验等准备工作。教师要把实验指导书通过微信等方式分发给每位学生。教师要告知学生准备好计算机、手机、Wi-Fi、微信、腾讯会议、QQ 等软硬件通信工具，告知远程接入高校实验软件平台的方式和方法。在线实验教学的广义时空通过实验软件平台和各种通信方式得以整合。为提升在线实验教学质量，教师可以考虑与学生先试运行在线实验软件平台，以察觉运行中可能遇到的困难和问题，为正式实验扫清障碍。如果试运行中发现了问题而教师不能独自解决，教师就要联系学校实验管理中心的相关管理人员，直到解决所有问题。在线实验课前，学生要在老师安排下认真学习实验指导书，在试运行实验软件平台时，一旦发现有问题，首先要独立思考或在小组内部解决，不能解决的问题要通过微信、腾讯会议或 QQ 向教师咨询解决。师生的课前准备工作是在线实验教学质量提升的前提条件。

2. 高校在线实验教学中的师生沟通

师生沟通可通过实验软件平台和微信、腾讯会议、QQ 等 App 通信方式。每种通信方式在通信实时性、通信便利性以及通信可靠性等方面都各有特点，师生在实验过程中可根据具体情况选择合适的沟通方式。师生沟通包含教师、学生、学生实验小组组长 3 种角色。各角色之间都要在实验过程中保持通畅的信息联络通道，以便随时沟通。沟通方式也不限于以语言的方式，还可通过视频、屏幕截图等非语言方式，甚至通过屏幕共享、腾讯视频会议、QQ 在线视频等综合方式。如当学生在实验中出现某些问题时，可通过屏幕截图在所在小组中讨论，如果仍然不能解决，小组组长可以通过腾讯视频会议向教师请教，直到问题得以解决。师生沟通要做到主动沟通、有效沟通。师生的通畅沟通是在线实验教学质量提升的有效保障。

3. 高校在线实验教学后的师生实验总结

教学中的一切理解最终都归结为自我理解。在线实验项目终止后，教师和学生都要进行在线实验总结和反思，以加深自我理解。学生的总结在于对实验过程、实验角色担当、实验结果以及对实验小组的贡献等方面的自我评价、总结与反思。学生实验小组组长要对小组实验过程、小组各角色的职责发挥情况、小组实验结果优劣等方面进行全面评价、总结与反思。教师可以邀请实验结果优秀的小组组长通过腾讯视频会议等方式与大家分享经验和感悟，以达到学生之间经验交流、取长补短的目的。教师的总结在于对在线实验教学认知、教学设计、教学活动、学生实验学习过程、学习结果之间的比较分析，以察觉新情况、新问题，提出新策略、新方法，从而有的放矢地提高在线实验教学质量。师生的在线实验总结反思也不应全是实验结束后的总结反思，还可以是对其他实验方向的有益尝试与探索的总结与指引。师生的总结反思是高校在线实验教学质量提升的再一次升华。

## 参考文献

[1] 李晓莉. 思想政治教育协同论［M］. 北京：中国社会科学出版社，2019：5.

[2] 李健. 师生协同教学的动力机制及运行逻辑：协同学理论的视角［J］. 黑龙江高教研究，2019（11）：43-46.

[3] 龚萍，孙元，杨超. 论“双创”视域下的高校师生协同发展［J］. 当代教育科学，2020（6）：81-85.

[4] 石中英. 教师职业倦怠的一种哲学解释［J］. 中国教育学刊，2020（1）：95-98.

[5] 任小媛，柴志雷. 在线实验教学中“工作坊”学习模型的构建［J］. 实验技术与管理，2018（8）：211-215.

[6] 杨开城，何文涛，张慧慧. 教学过程机制图：一种理解教学的重要中介［J］. 电化教育研究，2017（1）：15-27.

# 计算机类大学生在线学习满意度及其影响因素研究[①]

李德奎　李成友[②]

**摘　要**：本文对聊城大学计算机学院使用U+在线学习平台的学生的在线学习满意度以及持续使用意向的影响因素进行了问卷调查以及数据分析。结果发现，计算机类大学生在使用熟悉的在线学习平台时，满意度较高、继续使用意图明显。学生的信息素养，也就是学生对信息系统和计算机的专业优势感知，对在线学习的态度有很大影响，因此需要提高学生的信息素养，才能将在线教学与线下教学有机地结合在一起。

**关键词**：在线学习满意度；计算机类大学生；专业优势感知

## 一、绪论

2020年2月4日，教育部下发了《关于在疫情防控期间做好普通高等学校在线教学组织与管理工作的指导意见》，要求采取"政府主导、高校主体、社会参与的方式，共同实施并保障高校在疫情防控期间的在线教学"，实现"停课不停教、停课不停学"。对高校而言，在线教学不仅在疫情期间可以起到救急的作用，而且这也是中国高等学校这几年来一直致力推动的教育教学领域的一场学习革命。

可以说，非常时期，突然进行大规模的在线教学是对高校管理能力和教学组织能力的一次重大考验。经过一个学期的紧张应对，绝大多数学校完美通过了这次考验，没有出现重大教学事故，为线上教学积累了经验。可以预见，未来线上与线下教学相结合的教学方式将会成为我国高校教学方式转变的主要方向，这有助于实现以学生为中心的个性化教学方式的变革。

由于线上教学是教育和信息技术的深度融合，线上教学必然会受到与线下教学不同的资源限制和影响，郭瀛霞等（2020）在《全国高等学校质量保障机构联盟-线上教学情况调查》一文中分析得出，疫情期间我国中部、西部、东部的学生对线上教学的感知有一定的

① 基金项目：新工科背景下计算机类专业人才培养模式的探索与研究（项目编号：G201905）、基于工程教育认证背景的软件工程专业校内校企协同育人模式改革（项目编号：201901240035）。

② 作者简介：李德奎，聊城大学计算机学院副教授；李成友，聊城大学计算机学院副院长。

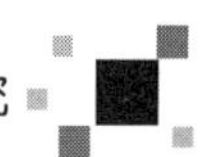

差别，学生的经验和对在线教学平台熟悉的程度不均衡，教学平台的稳定性以及网络速度对学生的在线学习有很大影响。一般情况下，学生的线上学习经验是可以养成的，线上教学平台的稳定性是可以改善的，如果是有线上学习经验的学生使用相对稳定的线上教学平台，教学目标能否达成？在疫情防控常态化的现在，学校虽然已经正常开学，但是在线学习又该何去何从？

本研究基于此，对聊城大学计算机学院使用U+在线学习平台的学生进行了满意度以及持续使用意向调查，对影响计算机类大学生的在线学习持续使用意向的相关因素进行了分析。

## 二、文献研究

### 1. 理论背景

在线教学是利用互联网技术、以网络学习资源突破空间和时间的制约，实现教师和学生异地异步教学的一种手段。最初的在线学习是麻省理工学院2002年的Open Course Ware（OCW）计划，将其学校的课程通过互联网在线播放，免费提供给互联网上的任何使用者，目前，我国在线教学的代表平台为网易公开课。但是OCW仅仅是将课程资源开放，不具备教学的功能，不能保证学习者的学习效果。因此各种课程提供商应运而生，开始提供相对免费的教育资源，给学生提供系统有效学习的路径。这些课程的特点就是针对高等教育，像真正的大学一样，有自己的线上教学管理系统，目前国内代表性的线上教学平台有中国大学MOOC（慕课）等。

由于在线教学具有教师和学生分离的特点，因此在教学效果上带有先天的沟通劣势。我国在线教学的研究早期主要集中在实现机制以及网络环境与学习效果上，后来的研究更关注于教学的过程，主要集中在学习体验、学习沉浸、互动体验等方面。随着学习数据的大量收集，最近的研究多集中在沉浸式学习以及智能化学习推荐等方面。

此外，在教育领域，研究者们对在线教学的持续使用意向以及教师和学生的满意度进行了各种研究。由于在线学习是和网络技术紧密相关的行为，因此很多研究使用了Davis（1984）的技术接受模型（Technology Acceptance Model，简称TAM）来解释学习者对在线教学技术的接受和使用。通常TAM模型认为，个人的技术使用行为意向是受技术的感知有用性和感知易用性影响的。TAM模型经过20多年的发展，出现了很多变种模型，但是基本的模型没有改变，已经被大多数的研究所验证，因此研究者将更多的目光放在TAM模型的外部变量上，以尝试找出不同系统的外部变量。

研究者在教师使用平台意愿以及学生使用平台意愿上进行了大量研究，并采用了各种不同的调节因素或是中介因素来调查TAM模型的外部变量对使用意向的影响，但是很少有研究针对某一类学生团体进行研究。

计算机类学生具有一定的信息素养，在信息技术方面自我效能较其他专业学生要高，本研究结合专业特点提出了基于专业特色的专业优势感知变量。

### 2. U+新工科智慧云平台

U+新工科智慧云平台是QST青软实训研发的，以大数据、人工智能、鲲鹏为核心技术，以华为云 DevCloud、Cloud IDE、ModelArts 等企业级开发环境深度融合，构建的贯穿本科四年人才培养的教学评测练一体化平台。

U+新工科智慧云平台配备灵活化、高度复用性的课程内容，积极探索线上线下相结合的人才培养模式，一方面为高校提供“平台+内容+服务”的综合解决方案，一方面为企业提供精准的人才培养及智能化人才推荐服务。

U+新工科智慧云平台可以支持线上教学、线上实训、人才双选等功能，并为新工科建设、工程教育认证、教育数字化转型提供平台支持。2020 年 3 月 31 日，U+新工科智慧云平台入选教育部推荐的产学合作教学资源平台。聊城大学计算机学院于 2019 年 4 月采购 U+新工科智慧云平台，在 2019 年 9 月建设完此平台后开始正式投入使用，现在学院基本所有课程都已在该平台建课。

## 三、研究模型和假设

### 1. 研究模型

基于对学院 U+新工科智慧云平台的使用经验，笔者提出如图 1 所示的研究模型，以学生的个人创新性以及自我效能对在线教学平台的感知作为影响变量，并添加了计算机类专业学生对信息系统以及专业的优势感知。由于在线教学中平台的使用是强制性的，因此不管学生有没有有用性感知都会使用平台，没有测量的必要。因此本模型中仅仅保留了 TAM 模型中的易用性，将系统的稳定性以及界面友好性保留在了 TAM 模型中。由于本研究的最终目的在于测试学生的最终满意度以及在线学习的持续使用意向，因此自变量选择了满意度和持续使用意向。

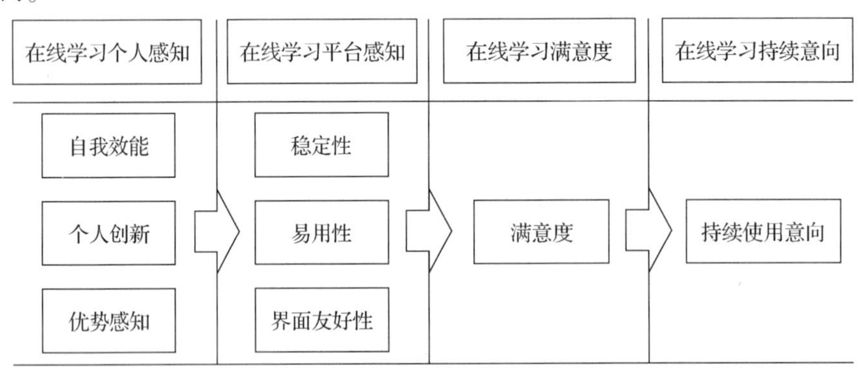


**图 1　研究模型示意图**

### 2. 研究假设

（1）在线学习满意度与持续使用意向。

满意度是用户在使用系统后的一种综合感知，基于用户对系统知识的评价，即用户对系统知识表现出的积极或是消极的感受。如果在线教学过程中学生对在线学习平台使用感知是积极良好的，那么在线学习对学生来说就是一种有效的学习方式，这意味着他们在以后的学习中会倾向于再次使用在线学习。由此，本研究提出以下假设：

H1：计算机类大学生在线学习的满意度对持续使用意向有正向影响。

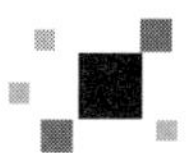

（2）在线学习平台感知与满意度。

对学生调研中发现，学生普遍对系统的有用性评价较高，通过多年的公开课及慕课学习，计算机学院的学生已经适应了在线学习。由于U+平台对学生来说是一个新平台，而且平台使用的是学校内部网络，学生实际使用的校内版的稳定性有一定问题，因此本研究将易用性、稳定性以及界面友好性作为在线平台的感知来测量。如果计算机类大学生认为平台操作简单且界面友好、系统稳定，会提升在线学习的满意度。由此，本研究提出以下假设：

H2：计算机类大学生对在线学习平台的感知对在线学习的满意度有正向影响。

（3）在线学习个人感知与在线学习平台感知。

本研究中的在线学习的个人感知主要包括了自我效能、个人创新以及专业优势感知。自我效能是学生自己对在线学习能力的一种信心程度，这主要体现了学生对在线学习平台的态度。对使用平台没有信心的学生往往会抵制使用平台。专业优势感知与自我效能类似，但是在本研究中专业优势感知主要集中在计算机类大学生对信息系统的熟练程度以及专业自信心。个人创新是学生在在线学习中愿意尝试新技术的程度。由于个人的创新性具有一定的稳定性，个人创新对在线学习平台的采纳行为有一定的稳定影响。由此，本研究提出以下假设：

H3：计算机类大学生在线学习的个人感知对在线学习平台有正向影响。

3. 研究方法

本研究采用了问卷调查的方法，在U+平台对学生的满意度调查问卷中，加入研究需要的变量而成。调查问卷包括两部分：一部分是个人特征信息，包括年级、专业以及在线学习的基础信息采集；另一部分是变量的测量，这些题项参考了TAM经典研究中的相关问项，并根据研究情景进行了适应性修改，并采用了7点测度进行测量。为了检验模型和以上假设的可行性，本研究对2020年上半年使用U+平台的计算机学院的学生进行了数据采集。

问卷采集的时间为2020年8月6日到10日这一周时间，由于疫情原因，通过问卷星在线发放问卷，共回收问卷1 238份，除去不诚实问卷以及用时过短问卷后，最后共收集有效问卷为1 230份。本研究的数据分析采用的是普通的统计分析，软件工具为SPSS24。

## 四、数据分析结果

1. 基本统计数据

问卷调查年级的结果见表1，2019级和2018级的回答率较高，占总问卷数的34.4%和36.5%，2017级的学生占总问卷的29.1%。

**表1　各年级问卷回收统计**

| 年级 | 份数 | 百分比 |
|---|---|---|
| 2017 | 358 | 29.1 |
| 2018 | 449 | 36.5 |
| 2019 | 423 | 34.4 |
| 总计 | 1230 | 100.0 |

各年级在线学习课程数量的统计结果见表2，2017级同学的课程数量较少，主要在

3～8门课程这个区间，但是大一学生（2019级）在线课程的门数较多，集中在6～9门这个区间。

表2　各年级学生在线学习课程数统计

| 年级 | 课程数量 | 学生数 | 比例 |
|---|---|---|---|
| 2017级 | 1～2门 | 1 | 0.28% |
| | 3～5门 | 69 | 19.27% |
| | 6～8门 | 237 | 66.20% |
| | 9门以上 | 51 | 14.25% |
| 2018级 | 1～2门 | 3 | 0.67% |
| | 3～5门 | 17 | 3.79% |
| | 6～8门 | 291 | 64.81% |
| | 9门以上 | 138 | 30.73% |
| 2019级 | 1～2门 | 2 | 0.47% |
| | 3～5门 | 28 | 6.62% |
| | 6～8门 | 161 | 38.06% |
| | 9门以上 | 232 | 54.85% |

2. 均值分析

本研究的问项都是在原有成熟问卷基础上通过适应性改造而成，但是为了保证研究结论的可靠性及有效性，本研究对测量模型使用了SPSS进行了信度分析，并进行了均值分析，分析结果见表3。由于本次调查问卷是企业调查，在满意度和持续使用意向上采用了5点测度，均值比较的结果显示计算机类学生的各个维度的得分较高，其中最高的为优势感知，最低的为个人创新。

表3　各个维度的均值结果

| 维度 | 最小值 | 最大值 | 平均值 | 标准差 |
|---|---|---|---|---|
| 优势感知 | 1 | 8 | 6.71 | 1.51 |
| 自我效能 | 1 | 8 | 6.29 | 1.45 |
| 个人创新 | 1 | 8 | 6.21 | 1.55 |
| 稳定性 | 1 | 8 | 6.40 | 1.50 |
| 易用性 | 1 | 8 | 6.49 | 1.48 |
| 界面友好性 | 1 | 8 | 6.47 | 1.51 |
| 满意度 | 1 | 5 | 4.00 | 0.82 |
| 持续使用意向 | 1 | 5 | 3.72 | 1.05 |

3. 相关性分析

由于各个维度的测量尺度有一定的不同，因此本研究将所有的结果进行了标准化后进行了各项统计调查，相关性分析的结果见表4，满意度与持续使用意向与其他的维度均有一定的相关性。

**表4 各维度的相关性分析结果**

| 维度 | 优势感知 | 自我效能 | 个人创新 | 稳定性 | 易用性 | 界面友好性 | 满意度 | 持续使用意愿 |
|---|---|---|---|---|---|---|---|---|
| 优势感知 | 1 | 0.700** | 0.673** | 0.605** | 0.649** | 0.606** | 0.547** | 0.404** |
| 自我效能 | 0.700** | 1 | 0.747** | 0.634** | 0.641** | 0.611** | 0.555** | 0.359** |
| 个人创新 | 0.673** | 0.747** | 1 | 0.622** | 0.625** | 0.591** | 0.573** | 0.386** |
| 稳定性 | 0.605** | 0.634** | 0.622** | 1 | 0.877** | 0.839** | 0.548** | 0.318** |
| 易用性 | 0.649** | 0.641** | 0.625** | 0.877** | 1 | 0.919** | 0.564** | 0.333** |
| 界面友好性 | 0.606** | 0.611** | 0.591** | 0.839** | 0.919** | 1 | 0.521** | 0.310** |
| 满意度 | 0.547** | 0.555** | 0.573** | 0.548** | 0.564** | 0.521** | 1 | 0.486** |
| 持续使用意愿 | 0.404** | 0.359** | 0.386** | 0.318** | 0.333** | 0.310** | 0.486** | 1 |

注：**，$p<0.01$。

4. 年级间的差异比较

各年级维度间的差别用ANOVA分析来检验，结果见表5。结果显示，计算机专业学生的年级差别主要在满意度、自我效能以及优势感知上。最大的差别在满意度，因此将3个维度单独拿出来做均值比较。

**表5 年级间的差别比较结果**

| 维度 | 平方和 | 自由度 | 均方 | $F$ | $p$ |
|---|---|---|---|---|---|
| 优势感知 | 7.687 | 2 | 3.844 | 3.861 | 0.021 |
| 自我效能 | 11.115 | 2 | 5.558 | 5.599 | 0.004 |
| 个人创新 | 4.300 | 2 | 2.150 | 2.154 | 0.116 |
| 稳定性 | 2.370 | 2 | 1.185 | 1.186 | 0.306 |
| 易用性 | 3.085 | 2 | 1.542 | 1.544 | 0.214 |
| 界面友好性 | 2.635 | 2 | 1.317 | 1.318 | 0.268 |
| 满意度 | 15.396 | 2 | 7.698 | 7.783 | 0.000 |
| 持续使用意向 | 3.901 | 2 | 1.950 | 1.953 | 0.142 |

各年级的优势感知、自我效能以及满意度的均值比较结果见表6，低年级学生对这3个维度的感知较低，高年级学生感知较高。可以得出经过计算机专业的学习，学生对信息系统的感知变高、自信心增强，对其专业的优势感知逐渐升高。

表 6　各年级的均值比较

| 维度 | 年级 | $N$ | 平均值 | 标准差 | 标准误差 |
| --- | --- | --- | --- | --- | --- |
| 优势感知 | 2017 级 | 358 | 6.88 | 1.40 | 0.07 |
| | 2018 级 | 449 | 6.71 | 1.56 | 0.07 |
| | 2019 级 | 423 | 6.58 | 1.53 | 0.07 |
| 自我效能 | 2017 级 | 358 | 6.43 | 1.36 | 0.07 |
| | 2018 级 | 449 | 6.35 | 1.49 | 0.07 |
| | 2019 级 | 423 | 6.11 | 1.46 | 0.07 |
| 满意度 | 2017 级 | 358 | 4.12 | 0.74 | 0.04 |
| | 2018 级 | 449 | 4.02 | 0.82 | 0.04 |
| | 2019 级 | 423 | 3.89 | 0.87 | 0.04 |
| 总计 | | 1230 | 4.00 | 0.82 | 0.02 |

5. 假设检验

假设检验使用了回归分析来验证自变量对因变量的影响。

（1）在线学习个人感知与稳定性回归分析结果，见表 7。

表 7　在线学习个人感知与稳定性回归分析结果

| 维度 | $\beta$ | 标准误差 | $t$ | $p$ |
| --- | --- | --- | --- | --- |
| （常量） | $-5.191\times10^{-15}$ | 0.021 | 0.000 | 1.000 |
| 优势感知 | 0.241 | 0.030 | 7.918 | 0.000 |
| 自我效能 | 0.274 | 0.034 | 8.092 | 0.000 |
| 个人创新 | 0.255 | 0.033 | 7.807 | 0.000 |

表 7 为在线学习中的优势感知、自我效能和个人创新对 U+平台稳定性的回归分析结果，结果显示个人感知的 3 个维度对稳定性均有影响，其中模型的 $R^2=0.478$，$F=374.81$，显示模型的拟合度较高，有很好的预测效果。

（2）在线学习个人感知与易用性回归分析结果，见表 8。

表 8　在线学习个人感知与易用性回归分析结果

| 维度 | $\beta$ | 标准误差 | $t$ | $p$ |
| --- | --- | --- | --- | --- |
| （常量） | $-4.143\times10^{-16}$ | 0.020 | 0.000 | 1.000 |
| 优势感知 | 0.329 | 0.030 | 11.130 | 0.000 |
| 自我效能 | 0.246 | 0.033 | 7.493 | 0.000 |
| 个人创新 | 0.219 | 0.032 | 6.911 | 0.000 |

表 8 为在线学习中的优势感知、自我效能和个人创新对 U+平台易用性的回归分析结果，结果显示个人感知的 3 个维度对易用性均有影响，其中模型的 $R^2=0.509$，$F=422.89$。

（3）在线学习个人感知与界面友好性回归分析结果，见表9。

**表9　在线学习个人感知与易用性回归分析结果**

| 维度 | $\beta$ | 标准误差 | $t$ | $p$ |
|---|---|---|---|---|
| （常量） | $6.282\times10^{-16}$ | 0.021 | 0.000 | 1.000 |
| 优势感知 | 0.289 | 0.031 | 9.270 | 0.000 |
| 自我效能 | 0.254 | 0.035 | 7.320 | 0.000 |
| 个人创新 | 0.207 | 0.033 | 6.170 | 0.000 |

表9为在线学习中的优势感知、自我效能和个人创新对U+平台易用性的回归分析结果，结果显示个人感知的3个维度对易用性均有影响，其中模型的 $R^2=0.453$，$F=337.98$。

（4）在线学习平台感知与满意度回归分析结果，见表10。

**表10　在线学习平台感知与满意度回归分析结果**

| 维度 | $\beta$ | 标准误差 | $t$ | $p$ |
|---|---|---|---|---|
| （常量） | $5.369\times10^{-15}$ | 0.023 | 0.000 | 1.000 |
| 稳定性 | 0.236 | 0.049 | 4.778 | 0.000 |
| 易用性 | 0.383 | 0.068 | 5.621 | 0.000 |
| 界面友好性 | −0.029 | 0.060 | −0.482 | 0.630 |

表10为在线学习平台中的稳定性、易用性和界面友好性对U+平台满意度的回归分析结果，结果显示在线学习平台感知的稳定新和易用性对满意度有影响，界面友好性对满意度没有影响，其中模型的 $R^2=0.331$，$F=201.83$。

（5）满意度与持续使用意向回归分析结果，见表11。

**表11　满意度与持续使用意向回归分析结果**

| 维度 | $\beta$ | 标准误差 | $t$ | $p$ |
|---|---|---|---|---|
| （常量） | $-4.973\times10^{-15}$ | 0.025 | 0.000 | 1.000 |
| 满意度 | 0.486 | 0.025 | 19.496 | 0.000 |

表11为在线学习平台的满意度对U+平台的持续使用意向的回归分析结果，结果显示满意度对持续使用意向的影响较强。

## 五、结论与讨论

### 1. 研究结论

以往的在线学习平台满意度研究多以普通的学习者为对象，很少针对某一类学习者进行研究，学习者有一定的计算机素养后，在线学习的满意度如何？本研究对计算机类大学生进行了问卷调查，发现学生对自己专业的优势感知对平台感知有很大影响。数据分析的结果整理如下：

（1）满意度对在线学习持续使用意向的影响。

TAM模型中的核心是态度影响了行为，一般来说，满意度越高的学生，对持续使用倾向越大。本研究中对持续使用的最高的意项是所有课程都使用在线学习，但是学生的回答绝大多数是根据课程特点来使用在线教学平台。这表现出学生对在线学习的理性，虽然在疫情期间不得已使用在线学习平台，而且对在线学习的满意度较高，但是在实际使用中，根据课程不同，需要选择合适的方式来进行在线教学。

（2）在线学习平台的感知与满意度。

一般来说，平台的易用性和有用性会影响平台使用者的态度，对于计算机类大学生来说，平台的稳定性以及易用性对平台态度的影响较大，但是界面的友好性对平台态度没有影响，主要是由于计算机类大学生对各类平台较为熟悉，比其他学生熟悉平台的速度要快，加之各大平台的同质化比较严重，界面的友好性已经不能对学生的满意度产生较大的影响。

（3）在线学习个人感知与在线学习平台的感知。

本研究发现，计算机类大学生对本学科的优势感知对在线学习平台的态度有正向影响，学生对信息系统的熟练程度以及专业的自信心是使用在线学习平台的基础，当学习中遇到系统问题时，可以凭借自身的优势感知来解决问题，而不是将问题推脱在系统以及在线学习本身上，进而提高自己的学习效率。

2. 讨论

本研究对计算机学院使用 U+平台的学生进行了在线学习满意度调查，结果发现，计算机类大学生在使用熟悉的在线学习平台时，满意度较高、继续使用意图明显。为教师下一步教学中使用在线教学辅助教学提供了一定的数据支持。同时本研究发现，学生对信息系统的素养即对信息系统以及计算机的优势感知对在线学习的态度有很大影响，因此需要提高学生的信息素养，才能将在线教学与线下教学有机地结合在一起。

## 参考文献


[1] 郭瀛霞，李广平，陈武元. 我国高校大规模线上教学的区域差异——基于疫情期间师生调查问卷的实证研究［J］. 教育发展研究，2020（11）：37-48.

[2] 张秋. MIT OCW：开放与共享的典范［J］. 图书馆杂志，2005（9）：59-60.

[3] 孟奕爽，胡珊. 基于 TAM 模型的大学生在线学习行为意向研究——以会展经济与管理专业为例［J］. 山西能源学院学报，2019（4）：64-67.

[4] 高峰. 教师的个人特质与教育信息技术的采纳——基于高校网络教学背景的实证研究［J］. 电化教育研究，2011（12）：25-46.

[5] 朱连才，王宁，杜亚涛. 大学生在线学习满意度及其影响因素与提升策略研究［J］. 国家教育行政学院学报，2020（5）：82-88.

[6] 吴立春. 基于 MOOC+SPOC 的大学计算机基础课程教学改革［J］. 现代计算机（专业版），2019（25）：76-79.

# 在线教学对学生自主学习能力的影响[①]

## ——以聊城大学为例

王桂清[②]

**摘　要**：培养学生的自主学习能力是新时代教育的重要任务。“互联网+教育”的智慧教学理念推动了在线教学和混合式教学的快速发展，推动了教师教学方式和学生学习方式的变革，加速了学生自主学习能力的提高。经过教师对学生自主学习的引导、学习潜能的挖掘和自律学习的监督，在线教学使学生逐渐培养起一种远程交互的能力与习惯——“自主学习、独立研究、群体分享”，实现了乐学、会学、博学的自主学习目标，为其终身学习奠定了坚实的基础。

**关键词**：新冠肺炎病毒；智慧化教学；生态建设；“互联网+”教学理念；在线教学

具备自主学习能力是学生的立身之本，利用互联网知识资源提升学生的学习水平和学习能力，培养学生自主学习能力，帮助其建立知识体系和有效的学习方法，进而提高其解决实际问题的能力，是每一所高校必须重点关注的问题。

## 一、培养自主学习能力是新时代教育的重要任务

2018年，伴随教育部《教育信息化2.0行动计划》的出台，“互联网+教育”的智慧教学理念应运而生。在该理念的指导下，互联网、大数据、人工智能、虚拟现实等现代技术在教学中逐渐得到应用，推动了现代信息技术与教育教学深度融合，推动了在线教学和混合式教学的快速发展，推动了教师教学方式和学生学习方式的变革，推动了高等教育质量提升的“变轨超车”。自主学习是与传统的接受学习相对应的一种学习方式，以学生作为学习的主体，通过学生独立地分析、探索、实践、质疑、创造等方法来实现学习目标。聚焦新时代对人才培养的新需求，回归“以本为本”的本科教育教学，培养学生自主学习能力是新时代教育的重要任务。

1. 培养自主学习能力是社会发展的需要

面对新世纪的挑战，一个人要适应科学技术飞速发展的形势，适应职业转换和知识更新

---

① 基金项目：山东省本科高等学校教学改革重点项目和聊城大学本科教学改革重点项目“地方高校公费师范生精准对标培养的课程体系研究与实践”（项目编号：Z2018S004）、培育项目“目标导向 精准培养 地方高校公费师范毕业生质量标准的构建与实施”（项目编号：G201809）。

② 作者简介：王桂清，聊城大学教务处副处长，农学院教授。

频率加快的要求，仅仅靠在学校学的知识已远远不够，还必须学会终身学习。终身学习能力成为一个人必须具备的基本素质。正如《学会生存》一书中所讲的："未来的文盲不是不识字的人，而是没有学会怎样学习的人。"而终身学习一般不在学校里进行，也没有教师陪伴在身边，全靠一个人的自主学习能力。可见，自主学习能力已成为21世纪人类生存的基本能力。在当今知识大爆炸的时代，任何教育都不可能将所有人类知识传授给学习者，教育的任务必然要由使学生学到知识转成培养学生的学习能力。

2. 培养自主学习能力是学生个体发展的需要

自主学习能够促进学生对所学内容的深度理解，符合深度学习的特征，经过检验，成绩优秀的学生也是自主学习能力较强的学生。自主学习能力是创新人才必备的基本功，因为学生的创造性与他们的自主学习能力密切相关。正如著名的数学家华罗庚所说："一切创造发明，都不是靠别人教会的，而是靠自己想，自己做，不断取得进步的。"自主学习能力是个体终生发展的需要，因为自主学习是个体走出学校后采取的主要学习方式，而没有自主学习能力，个体的终生发展会受到极大的限制。

培养学生自主学习能力是新时代教育的重要任务，是实施素质教育的关键，必须充分发挥学生的主动性、积极性，培养其独立性、自主性、自律性，使其真正意识到知识是自己学来的，而不是教师或其他人教会的，自己才是学习的管理者。

## 二、在线教学促进了学生自主学习能力的提高

在当前"以学生为本"的教育形势下，广大教师贯彻并落实以"乐学""会学""博学"为自主学习指导目标的教育培养模式，在"云教学"过程中不仅把知识传授给学生，更重要的是培养学生的自主学习能力，教学生"怎样学"，使学生"学会学习"，让学生自己掌握开启知识宝库的"钥匙"。

1. 在线教学充分发挥了教师的主导作用

学生的自主学习离不开教师的支持与服务，设定目标进行导学，需要互动交流进行助学，需要考核评价进行促学（如图1所示）。教师围绕学生自主学习而设计的教学目标、教学程序及教学方法，有利于激发学生的独立思考能力；能有效贴合学生学习过程中的求新、求异的心理感知，进而激发学生的学习兴趣。线上教学时丰富的教学资源如课件、视频、音频、教案、大纲、文献、参考资料，便捷的线上互动、师生互动、生生互动，及时的效果评价、反馈指导，为提升学生自主学习能力提供了保障。在线教学充分发挥了教师的主导作用，使教师成为学生自主学习的引导者、学习潜能的挖掘者、学习自律的监督者。

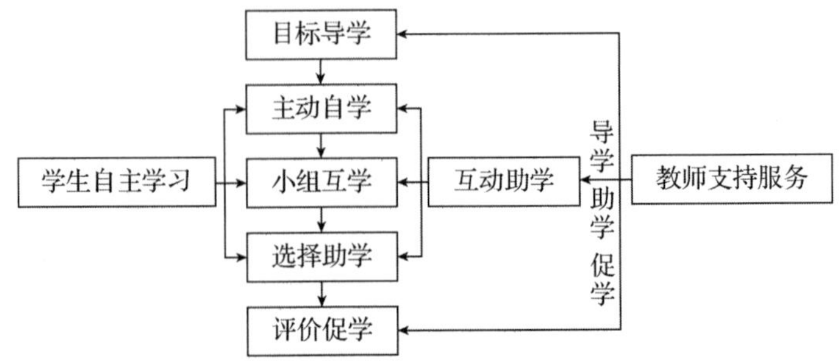


**图1　学生自主学习的支持系统**

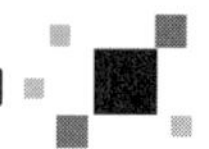

（1）教师是学生自主学习的引导者。

学生的自主学习能力在很大程度上来自学生的学习主动性和积极性，而在在线教学中往往会有以下现象出现：一定比例的学生出现智能终端在线、人不在线，人在终端前，手和脑干其他事，或不主动参与课堂等。为此，对教师来说，在教学中必须从学生思想和观念入手，让学生动手、动口、动眼、动脑，使学生积极参与教学活动。教师是学生的引导者，而不是指挥者。借助齐全的网络教学平台功能，利用教学策略为学生搭建互动的“脚手架”，营造分享性的学习共同体文化。通过增加弹幕、打卡、提问、抢答、讨论等灵活多样的互动环节调动学生积极性，关注学生的教学反馈、提醒学生及时答疑与沟通。通过任务导向，尤其是学习小组的建立，做到每个学生都有自己的一些任务分工，让学生在小组讨论过程中能体现自己的价值。通过问题驱动，尤其是开放性问题的提出，展开新知探索，调动学生的积极性，激发学生的学习兴趣，引导学生加强认识，提升学生在线学习交互体验，增强学习动机，使学生愿学、乐学，变“要我学”为“我要学”，从而使教学效果最大化。

（2）教师是学生学习潜能的挖掘者。

在开展在线教学过程中，广大教师有意识地培养学生的自主学习能力，强化学法指导，在教授知识的同时，教师也将个人的学习方法、成果经验与学生分享，授之以鱼不如授之以渔，帮助学生形成良好的自律意识和学习习惯，帮助他们掌握多样化的学习技能和方法，培养他们运用高效的学习策略（如探究，批判性思考，组织、分析与整合信息等）参与在线学习，使学生会学，善学，自觉地为实现教学目标而努力。教师是“导演”，学生是“演员”，通过“导”和“演”，不断挖掘学生潜能。翻转课堂的“教学”过程是“先学后教”，有别于传统“教学”过程的“先教后学”，所以该教学模式可以充分发挥学生的主观能动性和创造性。在课堂的翻转中，作为导演的教师引导学生对知识主动探索、主动发现，作为演员的学生通过教学资源的自主学习、互动讨论、作业测试等发现问题、分析问题、解决问题，并实现对所学知识的自主构建。

（3）教师是学生学习自律的监督者。

在线教学由于缺乏老师的耳提面命，学生学习自觉性会降低，这就需要教师发挥主观能动性，重点督促，宏观统筹，做学生自律的监督者，有效引导学生对自己的行为进行自我激励、自我控制、自我调节，使学生自醒、自励、自控，自己做学习的管理者。教师可通过师生谈心、重点表扬等方式，让学生感受到被教师重视，从而端正学习态度，探求适合的学习方法，激发学习的自主性。教师可通过提高互动、讨论、测验、作业等日常线上活动的比重，以评促学，倒逼学生改变行为习惯，发展自主学习的能力。教师也可适时借助在线学习大数据优势，记录和反馈学生的学习行为信息，帮助学生更清晰地认识自身学习的进程，对自己做出客观正确的自我评价，及时对自身学习加以反思、评估与调节，改进学习方式，真正培养学生的学习自律性，提高学习效果。

### 2. 在线教学充分发挥了学生的主体作用

“自主学习”本身就昭示着学习是学习主体自己的事情，体现着“主体”所具有的“能动”品质，学习是“自主”的学习，“自主”是学习的本质，“自主性”是学习的本质属性。学习主体将学习纳入自己的生活结构之中，成为其生活中必不可少的有机组成部分。自主学习本质上就是学习主体自我探索、自我选择、自我建构、自我创造知识的过程。学习主体是自己学习的主人，学习归根结底是由学习主体自己主导完成的。

（1）学生的在线学习体验。

自 2020 年 1 月以来，新冠肺炎病毒席卷全球，冲击了学校正常的教学状态，借此，我国教育部发起了“停课不停教、停课不停学”的倡导，“全媒体教学”“在线教学”保证了学生的居家学习，为学生自主学习能力的培养和提升奠定了坚实的基础。

为了了解学生的在线学习效果和研判影响因素，聊城大学 2020 年春季学期初和学期末对学生的在线学习情况进行了两次调查。学期初的调查（如图 2 所示）结果表明，超过半数的学生能够自律地按照课程表完成上课，其中 13. 3% 的同学自主性强、学习效率高；44. 07% 的学生能按部就班、同步学习；另外，约束性弱、需要督促的占 23. 31%；认为缺少氛围、很难专心的占 17. 74%；逃课较多、兴趣转移的占 1. 58%。调查发现，有 42. 63% 的学生认为在线学习需要督促或很难专心，说明自主学习能力弱的学生群体仍十分庞大，这对在线教学的教师及管理者都是一个考验。因此，教师有必要提高学生的自主学习能力，只有这样，才能保障教学的质量。

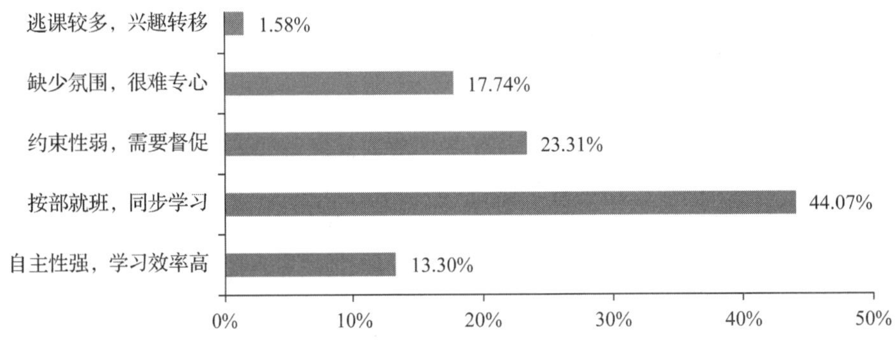


**图 2　学生对在线教学的学习体验（学期初）**

学期末调查（如图 3 所示）结果显示，38. 07% 的学生认为自己的在线学习效果有明显改进，50. 82% 的学生认为有所改进，而 11. 11% 的同学认为没有改进。

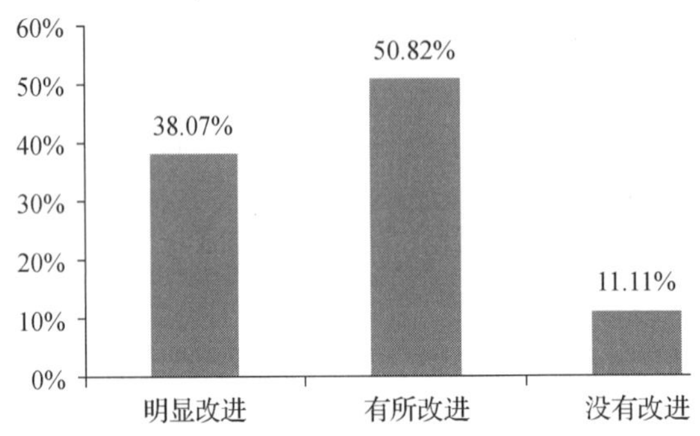


**图 3　学生在线学习效果的改进（学期末）**

通过调查（如图 4 所示）进一步分析了学生在线学习效果改进的可能因素，结果显示，影响因素较多，比较其中的认可度得分值（最高值为 5），可以看出，“在线学习技术更加熟练了”最为主要，认可度为 4. 29，其次为“发现了更多的在线学习优势”（4. 21）和“获得了更多的学习支持帮助（4. 21），这说明学生逐渐适应了线上学习，并发现了更多的学习优势，如平台可选、时间灵活、资源丰富、互动多样、交流方便、回放便捷等。在线学习的诸多优势强化了学生的自主学习能力，促进了学生学习效果的提高。通过一个学期的在线学

习，学生对“学习心态更加积极了”和“自主学习能力更强了”的认可度偏低（4.16），说明学生的态度、自学能力和自律性不足是影响在线学习效果改进的最主要因素。

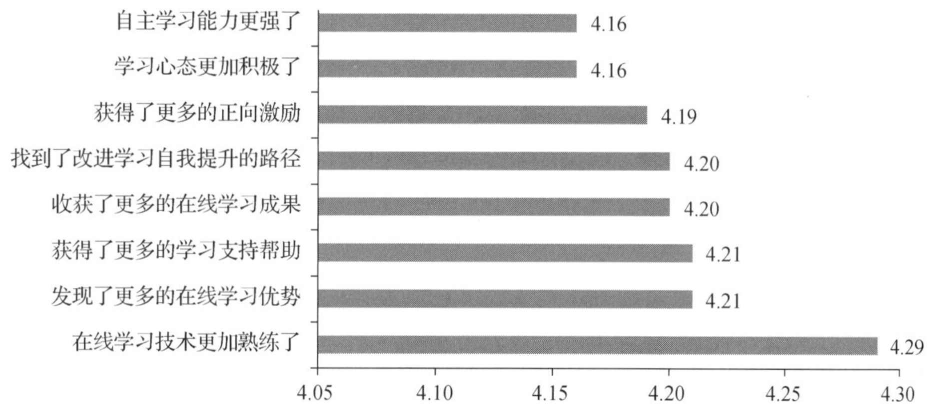


**图 4　改进学生在线学习效果可能因素的重要度（学期末）**

调查结果（见表 1）发现，“自主学习能力仍不强”（认可度 3.796）和“学习心态消极”（3.781）是影响学习效果没有改进的最主要原因，而“对在线学习方式仍不适应”（3.471）则是影响学生学习效果改进的次要因素。该调查结果与以上“影响学习效果改进的可能因素”调查结果相吻合，说明学生虽已逐渐适应在线学习方式，但自主学习能力亟待提高。

**表 1　学生在线学习效果没有改进的可能因素分析（认可度）**

| 选项 | 认可程度/% | | | | | 认可度 |
|---|---|---|---|---|---|---|
| | 非常赞成 | 赞成 | 一般 | 不太赞成 | 不赞成 | |
| 自主学习能力仍不强 | 32.07 | 30.45 | 28.75 | 2.47 | 6.26 | 3.796 |
| 学习心态消极 | 31.53 | 29.68 | 30.06 | 2.86 | 5.87 | 3.781 |
| 获得的学习支持帮助少 | 28.28 | 27.51 | 34.78 | 4.02 | 5.41 | 3.692 |
| 对在线学习方式仍不适应 | 23.57 | 22.1 | 39.88 | 6.8 | 7.65 | 3.471 |

（2）学生自主学习能力的主要表现。

在线教学使学生由被动地接受知识变成了认知的主体，从被动地学到主动地学，从生搬硬套、死记硬背地学到带着任务解决实际问题地学，从按部就班地学到自定步调自定目标地学。

在当前“以学生为本”的教育形势下，教学过程中不仅把知识传授给学生，更重要的是培养学生的自主学习能力，教学生“怎样学”，使学生“学会学习”，让学生自己掌握开启知识宝库的“钥匙”。本文采用调查问卷的方法对全校在校生进行了调查，共回收有效问卷 11 642 份，结果表明：在线教学有利于学生创新能力和信息能力的培养，加速了学生自主学习能力的培养，主要表现在：学生自主学习意识加强，自律性、学习兴趣提高，学习态度更加端正，时间管理能力增强，学习方法改进，网络学习技术、记笔记质量、课堂互动参与度、表达能力、学习任务完成度、学习效率提高，以及批判思维增强（如图 5 所示）。由此可见，学生自主学习能力的提高，为其终身学习奠定了坚实的基础。

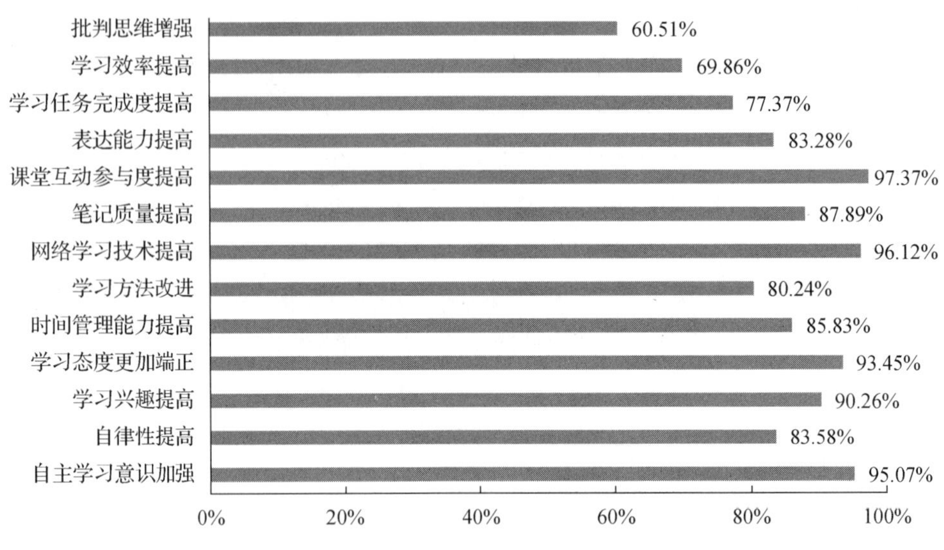


**图5　学生自主学习能力提高的主要表现**

## 三、结语

疫情下的“停课不停学”改变了教育的形态，实现了时时、处处、人人皆可学。新的信息技术教育和智能教育，已经生发出许多新的教育理念、新的教育模式、新的教育技术和方法，但传统教学依然是根本、是主流，必须将实体课堂教学与在线教学、智能教育有机结合。疫情之后的“后疫情时代”，高质量发展的步伐将更大，在线教学、混合式教学必将成为最主要的教学模式。

在未来发展中，我们的学生是否具有竞争力，是否具有巨大潜力，是否具有在信息时代轻车熟路地驾驭知识的本领，从根本上讲，都取决于学生是否具有终身学习的能力。在当今知识大爆炸的时代，在“互联网+”背景下，每个人都必须不断学习、自主学习、终身学习。在线教学使学生逐渐培养起一种远程交互的能力与习惯——“自主学习、独立研究、群体分享”，为其终身学习奠定了坚实的基础。

## 参考文献

［1］王蕾．应用型高校学生自主学习能力培养模式研究［J］．吉林省教育学院学报，2020（8）：63-66.

［2］卢丽华，孙新洋．教育信息化背景下高校教师教学能力的提升［J］．教育现代化，2019（44）：78-80.

［3］李大勇．高等数学教学中学生自主学习能力的培养［J］．哈尔滨学院学报，2013（9）：142-144.

［4］王薇．加强自主学习指导 提高学习能力指导［J］．教育教学论坛，2012（12）：213-214.

［5］刘振天．一次成功的冲浪：应急性在线教学启思［J］．中国高教研究，2020（4）：7-11.

［6］张玉丰，张浩泽．“翻转课堂”视角下的形势与政策教学改革［J］．教育教学论坛，2019（37）：143-144.

# 经管类专业在线课程教学满意度调查与问题改进研究[①]

匡　萍　于　婷　马　莉[②]

**摘　要：**在信息化背景下，经管类专业课程教学与移动互联网相互融合已经是大势所趋。疫情期间全国范围的在线教学，更是极大地推动了“教育+互联网”的进程。为了准确把握经管类专业线上教学的现状与问题，本文通过调查问卷的方式了解师生对线上教学的满意度，以便探究当前在线教学存在的问题，有助于突破传统教学模式的路径依赖，提升未来经管类专业在线课程教学效果。

**关键词：**经管类专业；在线教学；质量提升

受新冠肺炎疫情持续发展的影响，各高校推迟2020年春季学期开学时间，利用互联网和信息化教育资源为学生提供学习支持，保证“停课不停教、停课不停学”。大规模在线教学的蓬勃发展推动了我国在线教育跨上新的台阶，并加速成为中国乃至世界高等教育的发展方向。近年来，地方高校经管类专业在开展在线教育方面做出了很多尝试，但也一直存在教学模式单一、效果不佳等问题。本次全国范围内的在线教学，虽然是应急之举，却为高等学校特别是地方经管类高等学校深入理解、掌握、运用现代信息技术进行教育教学改革和发展提供了难得的机遇。结合地方高校经管类专业在线教学实际展开调查研究、深入总结把握在线课程教学规律、破解在线教学中的难题对未来在线教育发展意义重大。

## 一、经管类专业在线课程教学满意度情况调研

经管类专业课程不同于其他专业课程的特点之一，就是更加强调对实际经济管理规律的总结、归纳，教学方法与教学模式也有其自身特色。为进一步了解地方高校经管类专业在线课程教学的质量状况，本研究通过发放调查问卷进行统计研究。问卷设计主要针对进行在线

---

① 基金项目：山东省重点教改项目“地方高校经管类本科专业全过程导师制问题研究”（项目编号：Z2018X061）、山东省本科教学改革研究项目“新时代背景下财政学课程思政教学探索与实践”（项目编号：M2020269）、“基于教师视角的地方高校本科课堂教学质量提升研究与实践”（项目编号：Z2016M043）。

② 作者简介：匡萍，聊城大学商学院副教授；于婷，山东省行政管理科学研究所助理研究员；马莉，聊城大学马克思主义学院教授。

学习的经管类本科生和专业课教师两类人群。针对学生的调查问卷主要包括基本信息、在线课程教学平台选择、学习环境、教学形式、师生互动、学生对教学效果满意度、意见与建议等；针对专业课教师的调查问卷主要包括基本信息、平台学习培训状况、已有准备、教师对教学效果满意度、意见与改进建议等。本研究共发放调查问卷667份，其中教师问卷53份，学生问卷614份。从问卷样本构成来看，本校问卷共513份，占样本总数的76.9%；校外问卷共154份，占样本总数的23.1%。对调查问卷的统计分析结果基本包括以下几个方面：

1. 在线教学参与度较高，平台与教学方式选择多样

从问卷调查结果来看，参与调查的对象本学期所涉及的课程均已实行在线课程教学，比例达到100%，充分说明本次疫情期间聊城大学经管类专业的应急反应非常迅速，教师与学生在相对较短的时间适应并实行了在线教学。从在线平台的选择角度看，涉及课程总门数为65门，其中有77%的课程选择了中国大学MOOC、智慧树和雨课堂3个平台，还有23%的课程选择腾讯会议、钉钉和其他在线直播平台。从总体上看，授课平台较为集中。从在线授课的方式来看，有超过60%的课程采取了资源课+直播课的方式，一方面积极有效地利用了现有的在线课程资源，另一方面通过直播课或者见面课的方式与学生进行沟通交流、答疑解惑。有大约19%的课程采取完全直播的方式授课，还有接近10%的课程采取完全资源课的方式进行授课。正是因为大部分教师会选择利用资源课作为在线教学的补充，所以在课程平台的选择上也会倾向于选择资源课程建设较为完善的直播平台。

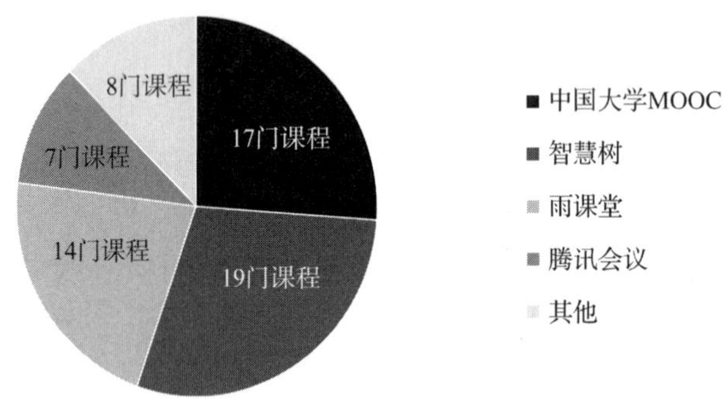


**图1　本学期65门在线教学课程的平台分布**

2. 师生互动总体较好

经管类专业课程教学的特色之一在于案例教学和互动教学，在线课程教学是否能够满足案例教学与互动教学的需求也是研究的一个重要方面。在对在线课程平台和授课方式进行调研的基础上，调查问卷对在线课程中师生互动频次、时间等进行调查。调查结果如图2显示，单次课程师生互动次数在6次以上的占14.66%，互动次数在3~5次的比例最高，占总数的64.33%，互动次数在1~3次的占18.24%，而课堂几乎没有互动的比例只占总数的2.8%。大部分师生认为在线教学师生互动的环境便利，但也有部分教师和学生认为在线互动不如传统授课互动有现场感。调查问卷还显示，师生互动的时间相对较长，除了直播课程的提问环节外，还有老师专门设置直播答疑课，互动气氛较为热烈，互动效果较好。

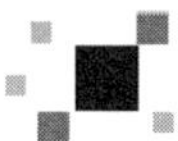

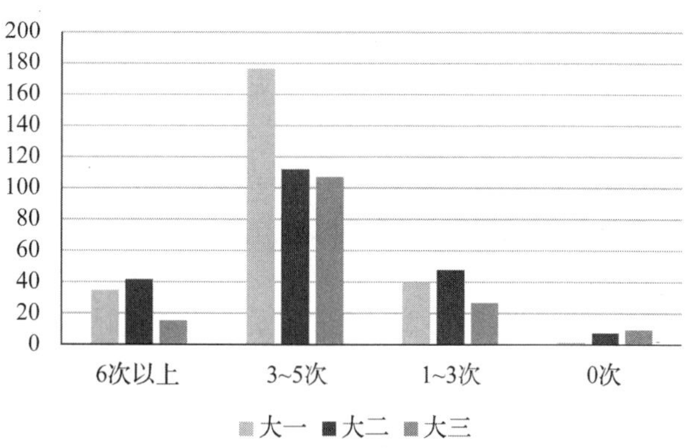


**图 2　在线教学师生互动频次**

3. 师生教学满意度有差异

在对在线课程教学满意度调查方面，调查结果则呈现出一定的差异性。从学生层面看，87.3%的学生表示对在线教学效果满意，其中有29.4%的学生认为在线课程教学效果优于线下传统授课方式的教学效果，57.9%的学生认为在线课程教学效果与线下传统授课方式的教学效果相同，还有12.7%的被调查对象表示在线课程教学效果差，其中在原因方面他们列出了网络质量差、互动较少、学生自律差导致课程走神等几个方面。进一步分析被调查学生的满意度发现，大二和大三的学生对在线课程的满意度要低于大一的学生。调查问卷并不涉及大四学生，主要是由于第八学期大四学生主要任务是完成毕业论文写作，基本不涉及在线课程教学。从授课教师层面看，有接近于60%的教师认为在线课程教学的效果低于传统的面对面式授课，仅有12.5%的教师认为在线课程教学的效果优于传统的面对面式授课。学生在线学习适应程度与学习状态见表1。

**表 1　学生在线学习适应程度与学习状态**

| 在线学习适应程度 | 比重 | 在线学习状态 | 比重 |
|---|---|---|---|
| 完全适应 | 15.7% | 精力集中，学习状态佳 | 9.7% |
| 基本适应 | 52.8% | 偶尔走神，学习状态一般 | 57.9% |
| 还在适应 | 29.1% | 经常走神，学习状态较差 | 30% |
| 无法适应 | 2.4% | 心情浮躁，无法静心学习 | 2.4% |

## 二、经管类专业在线课程教学存在的问题及原因分析

从调查问卷看，疫情期间的大规模在线授课充分显示了在线教育的魅力，教学效果较好，但是在调查问卷以及后续的座谈调研中也反映出在线教育存在的一些问题。

1. 部分师生对在线教学重要性的思想认识不足、能力准备不足

为进一步了解在线课程教学中存在的问题，本文对教师在疫情之前和疫情之后的在线教学态度进行对比，发现很多教师在疫情之前对在线教学认识不足，甚至大多数从事经管类专业课程教学的老师从来没有接触过在线教学。在问卷调查中，认为在线教学单纯是录课或者慕课的教师比例达到了46.3%。部分教师虽然对在线教学有一定的认识，但是认为这种缺乏现场感、无法面对面进行教学的方式不利于教学目标的达成。此外，面对突如其来的疫情，教师们对在线教学的信息化技术能力准备不足，临时进行在线教学大多属于摸着石头过

河，现学现卖，随着在线教学的逐步开展才逐渐熟悉掌握平台操作的更多技巧。

在线教学对学生的学习能力，特别是主动学习能力也提出了挑战。自主学习是与传统的“老师讲+学生听”的学习方式截然不同的一种现代化学习方式。这种学习方式注重对学生独立分析与探索能力的培养。经管类专业课程的在线教学不仅要求学生能够跟随老师的节奏完成直播课堂学习，而且要求学生运用所学原理，分析解决实际问题。然而，受学生自律能力差异和学习环境等多方面的影响，部分学生虽然可以按照老师的要求制订专业课程学习计划，但他们大多重计划轻行动，最终导致计划完成度不高，实际学习效果低于预期效果。还有相当多一部分同学没有合理地安排和使用时间，甚至有一部分学生是被动参与课程互动，缺乏主动参与课程的积极性与能动性。

2. 在线课程建设缺乏整体规划

为帮助高校顺利开展线上教学，疫情期间共有 37 个在线课程技术平台对 2.4 万余门的各级各类在线课程免费开放，供高校自由选择使用。尽管也涉及免费的经管类课程，但是实际调查中发现，教师们普遍感觉在线教学平台多、课程多，但可供选择使用的优质课程却不足，且不同层次在线课程混杂，水平差距也较大。

回顾以往的在线课程建设，一般都是在教育部门主导下推进的，需要经过各级各类评审，这种推进方式对于鼓励高校和优秀教师参与课程建设等方面具有积极作用，但是也存在一定的问题，那就是各个高校在推进在线课程建设时更注重“是否能评上”，而较少考虑“是否能使用”。甚至对于不少高校而言，在线课程建设的出发点主要在于争取国家级或省级“标签”，为各种专业排名服务，而不在于是否适用于日常教学。这就直接导致在线课程建设中缺少了与专业和课程紧密结合的系统性，无法充分结合日常学习实际需求，甚至有悖于教学规律。综观各个课程资源平台上的课程，目前绝大部分在线课程大多是通识类课程，高水平的、优质的经管类专业在线课程并不多，可供授课教师选择的余地小。

另外，高校和教师主动、系统地规划设计在线课程建设的并不多，尤其地方院校更少。由于在线课程建设是一个长期的过程，不仅需要高校投入大量的人力、物力，而且需要任课教师花费很多的时间和精力。再加上高校大环境下“重科研，轻教学”的评价机制盛行，使得很多教师不愿意投入较多精力在在线教学上。

3. 在线课程教学管理方式有待创新

在线教学作为信息化技术下的新的教学模式，与线下教学存在显著差异，但是在教学管理方面，目前各高校并没有采取不同的方式。线下教学强调“教学目标—教学过程—教学成效”，在整个流程中教学管理主要介入中间的教学过程环节，注重教学过程的规范性和完整性。但是，在线教学对传统的线下教学的颠覆就体现在“建构主义”教学模式上。这种教学模式发挥了学生的学习自主性，由学生自己建构知识，教师以在线形式提供学习资源，对学生进行引导，同时根据学生学习情况给出相应的建议和反馈。在线教学模式下，学生是整个在线教学过程的中心，教师主要承担指导和辅助作用。在这种以学生为中心的教学模式中，教师承担了导学和促学双重角色，在结合学生学习特色的基础上，考虑促进学习效果的方式方法。在线学习全过程中，有组织的教学团队支持服务对督促学生过程性学习发挥了很大作用。因此，教学管理应根据在线教学的特点，加强对学生学习成效的管理，转变原有的传统线下对教学过程的管理方式。但目前高校管理部门依然延续了线下教学中的督导在线听课、领导在线查课的模式，缺乏有效创新，不利于教学成效的提高。

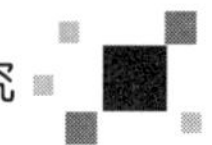

4. 经管类实验课程在线教学效果不佳

疫情期间虽然部分虚拟仿真实验平台响应号召对高校师生在线教学免费开放，但是在教学过程中遇到了很多瓶颈。一方面，由于疫情突发，在线实验平台无法立即满足如此大规模的在线实验教学，因此常常存在平台不稳定、师生登录不上等问题。不稳定的实验平台影响了实验教学效果。另一方面，实验教学中的一个关键环节是能够对学生学习知识迁移应用、知识深加工并输出，这就要求授课教师能够通过重难点讲解和个性化指导，引导学生进行交流讨论、合作式实验操作、实验经验总结等教学活动，最终转化为实际技能。但是实践中，这样的实验平台相对缺乏，无法充分满足在线实验教学的实际需求。

## 三、地方高校经管类专业在线课程教学提升的路径

与传统课堂教学相比，在线教学存在多方面的优势，这些优势是基于对传统课堂中存在问题的改革与创新。尽管新冠肺炎疫情期间的大规模在线教学促进了这种教学模式的飞速发展，也让更多的人认识到这种教学模式的魅力，但是在较长一段时期内，这种在线教学模式并不会取代传统的教学模式，甚至不会在高校经管类专业课程教学中占据主导地位。但是随着信息技术的发展和教学改革的不断深入，在线教学必然会因其个性化的特点成为高等学校经管类专业课程教育中不可或缺的一部分。

1. 坚持 OBE 的在线课程教学理念

课程一直是高等教育人才培养的核心要素，课程教学理念的改变影响着教学质量。在传统的线下教学模式中，课堂是学生学习的主阵地，教师是课堂教学的主导者。随着教学理念、知识获取方式、师生互动关系的转变，当前的课堂教学模式正逐步从教师的“教”为中心向学生的“学”为中心转变。在线教学通过信息技术的应用加速了这种转变，对传统的口传身授式教学产生了重大影响。经管类专业课程由于其自身的课程特色，在线教学过程中更为关注以学生为中心的 OBE（Outcomes-based Education，基于学习产出的教育模式）教学理念，突出实用性与应用性，不断改进。因此，在未来在线课程建设中，要突出专业课程特色结合学生实际学情，把“以学生为本”的教育教学理念真正落实到具体的教学实践中，教学资源配置、教学过程设计应以保证学生达成学习目标为根本标准。在线教学中注重教师团队建设，运用团队的力量推进在线学习、翻转课堂、混合式教学等教学改革，根据社会经济发展实际更新教学案例和教学内容，不断吸收经管类兄弟高校先进的教学方法和教学模式，提高学习效果。同时注重在线课程教学评价与教学反馈机制的设计，通过评价与反馈机制，不断改进教学方法，提高教学质量，保证教学工作的有序开展。

2. 加强教师信息化技术培训，提升在线教学能力

在线教学的过程也是师生们运用信息化技术的过程。疫情期间大规模开展在线课程之初暴露出的问题，充分反映了师生信息素养的提升是未来在线教学发展的重要制约因素。信息素养是一种综合能力，涉及各个方面的知识，强调对技术的理解、认识和使用。由于在线教学模式对师生信息素养提出了更高的要求，因此高等学校要不断加强对教师和学生信息素养的培养与训练，促使其熟练掌握在线教育与在线学习的技能与方法。从教师层面上看，要通过定期的轮训或者集训，提高不同年龄层次的教师对信息化和网络技术掌握的能力，有的放矢，提高针对性和实用性。甚至可以通过类似于信息化教学大赛等方式鼓励并促进高等学校

老师积极参与在线教学，提高其在线教学的技能与水平。从学生层面上看，除了要对学生进行适当的信息素养方面的培训之外，还要通过各种方式帮助学生主动适应线上线下相结合的教学模式，使他们及时调整学习状态，熟练掌握新模式下有效的学习方式。

3. 完善网络平台和在线服务，打造精品一流在线课程

在线课程教学的不断发展离不开在线平台的建设和一流在线课程的打造。一方面，应该进一步优化在线平台，不断提高平台的稳定性和操作的简易性，通过平台服务等方式及时了解师生需求并适时改进。好的教学平台应该是有利于教师更好地开展教学素材的管理、知识点的管理、学生信息管理、成绩管理、班级管理、作业管理，方便教师建立题库、开展统计、讨论、反馈、评价等；学生端可以高效地完成学习任务，及时地自主测评学习效果。在经管类课程实验教学平台的打造上，要吸引学生主动参与实验设计，通过平台的协作交流自行设计最佳的实验路径，充分发挥其创新能力与实践技能，真正实现将知识转化为技能。另一方面，各高校的经管类专业也要通过组建一流在线教学团队，整合现有教学资源，分类打造适合经管类各专业特色的一流在线课程，在保证课程标准的基础上，注重课程的实用性与时效性。

4. 创新在线课程教学评价激励机制

在线教学的蓬勃发展离不开教师的主动积极参与。在现有的教学评价和职称晋升激励机制中，高校领导层对于教学的重视程度不够，这也是中青年教师不愿意在教学中投入过多精力做好教学工作的重要原因。另外，教师在从事在线教学过程中反映出来的工作量大、任务繁重等实际情况在教学评价激励中也没有得到体现，这就导致更多的老师不愿意进行教学模式的改革，不愿意花费更多的精力进行在线教学的设计与实施。因此，要改变这一现状的重要措施就是，改善现有的教学评价与职称晋升激励机制，通过激励更多的老师参与在线教学，逐步提高在线教学的质量。

## 参考文献

[1] 邬大光．教育技术演进的回顾与思考——基于新冠肺炎疫情背景下高校在线教学的视角［J］．中国高教研究，2020（4）：1-6.

[2] 王志军．联通主义学习的教学交互理论模型建构研究［J］．开放教育研究，2015（5）：25-34.

[3] 邬大光，沈忠华．我国高校开展在线教学的理性思考——基于6所本科高校的实证调查［J］．教育科学，2020（4）：1-8.

[4] 陈武元，曹荭蕾．“双一流”高校在线教学的实施现状与思考［J］．教育科学，2020（4）：24-30.

[5] 沈宏兴，郝大魁，江婧婧．“停课不停学”时期在线教学实践与疫后在线教学改革的思考——以上海交通大学为例［J］．现代教育技术，2020（5）：11-18.

[6] 徐晓飞，张策，蒋建伟．从应对疫情危机谈我国在线教学模式创新与经验分享［J］．中国大学教学，2020（7）：42-46.

[7] 毛军权．在线教学的未来发展：动向、反思与行动［J］．中国电化教育，2020（8）：27-32.

# 疫情防控期间大学生线上学习的城乡差异与影响的调查报告[①]

## ——以聊城大学为例

延　玥[②]

**摘　要**：新冠疫情期间，城市、乡镇、农村学生线上学习面临不同的情况，表现出不同的特点。文章从大学生线上学习环境的城乡差异入手，以大学生线上学习时的居住地为主要自变量，以学习时长、学习效果，学习任务完成情况为主要因变量，采用分层随机抽样与目的性抽样等方法，获得样本1 538份，对大学生的线上学习受到的主客观因素及影响进行交互分析、离散趋势分析研究。调查发现：在线上教学期间，农村学生从事各项劳动最多；农村学生的学习时间更易被挤占；农村学生线上学习时干扰因素更多；农村学生比城市学生较多抱怨来自生活环境的干扰，农村学生报告的主观干扰因素总体上显著高于城市学生和乡镇学生；农村学生课业任务和自学计划的完成情况不佳。为提高农村学生的网络教育资源的获得和发展机会，相关社区管理部门应加大对困难学生的关注，提供网络和设备的租借或共享等支撑手段；高校和教师应制定相应的应急预案和备选方案，为不方便获得网络资源的学生提供书面材料或电子资料等替代手段。

**关键词**：大学生；线上学习；城乡差异；学习时间；干扰因素

## 一、问题提出

2020年年初，受新冠肺炎（COVID-19）疫情影响，全国高校推迟开学，所有课程转为线上。在疫情背景之下的“停课不停学”已经大范围得到了开展，但是随之出现的问题也浮出水面。某些农村地区信号差、贫困家庭子女没有必要的电子设备开展在线学习，同时，

---

① 基金项目：聊城大学校级课程思政教学改革研究项目：依托山东地域文化的项目导向+任务驱动教学法在中国传统文化概论课程中的改革与实践（项目编号：G202054）、山东省教育厅本科教学改革研究项目重大子课题：文史哲专业课程思政“三维一体”教学改革与实践研究（项目编号：T2020010）。

② 作者简介：延玥，聊城大学政治与公共管理学院讲师。

疫情期间，学生在线学习的自主学习能力、自我约束力值得大家关注。这也是本文写作的出发点。

## 二、文献回顾

近年来，线上课堂在高校教学实践中崭露头角并逐渐为师生们接受，王东晖等（2020）针对传统课程教学模式与线上教学模式的特点进行了对比研究，总结出线上教学模式在考核方式、互动机制、教学空间和教学时间等方面优于传统课堂，但也存在一定的问题。早在2017 年，就有学者针对慕课平台的运营模式提出质疑，指出混合式教学存在学生的学习情况难以掌握、教师的带动性和感染力难以发挥的问题（陈月）。也有学者指出线上课堂发展的一大难题就是不可能所有的高校老师都认同并适应线上教学模式（刘华）。由此可见，线上教学和线上学习需要一定时间的实践，才能得到广泛接受。然而新冠疫情爆发后，线上教学成为全国甚至全世界的教师和学生在一夜之间就要掌握的新技能，由于师生对于线上教学缺少实践经验，使得上述这些问题在短时间内爆发。学术界开始关注并反思这些问题，出现了大量关于线上教学与线上学习相关的研究成果。这些研究成果可以概括成以下几个方面：

第一，对线上教学与线上学习情况总结与反思，其中以线上教学的经验介绍为主，介绍的内容多为课程实践，也有教学管理。研究者以某课程为例，如绿色化学课程的线上多平台教学模式经验（童冬梅等），大学化学课程的学习通和顶顶直播课的混合教学探索实践（赵海燕等）；或以某线上学习平台为例，分析学生线上学习具体行为与学业表现之间的关系（李红燕等）。涉及教学管理方面的经验介绍值得引起高校教学管理部门的注意：湖南某高校的在线教学“多方联动巡查机制”解决了学生端、教师端、平台端出现的问题（张丹等），陕西某高校通过建设多种应急预案的方法来保障疫情防控期间线上教学的开展（杨江涛等）。这些都可以为广大教学管理部门所借鉴。

第二，对现阶段高校在线教学出现的相关问题进行研究分析，并提出解决思路。线上课堂凭借其空间和时间上的优越性，成为疫情防控期间对传统课堂最佳的替代品，但是线上课堂的缺点在这一时期也暴露无遗。研究者发现，在疫情突然袭击之下，大中小学仓促间涌向各类线上教学平台，线上学习情况远未达到“沉浸式、强交互、体验佳”的学习状态（杨根福）。疫情防控期间，国内研究者不约而同地对线上教学情况展开调研，谢紫娟等、贾文军等、刘燚等对在线教学过程中师生常见的问题进行了总结：高校教师线上教学能力不足；学生在线学习动力不强，缺乏自制力，学习目的不明确、缺少针对性；网络技术或教学平台不足，缺少客观条件且存在城乡差异；师生难以改变传统教学习惯，不适应线上学习；等等。郑勤华等从基础设施层面、学校管理层面、教学组织层面提出了解决思路。

第三，发掘高校在线教学的优点，对未来发展趋势做出预测。实际上几年前就有研究者提出了线上学习的五大影响因素——课程、平台、教师、学生、交互（韩烨丹等），针对这五大因素制定管理策略，可以有效提高线上教学的师生体验。疫情下的线上开学，

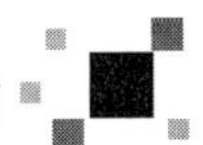

又出现了新的情况，保障师生的线上互动和学生的学习效果成为首要任务（马琳等）。研究者针对疫情期间的线上教学提出了有建设性的意见和有远见的预测，如梁剑就四川某高校线上教学开展情况与问题做了优劣两方面的总结；高欣峰等就山东某高校网络通识课学习情况进行分析，试图通过建构人机结合的学习体系来提高网络通识课质量；汪磊等从学生核心素养培育方向和教师角色的定位入手，认为未来应重新定位教师角色，从而适应线上教学。

从形式到内容，从人机交互到资源共享，以往研究和目前的关注点都注意到了线上教学的技术问题，但很少有研究者专门就城乡差异导致的线上教学开展程度的不同提出相应的解决方案。但农村学生教育获得与发展机会在何种程度上落后于城市学生，农村学生在哪些方面感到线上学习有困难，农村学生将以何种方式进行弥补和追赶？目前的研究成果还不能回答这些问题。

2020 年秋季，全国的大学已经开学，我们社会进入了“后疫情时代”，然而线上教学却迎来了更广泛的用户基础和更优越的发展条件，混合式教学与线上教学已成为未来的发展趋势。农村大学生在小初高时期面对落后于城市的教育资源凭借付出几倍于城市学生的勤奋而考入了大学。这些熬过高考的农村大学生，是否会在“后疫情时代”的电化教育发展大潮中，迎来他们第二次在“起跑线上”的惨败？因此，线上教学的城乡差异问题急需研究者的关注。

疫情防控期间的线上开学是一场空前的现代教育技术和教育系统全员参与的实战演习，2020 年 9 月，全国高校均已正常开学，对于上学期的线上教学情况需要进行彻底的反思和总结，因此本课题的研究还需要更多来自一线师生的反馈。为及时了解学生在线学习的现状和出现的问题，总结教师在线教学经验，完善教学管理，提高教学水平，本研究通过调查问卷和访谈的方式获取了一部分一线师生线上教学的反馈资料，据此探讨城市、乡镇和农村的大学生线上学习情况，以期为今后的高校线上教学的开展提供有益的参考。

## 三、调查设计

本研究选取山东省聊城大学的学生作为调查对象，通过分层抽样与目的性抽样结合的方式，于 2020 年 5 月中下旬通过微信向全校 26 个学院学生发放问卷星调查问卷，共收集问卷 1 538 份，并在 6 月上旬对若干学生进行结构式访谈，共获得访谈记录 11 份，样本基本信息见表 1。

**表 1　样本基本信息**

| 基本情况 | | 数量 | 百分比/% | 有效百分比/% | 累计百分比/% |
|---|---|---|---|---|---|
| 性别 | 男 | 460 | 29.9 | 29.9 | 29.9 |
| | 女 | 1 078 | 70.1 | 70.1 | 100.0 |
| | 总计 | 1 538 | 100.0 | 100.0 | |

续表

| 基本情况 | | 数量 | 百分比/% | 有效百分比/% | 累计百分比/% |
|---|---|---|---|---|---|
| 年级 | 大一 | 658 | 42.8 | 42.8 | 42.8 |
| | 大二 | 491 | 31.9 | 31.9 | 74.7 |
| | 大三 | 265 | 17.2 | 17.2 | 91.9 |
| | 大四 | 98 | 6.4 | 6.4 | 98.3 |
| | 研一 | 26 | 1.7 | 1.7 | 100.0 |
| | 总计 | 1 538 | 100.0 | 100.0 | |
| 线上学习期间的住所 | 城市 | 485 | 31.5 | 31.5 | 31.5 |
| | 农村 | 749 | 48.7 | 48.7 | 80.2 |
| | 乡镇 | 304 | 19.8 | 19.8 | 100.0 |
| | 总计 | 1 538 | 100.0 | 100.0 | |

为了解2020年春季学期城市、乡镇、农村大学生的线上学习情况与差异，笔者编写了调查问卷，涉及学生基本情况、学生认为的主观干扰因素、客观干扰因素、学生完成学习任务的情况、学生对提升线上学习质量的看法等5个维度。在问卷编制后进行试发问卷，修改后正式发放问卷。

## 四、结果与分析

聊城大学是山东省地方性院校，大多数学生都来自本省。在1 538份问卷中，有1 179个样本来源于山东省，占总数76.70%，与本校生源结构一致。2020年春季学期自开展线上教学以来，样本中有31.53%的学生居住在城市，另外，有48.70%和19.77%的学生分别来自农村和乡镇。样本的居住地分布情况如图1所示。

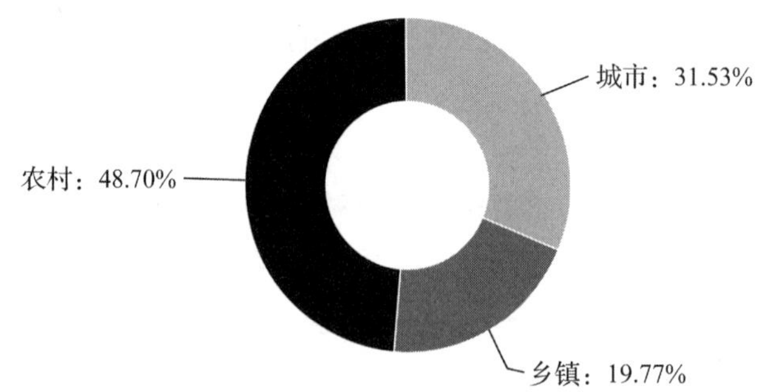


**图1　样本居住地统计图**

结果显示，在线上教学期间，学生每日活动中“上网课”“完成课业任务”“从事工商业劳动”的城乡差异不大。九成以上的学生每日活动中都包括“上网课”和“完成课业任务”，同时不到一成的学生每日从事“工商业劳动”，详情见表2。但在其他选项中，展现出明显的城乡差异。

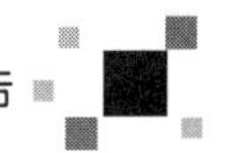

**表 2　学生每日活动和家庭住所的交互分析表**

| 项目 | | | 本学期开展线上教学以来你的住所 | | | 总计 |
|---|---|---|---|---|---|---|
| | | | 城市 | 乡镇 | 农村 | |
| 你周一至周五每天的活动有[a] | 上网课 | 计数 | 441 | 283 | 713 | 1 437 |
| | | 占比 | 90.9% | 93.1% | 95.2% | |
| | 完成课业任务 | 计数 | 427 | 274 | 688 | 1 389 |
| | | 占比 | 88.0% | 90.1% | 91.9% | |
| | 完成自学计划 | 计数 | 345 | 205 | 481 | 1 031 |
| | | 占比 | 71.1% | 67.4% | 64.2% | |
| | 家务劳动 | 计数 | 353 | 260 | 666 | 1 279 |
| | | 占比 | 72.8% | 85.5% | 88.9% | |
| | 农业劳动 | 计数 | 34 | 48 | 312 | 394 |
| | | 占比 | 7.0% | 15.8% | 41.7% | |
| | 工商业劳动 | 计数 | 38 | 24 | 48 | 110 |
| | | 占比 | 7.8% | 7.9% | 6.4% | |
| | 其他劳动 | 计数 | 119 | 93 | 240 | 452 |
| | | 占比 | 24.5% | 30.6% | 32.0% | |
| 总计 | | 计数 | 485 | 304 | 749 | 1 538 |

百分比和总计基于响应者。

a. 使用了值 1 对二分组进行制表。

1. 在线上教学期间，城市学生完成自学计划的比例最高

有 71.1% 的城市学生每日活动中包括“完成自学计划”，只有 67.4% 的乡镇学生和 64.2% 的农村学生的每日活动中包括“完成自学计划”，也就是说，有超过三分之一的乡镇和农村学生在上网课、写作业之外，无法完成自学计划。那么乡镇和农村学生每日活动都在做什么呢？在“家务劳动”“农业劳动”和“其他劳动”三个选项中，可以看出农村学生的比例最大，乡镇学生居中，城市学生最小，并且呈现出一致的趋势，如图 2 所示。

2. 农村学生线上学习时干扰因素更多

在回答“学习之外的活动是否挤占了你的学习时间”这一问题时，六成学生否认“学习之外的活动挤占了学习时间”，四成学生认同“学习之外的活动挤占了学习时间”。在否认“学习之外的活动挤占了学习时间”的群体中，城市学生最多，农村学生最少；而在认同“学习之外的活动挤占了学习时间”的学生中，城市学生最少，农村学生最多。在认同与不认同的选项中乡镇学生的数量均为居中。可见，学习之外的活动是否挤占学习时间，表现出显著的城乡差异（$X^2=39.439$，df=2，$p=0.000$），详情见表 3。

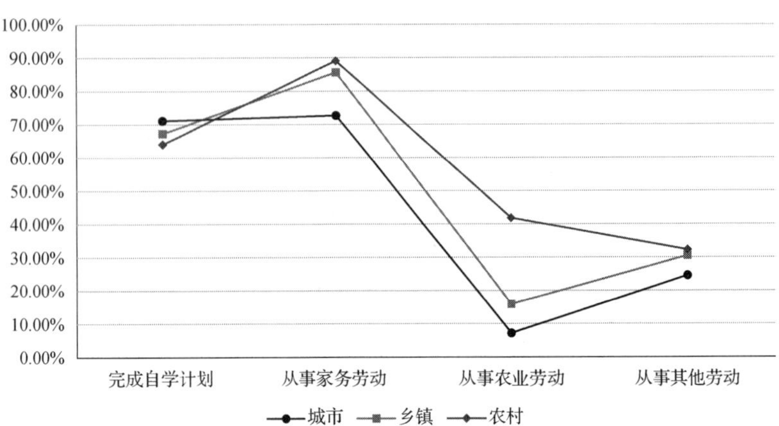


**图 2　城市学生、乡镇学生和农村学生每日活动对比图**

**表 3　学生认为“学习之外的活动是否挤占了你的学习时间”的城乡差异表**

| 项目 | | 本学期开展线上教学以来你的住所 | | | 总计 | |
|---|---|---|---|---|---|---|
| | | 城市 | 乡镇 | 农村 | | |
| 学习之外的活动是否挤占了你的学习时间? | 是 | 计数 | 141 | 124 | 352 | 617 |
| | | 占比 | 29.1% | 40.8% | 47.0% | 40.1% |
| | 否 | 计数 | 344 | 180 | 397 | 921 |
| | | 占比 | 70.9% | 59.2% | 53.0% | 59.9% |
| 总计 | | 计数 | 485 | 304 | 749 | 1538 |
| | | 占比 | 100.0% | 100.0% | 100.0% | 100.0% |

如图 3 所示，52.0% 的学生认为线上学习的周围干扰因素比在校学习更多，34.5% 的学生认为在家学习和在校学习的干扰因素无甚差别，但加入学生住所的城乡差异这一变量后，发现农村学生的选择与城市和乡镇学生的选择差异较大。在 749 名农村学生中，60.6% 的农村学生选择“上网课时干扰因素多”，其比例远高于城市学生（41.9%）和乡镇学生（47.0%）；29.0% 的农村学生选择“在家和在校学习的干扰因素差不多”，其比例远低于城市学生（38.8%）和乡镇学生（41.4%）；认为“在校学习的干扰因素多”的农村学生最少（见表 4）。这说明相当大一部分农村学生认为在家的线上学习干扰因素比在学校学习时更多，学习效果不好，这一结果与上文的表 2 和表 3 统计结果相一致。

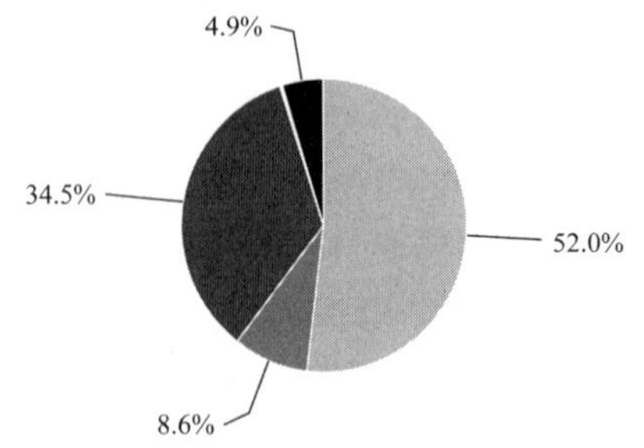


上网课时周围干扰因素多　在校上课时周围干扰因素多　二者差不多　不知道

**图 3　学习时周围干扰因素统计图**

表4　上课干扰因素与学生住所的交互分析表

| 项目 | | | 本学期开展线上教学以来你的住所位于 | | | 总计 |
|---|---|---|---|---|---|---|
| | | | 城市 | 乡镇 | 农村 | |
| 学生对干扰因素的看法 | 上网课时干扰因素多 | 计数 | 203 | 143 | 454 | 800 |
| | | 占比 | 41.9% | 47.0% | 60.6% | 52.0% |
| | 在校学习的干扰因素多 | 计数 | 68 | 24 | 40 | 132 |
| | | 占比 | 14.0% | 7.9% | 5.3% | 8.6% |
| | 在家和在校学习的干扰因素差不多 | 计数 | 188 | 126 | 217 | 531 |
| | | 占比 | 38.8% | 41.4% | 29.0% | 34.5% |
| | 不知道 | 计数 | 26 | 11 | 38 | 75 |
| | | 占比 | 5.4% | 3.6% | 5.1% | 4.9% |
| 总计 | | 计数 | 485 | 304 | 749 | 1538 |
| | | 占比 | 100.0% | 100.0% | 100.0% | 100.0% |

3. 农村学生比城市学生较多抱怨来自生活环境的干扰

本次调查问卷共设计了“生活环境”和“课堂环境”两大类共22种可供多项选择的客观干扰因素。调查发现，在调查问卷的22种客观干扰因素中，学生总体抱怨的干扰因素前5名是“家人打扰”（44.5%）、“客人/邻居来访”（46.3%）、“学习环境嘈杂”（34.6%）、“没有教材/教辅资料/教学用具”（32.6%）、“没网/网络不通畅”（33.6%），均属于“生活环境”的干扰因素。排名第6的干扰因素是“没有统一的教学平台”（16.5%），排名第7的是“老师讲得太快/太难/太简略”（15.2%），属于“课堂环境”干扰因素。

将学生报告的客观干扰因素与学生的城乡差异进行交互分析后，发现上述被学生抱怨的前5名来自“生活环境”的客观干扰因素中，农村学生报告的比例最大，城市学生比例最少；而且在所有来自“生活环境”的每一条客观干扰因素中，农村学生抱怨的比例和数值一直高于城市学生。而城市学生、乡镇学生和农村学生报告“课堂环境”干扰因素的比例没有明显差异，详情如图4所示。

当学生回答单项选择题“上网课时对你影响最大的客观干扰因素”时，农村学生对来自“生活环境”的干扰因素的选择明显高于城市学生（$X^2=114.176$，$df=42$，$p=0.000$），如图5所示，统计曲线显示出与上题一致的趋势。同时无论是多项选择题还是单选题，城市学生对“没有受到客观因素的干扰”的选择比例一直高于农村学生（$X^2=24.137$，$df=22$，$p=0.000$）。

上述内容在一定程度上表明，城市学生较少受到客观因素的影响，而农村学生线上学习易受客观环境尤其是来自生活环境的干扰。这体现在三个方面：第一，日常劳动挤占学习时间，很难完成自学计划；第二，缺少独立安静不受打扰的学习空间；第三，开展在线学习的设施不齐全。在相同的线上教学环境下，农村学生要比城市学生承受更多环境压力，这成为他们“停课不停学”道路上最大的阻碍。

在访谈过程中，贫困农村学生的“线上失学”让笔者印象深刻，他们面对家中条件充满了窘迫和无奈。来自新疆莎车的学生4，某次线上考试的时候他没有参加，笔者打电话询问，他此时正在工地打工。学生 4 曾经在 2 小时时差下坚持了一个月的线上学习，终于因为唯一的智能手机损坏而放弃，“还不如挣点钱”。来自贵州金沙的学生 5，每日操持弟妹和爷爷的一日三餐，已经耗费了她大半精力，姐弟三人共享全家唯一一部智能手机，不知怎样取舍。来自云南楚雄的学生 11，因为借不到第二部智能手机而申请缓考，他说“周围邻居都有孩子考试，我都借遍了，没办法再开口”。

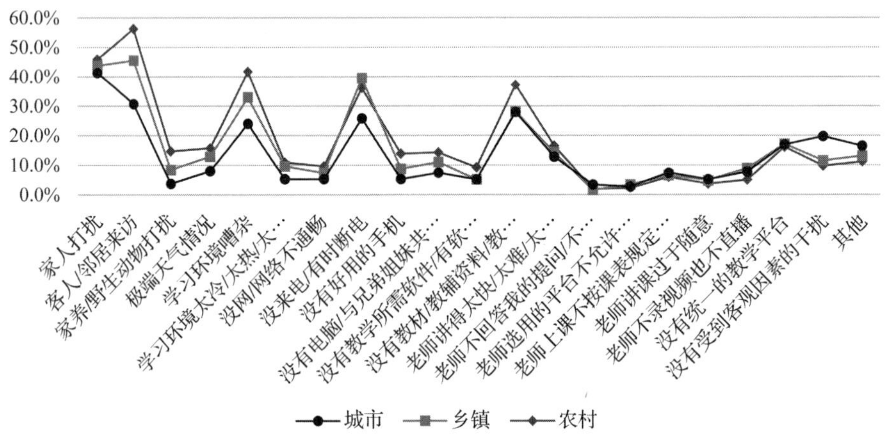


**图 4　学生报告的客观干扰因素的城乡差异图**

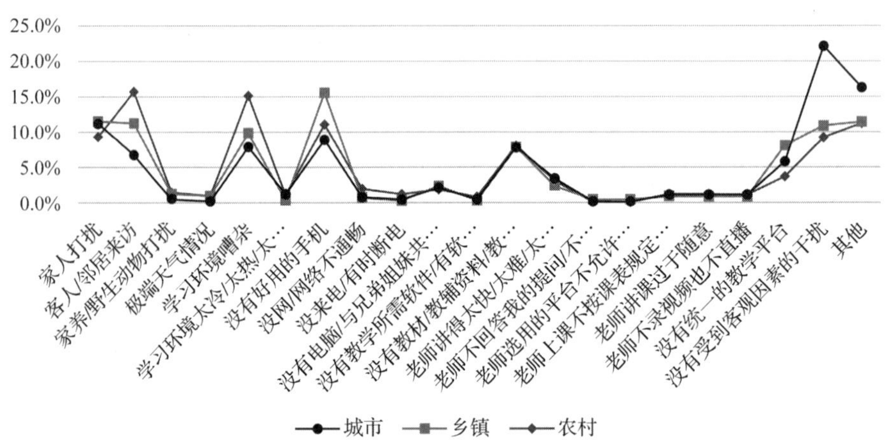


**图 5　影响最大的客观干扰因素的城乡差异图**

4. 农村学生报告的主观干扰因素总体上显著高于城市学生和乡镇学生

本次调查设计了两个关于主观干扰因素的问题，分别为可供多项选择的“线上学习时，你受到了哪些主观干扰因素”和单项选择的“对你影响最大的主观干扰因素”，调查发现，农村学生报告的主观干扰因素显著高于城市学生和乡镇学生（$X^2=114.176$，$df=42$，$p=0.000$），如图 6 所示。而且两个问题中的对于“没有受到主观干扰因素的影响”这一选项，城市学生报告的比例明显高于农村学生（$X^2=18.778$，$df=2$，$p=0.000$），如图 7 所示。这说明在线学习期间，农村学生在承受客观环境压力的同时，主观情绪状态也不如城市学生稳定，承受较多的心理压力。

在访谈中，城市学生的线上学习显得从容不迫。学生 3 来自城市，她表示在家学习和在校学习“没什么两样”，平时就是“做做饭，散散步，按照计划来看书学习”。笔者发现一

些城市学生更愿意在家里线上学习，以便于做一些在学校里不方便做的事，比如，整形美容、矫正牙齿、学车、养宠物，等等。学生 8 来自城市，她表示在家没人打扰，线上学习效率更高，疫情防控期间她在自学日语、考驾照，"比在学校舒服多了"。

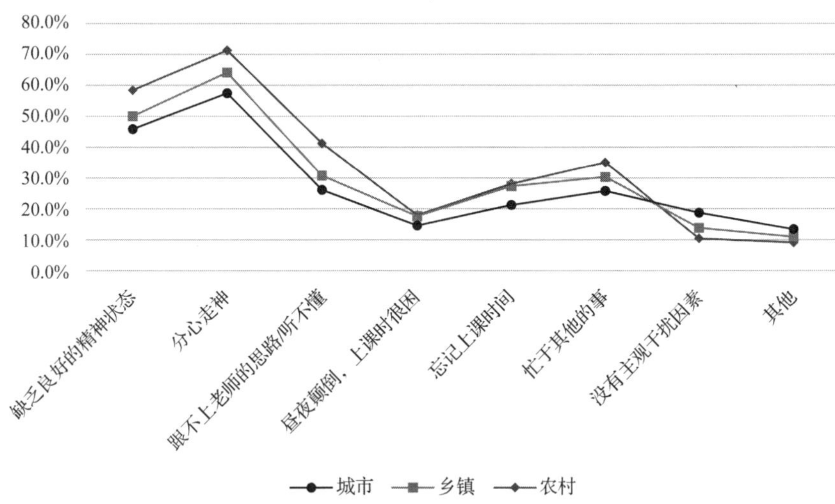


**图 6　线上学习时学生受到主观干扰因素的城乡差异图**

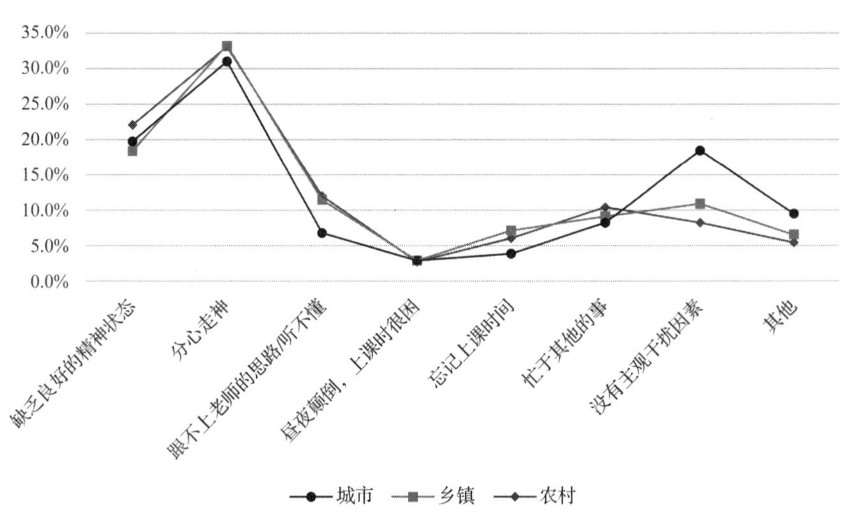


**图 7　线上学习时影响最大的主观干扰因素的城乡差异图**

5. 农村学生课业任务和自学计划的完成情况不佳

其一，调查发现，一半左右的学生线上学习期间的课业任务和自学计划的完成情况和以往一样，然而有三成左右（28.9% 和 32.1%）的学生对线上学习期间课业任务和自学计划的完成情况及自我评价都比较低，认为比以往做得更差，如图 8 所示。脱离了学校的环境，学生长期以来习惯并且依赖的外在制约机制不再发生作用，嘈杂宽松无竞争压力的家庭环境又让学生对在线学习难以集中精力。访谈对象学生 1 来自城市，他表示"没有学霸和老师在身边，自己更没动力了"，因为那些让学生"闻风丧胆"的班主任、辅导员无法时刻盯着学生；没有同学之间相互影响，学生很容易降低学习的热情。学生 7 认为，"一旦习惯了松懈的状态，就更想着做一些自己觉得好玩的事"，计划着要考研的学生 7 成立了一个编程兴趣小组，每天在微信群里与成员交流，而编程并不是他的考研专业。那么是不是加强外在约束就可以提高学生的学习效率呢？并非如此。学生 6 因为父子关系紧张而屡次想要住到亲戚家，原因是他的父亲十分关注他的学习情况并给他规定了学习任务。学生 6 认为父亲的关注实际上是“给我添乱”“指手画脚”“不懂装懂”，他说：“我爸在家的时候我根本没法学习。”

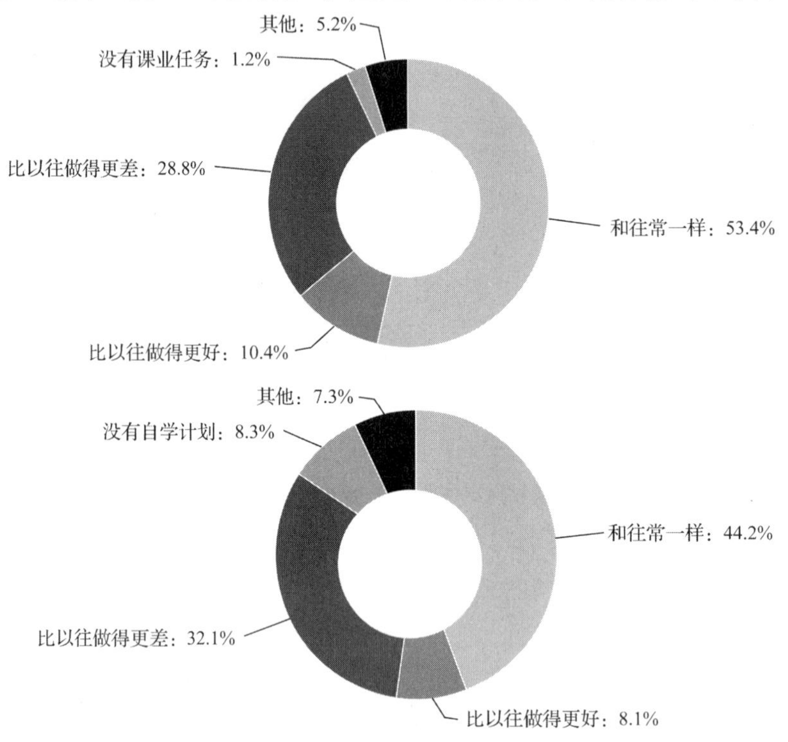


**图 8　线上学习期间学生完成课业任务和自学计划的自我评价图**

其二，线上学习期间学生完成课业任务（$X^2=25.427$，df=8，$p=0.001$）和自学计划（$X^2=55.848$，df=8，$p=0.000$）的情况表现出显著的城乡差异（见图 9、图 10）。在完成课业任务和自学计划方面，城市学生认为线上学习比在校学习期间的完成度更好或者差不多，而农村学生的评价刚好相反。而在其中 34.6% 的农村学生认为自己完成课业任务比以前更差，38.1% 的农村学生认为完成自学计划的情况更差；而城市学生这两个选项的数据分别是 21.9% 和 22.3%。

在访谈过程中，笔者发现农村学生的学习环境易受极端天气等自然因素的破坏，同时，他们在家时需要承担更多的家庭责任，这使农村学生学习时间比城市学生更少，进入深度的、专心致志的学习机会更少。学生 2 表示，自己在上课时间经常“挂着头像”，而实际上自己在干农活。因为“看到爸妈这么辛苦，而我却坐在屋里听老师念 PPT，感觉浪费生命”。学生 5 来自贫困家庭，父母外出打工，她在老家照顾卧病在床的爷爷和一弟一妹，同时操持家务。她的弟弟妹妹都在念中学，也都需要手机在线学习，所以他们需要 3 部智能手机，而她家中只有 1 部。尽管在访谈中她强调她一直没有逃课，但是真实情况想必十分艰难。学生 9 的村庄山洪暴发，连续几天停电，她说：“就算有电也不可能学习，因为麦子倒了，我要扶麦子”；“水退了以后屋里全是淤泥，没有心思上网课”；“平常刮大风也会断电”，用手机流量上网课，每月手机费都要交一百块钱，“以前我 3 个月也花不了一百块钱话费”。学生 4 来自农

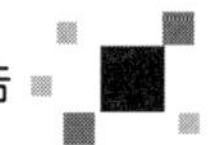

村，聊城大学期末考试期间要求每个学生使用2部智能手机，且必须同时在线，一部用来监考，另一部用来进入“欧玛”系统考试。他因仅有的智能手机损坏而没有参加期末考试。据了解，2020年6月的在线期末考试，有不少农村学生因家庭条件和环境因素没有参加，这些因素包括找不到（或借不到）手机电脑、电力和网络不稳定、洪水侵袭村庄等原因。

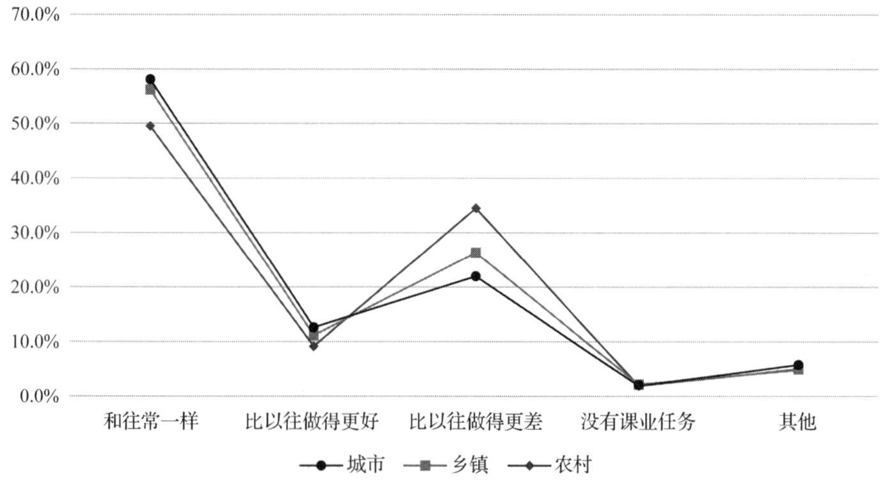


**图9　学生完成课业任务的城乡差异图**

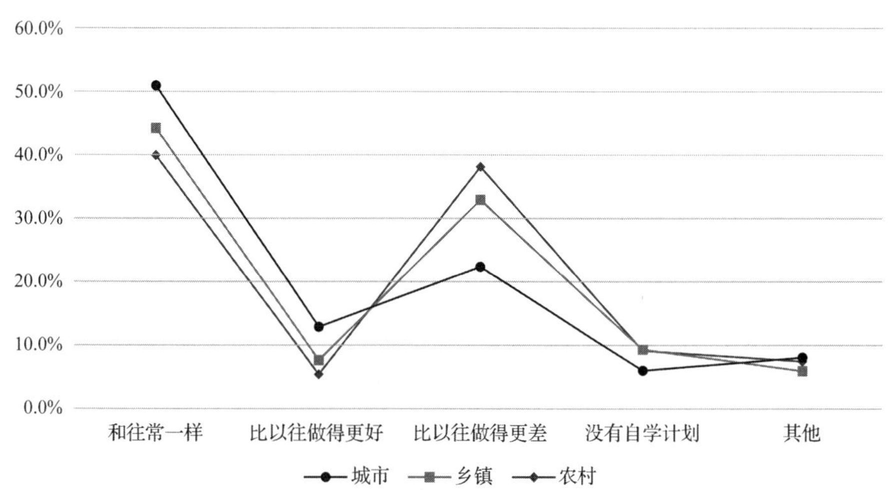


**图10　学生完成自学计划的城乡差异图**

## 五、结论与对策

线上教学期间，农村学生比城市、乡镇学生从事的劳动更多；农村学生的学习时间更易被各类事物所挤占，他们在线上学习时受到的干扰因素最多；农村学生比城市学生较多抱怨来自生活环境的干扰，农村学生报告的主观干扰因素总体上显著高于城市学生和乡镇学生；农村学生课业任务和自学计划的完成情况不佳，城市学生认为在校期间课业任务和自学计划的完成度更佳。简而言之，在线上教学期间，农村学生报告的干扰因素较多，这些干扰因素不仅包括客观环境干扰因素，还包括主观干扰因素，而且主客观干扰因素都显著高于城市学生。

未来的教育将是线上课堂与线下课堂并驾齐驱的趋势。2020 年春季学期的“停课不停学”，看似是疫情暴发的偶然事件下的无奈之举，实则是近年来中国电化教育发展水到渠成的结果，实现线上教育已是大势所趋。从 2007 年起，国家级、省级、校级精品课程建设已经开展；2020 年，教育部免费开放 24 000 门课程资源，覆盖本科 12 个学科门类和职校 18 个专业大类。2020 年春季学期线上开学后，各高校积极筹备线上教学，各大网络平台协助实现“停课不停学”。学会使用网络资源，成为当今学生的基本功。然而线上学习需要稳定的电力、网络和终端设备，这些条件对于大多数的城市家庭来说并非难事，但对农村家庭来说却很难，本文的调查便说明了这一点。

为提高农村学生的网络教育资源的获得和发展机会，广大农村基层社区管理部门应加大对困难学生的关注，提供网络和设备的租借或共享等支撑手段；高校和教师也应制定相应的应急预案和备选方案，为不方便获得网络资源的学生提供书面材料或电子资料等替代手段；任课教师和辅导员应加强线上学习时期学生的心理问题的关注，及时了解学生面临的具体困难和思想动向，及时解决学生的困扰。网络资源盛行的今日，在大量优秀教育资源可以共享的当前，若要排除主客观的干扰等“非智力因素”，实现农村学生与城市学生同样的教育获得与发展机会，需要全社会各部门的共同努力。

## 参考文献

[1] 王东晖，旷乐. 传统课程教学模式与在线教学模式的有机对比研究［J］. 计算机产品与流通，2020（8）：189.

[2] 陈月. MOOC 背景下的高校思想政治理论课混合式教学模式研究［D］. 武汉：武汉理工大学，2017：45.

[3] 刘华. 在线课程融入高校课程教学系统：障碍及其突破［J］. 高等教育研究，2016（5）：68-72.

[4] 童冬梅，胡常伟，祝良芳，李丹. 构建多维教学平台开展以学生为中心的绿色化学线上教学［J］. 大学化学，2020（5）：197-204.

[5] 赵海燕，于涛，孙华. 基于学习通和钉钉直播的线上混合教学的探索与实践——以“配合物的价键理论”为例［J］. 大学化学，2020（5）：152-157.

[6] 李红燕，薛圣凡，李宣妤. 大数据背景下的远程教育学生学业表现预测模型——以 H 大学为例［J］. 中国成人教育，2019（22）：29-35.

[7] 张丹，常小荣，卓海燕，胡以仁，陈楚淘. 高校在线课程教学复合式授课模式与多方连动巡查机制研究——以湖南中医药大学为例［J］. 中国多媒体与网络教学学报（上旬刊），2020（6）：245-246.

[8] 杨江涛，王磊，耿楠. 疫情下高校在线教学应急方案设计与实施［J］. 黑龙江教育（高教研究与评估），2020（5）：15-17.

[9] 杨根福. 混合式学习模式下网络教学平台持续使用与绩效影响因素研究［J］. 电化教育研究，2015（7）：42-48.

[10] 谢紫娟，张文杰，刘宇芬.“互联网+”时代大学生学习方式存在的问题与对策——以某学校为例［J］. 科教文汇（上旬刊），2020（4）：46-47.

[11] 贾文军，郭玉婷，赵泽宁. 大学生在线学习体验的聚类分析研究［J］. 中国高教研

究，2020（4）：23-27.
[12] 刘燚，张辉蓉. 高校线上教学调查研究 [J]. 重庆高教研究，2020（5）：66-78.
[13] 郑勤华，秦婷，沈强，桂毅，周晓红，赵京波，王祎，曹一鸣. 疫情期间在线教学实施现状、问题与对策建议 [J]. 中国电化教育，2020（5）：34-43.
[14] 韩烨丹，关紫薇，王紫嫣，赵宗胤，李洪山. 大学生网络课程学习有效性及整改问题的研究 [J]. 教育现代化，2017（29）：92-98.
[15] 马琳，兰壮壮，谭茹，张雨欣. 通过教学过程和互动设计保障在线教学的效果 [J]. 大学化学，2020（5）：126-132.
[16] 梁剑. 疫情背景下高校"云课堂"在线教学相关问题的研究分析 [J]. 中国多媒体与网络教学学报（上旬刊），2020（6）：43-45.
[17] 高欣峰，喻忱，李爽. 大学生网络通识课学习投入调查研究——以青岛农业大学为例 [J]. 中国远程教育，2020（5）：38-53.

# 网络云课堂促进师生共成长

周 平①

**摘　要**：2020年的春天不同寻常，全民抗疫期间，网络云课堂为“停课不停学”提供了有效的保障。本文探索了提升网课教学效果的有效途径：综合利用多种途径和资源创建微课程，促进教学精益求精；通过线上线下的混合学习，促进学生的专业成长；组织学生对线上教学及时反馈，让教师对教学中出现的问题进行反思，促进教师专业能力的提升。

**关键词**：网络云课堂；线上线下混合学习；专业成长

2020年的春天，是一个不同寻常的时期。疫情的发展严重干扰了人们正常的生产和生活，但是无法阻挡全校师生渴望学习、努力上进的热情。为贯彻落实教育部《关于在疫情防控期间做好普通高等学校在线教学组织与管理工作的指导意见》要求，确保全校师生疫情期间“停课不停教、停课不停学”，聊城大学教师发展中心、教务处、教育科学学院在假期便已具体部署了关于超星网络平台、大学慕课平台、雨课堂等在线教学的培训。在经过全面的培训学习以后，通过比较，笔者选择了超星泛雅云课堂平台+QQ群辅助指导的方式实施远程线上专业教学。通过4周线上教学的开展，师生均已适应，并初见成效。

## 一、综合利用多种途径和资源创建微课程，促进教学精益求精

超星泛雅云课堂平台上拥有较为丰富的课程资源，可以利用资源包和自建课程的方式来实施线上教学。可以选择利用同步课堂、录制速课、直播等方式开展线上教学。可以通过发通知、消息、直播答疑、统计、管理等方式与学生沟通交流，了解学生学习的进程和困难。本学期，除了要承担毕业论文及教育实习等实践教学的任务之外，笔者还担任了本科生学前儿童社会教育、学前比较教育两门专业课程的教学工作。在超星平台上均未搜到相应成熟的课程资源包，因此两门课程都选择了自建课程的方式开展线上教学，同时通过各种途径搜集相关的课程资源，在平台和QQ群及时发送。

网络云课堂教学与现实的课堂教学有很大差异，笔者首先规划了学期教学单元计划，在实施过程中逐步分解落实。其次，制定了灵活可行的教学制度。由于网络平台使用人数过多，尤其是在周一周二的高峰时期，定时定点采用直播和同步课堂的计划很难实现，因此改用分解任务点和录制单元系列速课的方式开展线上教学，学生可以错开高峰时期，在早上、

① 作者简介：周平，聊城大学教育科学学院副教授。

晚上、中午或周末的时间反复观看学习，当周完成，每周末清零。最终，笔者根据实施的可行性，调整了原来的课程内容和实施计划，将原来 40～50 分钟的课堂教学分解成 10～15 分钟的微课，重新调整和修改了原来的课件，在原来的课程基础上打磨提炼、精益求精，制作了方便易行的单元系列微课，以促进网络教学的有效性。网络课程相关情况如图 1～图 7 所示。

**图 1　网络课程设置**

**图 2　网络课程章节内容（1）**　　**图 3　网络课程章节内容（2）**

**图 4　网络课程内容结构（1）**　　**图 5　网络课程内容结构（2）**

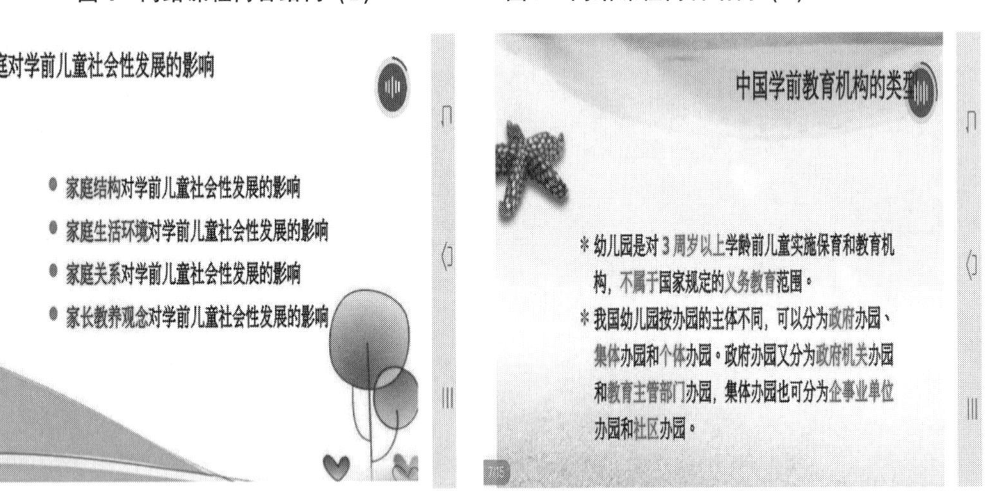


**图 6　速课截图（1）**　　**图 7　速课截图（2）**

## 二、线上线下混合学习，促进学生的专业成长

整个课堂教学的流程采取线上线下混合学习的方式，教师按照原定课程表时间更新课程、发放单元课时学习任务点和系列速课、布置思考和练习的作业，学生机动灵活开展学习；教师通过平台和 QQ 群通知、消息等方式集中答疑、指导，利用平台统计数据监督学生的学习进程，方便学生开展线上学习。因为部分学生家在偏远地区和农村，网络信息不太通畅，不能使用电脑上网，只能使用手机学习通来学习，手机端完成线上文本输入作业不太方便。因此，课程学习分为线上集中学习和线下自主学习两个部分，线上集中学习

任务点和系列速课，线下在纸质笔记本上完成每章思考与练习部分的作业；搜集案例分析，按要求设计教育活动，准备活动材料，录制虚拟教育活动视频。教师根据平台数据统计和发送的图片视频检查学生的学习情况，及时发送学习指导，通报学生学习进程，提出表扬和批评，监督学生的学习，保证疫情期间的教学质量，促进学生的专业成长。目前，绝大多数同学表示均已适应此种教学方式，线上学习效果较好。线上线下混合学习的图片如图 8 ~ 图 17 所示。

图 8　学生在上网课（1）

图 9　学生在上网课（2）

图 10　学生在上网课（3）

图 11　学生在上网课（4）

图 12　教师线上指导（1）

图 13　教师线上答疑

图 14　教师线上指导（2）

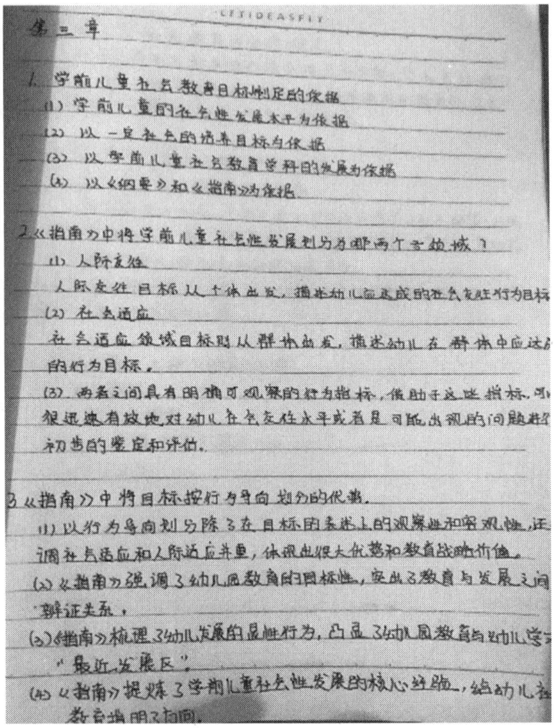

第三章

1. 学前儿童社会教育目标制定的依据
(1) 学前儿童的社会性发展水平为依据
(2) 以一定社会的培养目标为依据
(3) 以学前儿童社会教育学科的发展为依据
(4) 以《纲要》和《指南》为依据

2.《指南》中将学前儿童社会性发展划分为哪两个子领域？
(1) 人际交往
人际交往目标从个体出发，描述幼儿应达成的社会交往行为目标
(2) 社会适应
社会适应领域目标则从群体出发，描述幼儿在群体中应达成的行为目标。
(3) 两者之间具有明确可观察的行为指标，借助于这些指标，……促进教者有效地对幼儿社会交往水平或者是可能出现的问题进行初步的鉴定和评价。

3.《指南》中将目标按行为导向划分的优势
(1) 以行为导向划分除了在目标的表述上的观察性和客观性，还强调社会适应和人际适应并重，体现出很大优势和教育战略价值。
(2)《指南》强调了幼儿园教育的目标性，突出了教育与发展之间辩证关系，
(3)《指南》梳理了幼儿发展的显性行为，凸显了幼儿园教育与幼儿学习"最近发展区"。
(4)《指南》提炼了学前儿童社会性发展的核心经验，给幼儿社会教育指明了方向。

图 15　学生笔记作业截图（1）

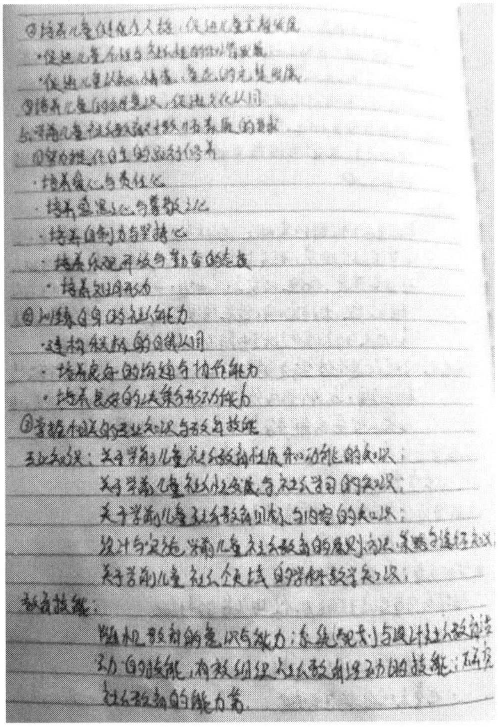

图 16　学生笔记作业截图（2）

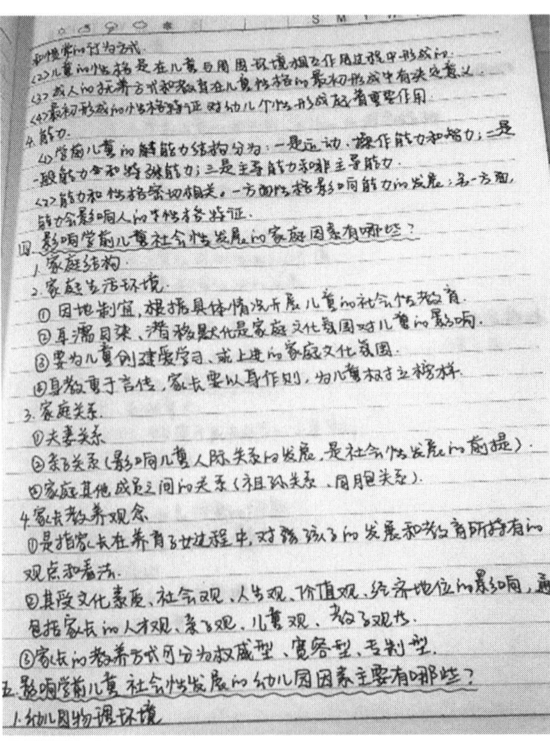

和模仿的行为方式。
<2>儿童的性格是在儿童与周围环境相互作用过程中形成的。
<3>成人的抚养方式和教育在儿童性格的最初形成中有决定意义。
<4>最初形成的性格特征对幼儿个性的形成起着重要作用。
4.能力
<1>学前儿童的能力结构分为：一是运动、操作能力和智力；二是一般能力和特殊能力；三是主导能力和非主导能力。
<2>能力和性格密切相关，一方面性格影响能力的发展；另一方面，能力会影响人的性格特征。
四.影响学前儿童社会性发展的家庭因素有哪些？
1.家庭结构
2.家庭生活环境
①因地制宜，根据具体情况开展儿童的社会性教育。
②耳濡目染，潜移默化是家庭文化氛围对儿童的影响。
③要为儿童创建爱学习、积极上进的家庭文化氛围。
④身教重于言传，家长要以身作则，为儿童树立榜样。
3.家庭关系
①夫妻关系
②亲子关系（影响儿童人际关系的发展，是社会性发展的前提）。
③家庭其他成员之间的关系（祖孙关系、同胞关系）。
4.家长教养观念
①是指家长在养育子女过程中，对孩子的发展和教育所持有的观点和看法。
②其受文化素质、社会观、人生观、价值观、经济地位的影响，通常包括家长的人才观、亲子观、儿童观、教子观等。
③家长的教养方式可分为权威型、宽容型、专制型。
五.影响学前儿童社会性发展的幼儿园因素主要有哪些？
1.幼儿园物理环境

图 17　学生笔记作业截图（3）

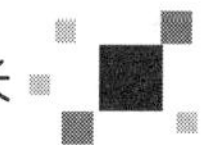

2018 级 8 班贺玉杰：三个星期前，我们开始了线上教学。这样我们即使在家中也不会耽误学习的进度。课程以速课的形式展示，可以随时暂停回放，使我们有充足的时间记笔记，也让我们在学习之余有足够的时间来放松，减缓眼睛的疲劳。我觉得上网课的最好的地方就是，我可以重复回去看几遍，这样就不会短时间学完就忘记了，对于某些知识点，我还可以调到不懂的地方再去看一遍，对我的学习很有帮助，这样也比自己先前自学的效果更好些。在这个特殊的时刻，即使我们不能相见，但在网络上的特殊学习，仍把我们相连。停课不停学，让我们为了自己心中的梦想一点点前进！

2016 级 3 班黄俊霖：周平老师的学前比较教育，就是我们通过超星 App 在线网络课堂进行学习的。在 App 上，周平老师上传了她上课的录音和课件，让我们既能够看到精美的 PPT，也能够听到她通俗易懂的讲解，让我们很快明白这节课所要掌握的重点和难点。课程的设置循序渐进，按照难易程度不断加深，让我们能够更好、更快地吸收学前儿童比较教育的知识点，能够让我们对本专业所学的知识更充分地进行完善和补充。网络课堂的在线学习，打破了之前必须在教室面授的上课方式，能够给我们的学习和生活带来极大的便利，特别是在疫情期间，在大家足不出户的情况下，我们通过网络通过手机就能够进行学习和提问。这样，既能够让我们按照原计划进行学习，也能够让我们在家里补充自己的学识，开阔自己的视野，拓展我们的知识面。

## 三、及时反馈与反思，促进教师专业能力提升

网络云课堂教学的使用，不仅促进了学生的专业成长，也在很大程度上促进了教师专业能力的提升。现实的课堂教学中，虽然教师对每节课都做了认真准备，但是教学过程中教师的教学行为都是随机的，没有记录和反馈，因此教学反思的针对性和精细度达不到完美的要求。最初，笔者对线上教学还是不太熟悉的，虽然参加过一些关于慕课、翻转课堂的培训，但是没有亲身实践的经历。利用这次网上教学培训的契机，笔者系统掌握了关于网上教学的理论知识和技能，并且初试牛刀，在自己任教的专业课程教学中得以及时的实践应用，巩固了学习的知识技能，提升了自身的专业教学能力。

超星泛雅云课堂平台的使用，能够将课堂教学的过程及结果即时记录和反馈，使老师能够及时监控到自己教学行为的全过程，比如在速课录制的过程中，教师平时上课注意不到的一些语言表达方面的缺点如口头禅，以及知识点讲解是否清晰和简要等都能得到详尽全面的反馈，能够使教师及时发现自己教学过程中存在的问题，进而在反思中改进自己的教学方式，提升教学质量。

网上教学的过程有苦也有甜。最初笔者对超星网络教学平台的使用并不熟练，在课程准备过程中操作上存在一些失误，录制的课程不能得到及时的保存。自己的言语行为比如音高、语速、停顿等也需要在一遍遍录制、修改的过程中逐渐打磨，才能达到较为理想的效果。再加上网络平台使用人数过多，曾一度出现瘫痪的状态，所以感觉很不方便。最初一个单元的课程，有的微课在录制了 20 多遍后才达到较为满意的效果。开学最初两周的课程准备，修订好了微课的课件，因白天平台使用量过大，速课制作困难，只能等到夜里 2 点钟或者早晨 5 点钟才能较为流畅地录制好系列速课，还要承受是否扰民会接到投诉电话的压力。但是看到同学们没有因为疫情而耽误自己的学习，心里还是有一些安慰和喜悦的。经过 3 周的网络课堂教学试验，笔者已经完全适应了这种网络课堂教学的方式，教学效率和质量都得

到了很大的改善，确实感觉自己扎实学到了很多的东西，专业教学能力得到了很大的提升，与学生获得了同步的成长。

## 参考文献


[1] 教育部. 关于在疫情防控期间做好普通高等学校在线教学组织与管理工作的指导意见[EB/OL].(2020-02-05)[2020-02-16]http://www.jyb.cn/rmtzcg/xwy/wzxw/202002/t20200205_291772.html.

[2] 山东省教育厅新型冠状病毒感染的肺炎疫情防控工作领导小组. 关于做好疫情防控期间普通高等学校教学组织与管理工作的通知[EB/OL].(2020-01-30)[2020-02-16]http://edu.shandong.gov.cn/art/2020/1/30/art_11990_8767450.html.

[3] 赵国栋，赵兴祥. PPT 云课堂教学法［M］. 北京：北京大学出版社，2018.

# 疫情期间基于MOOC的机械设计课程教学实践与体会[①]

郭安福　包春江　王　敏　惠鸿忠[②]

**摘　要：**根据疫情期间本科课程的实际情况和特点，本文对机械类专业课程机械设计疫情期间的做法进行了介绍和总结。首先课程以学生为中心，采用“MOOC+SPOC+翻转课堂+课堂直播”教学方法，提出了“四点五步混合式”教学策略。其次，将课程思政元素融入课程之中，实现了溶盐于汤，立德树人。最后，将课程内容与学科竞赛有机结合，实现了课程的学赛并行，顶天立地。实践证明，这种上课方法，提高了学生的学习积极性，保证了教学质量。

**关键词：**翻转课堂；慕课；课程思政；机械设计

为贯彻落实教育部和山东省教育厅应对新型冠状病毒防控期间在线教学组织和管理相关文件精神，推进“停课不停教、停课不停学”，机械设计课程本学期充分利用在线课程资源，利用互联网开展教学内容改革和教学模式创新。具体做法和体会总结如下：

## 一、基本情况

机械设计课程从2018年开始进行在线课程的建设，并进行线上线下混合式教学的实践工作。经过两年多的努力，课程目前已在智慧树、学银在线、优学院3个平台上在线运行，目前已顺利运行3期，有全国19所高校的2 411人次选课学习，累计互动次数7 643次。该课程已获批2019年山东省线上线下混合式教学一流课程。本学期的授课班级是2018级车辆工程专业的61名学生。

---

① 基金项目：教育部高等学校“专业综合改革试点”项目（项目编号：ZG0294）、山东省本科高校教学改革重点项目（项目编号：Z2016Z028）、聊城大学金课建设项目（项目编号：J201926）

② 作者简介：郭安福，聊城大学机械与汽车工程学院副教授；包春江，聊城大学机械与汽车工程学院院长，教授；王敏，聊城大学教务处科员；惠鸿忠，聊城大学教务处副处长，教授。

## 二、课程特色与创新

### 1. “MOOC+SPOC+翻转课堂+课堂直播”教学方法

本课程是机械类专业基础课，是研究机器和机构共性理论与设计方法的学科，具有很强的实践性。针对这一特点，课程采用了“MOOC+SPOC+翻转课堂+课堂直播”的教学方法，选用国家一流线上课程作为 MOOC 资源，利用智慧树平台建立校内 SPOC 课程，采用智慧树翻转课堂工具、腾讯课堂、微信群、QQ 群等现代信息工具重组了课程内容。

### 2. “四点五步混合式”教学过程

课程采用“四点五步混合式”教学过程，“四点”具体解释为：第一点课程教学目标设计、第二点教学方案设计、第三点网络教学平台建设、第四点教学策略设计。“五步”具体解释为：第一步开课前教学策略、第二步上课前教学策略、第三步上课中教学策略、第四步下课后教学策略、第五步结课后教学策略。具体过程如下：

第一步，开课前教学策略。

本课程实践很强，寒假前课程表出来后，教师召集班长利用智慧树平台建立了校内的 SPOC 的翻转课程，组织全体同学加入，如图 1 所示。在班级内布置了开课前的寒假作业。作业内容是：让同学们利用假期时间拆解一些设备，增强对机构的理解，如图 2 所示。作业结果表明：学生们对这项实践作业非常感兴趣，都很好地完成了作业，为课程的顺利开展提供了实践准备，如图 3 所示。

图 1　SPOC 翻转课堂

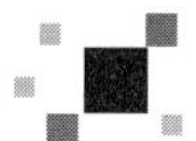

返回　　作业详情　作业批阅　作业分析

**2019-2020学年第二学期机械原理课程课前作业(5分)**

截止时间：2020.02.21 23:00　允许迟交　9条评论

请同学们利用寒假假期时间拆装生活中常见的设备，假期后上交材料包括:1本人与拆装设备前的合影照片，2.本人拆装过程的照片。

郭安福创建于 1月8日

**作业评论（9）**

徐贞　回复　郭安福　2月9日

好的谢谢老师。

回复

郭安福　老师　2月8日

有完成作业的同学可以发上来看看

回复

郭安福　老师　回复　徐贞　2月8日

可以选择大件试试

回复

徐贞　2月7日

老师，家里台式电脑主机的那个主板用的很小的螺丝。家里这边五金店没有这么小的螺丝刀咋整？

回复

韩明远　回复　郭安福　2月4日

好的老师

回复

郭安福　老师　回复　韩明远　2月4日

在家没事，建议拆个大件，三轮车，汽车，缝纫机等

回复

**图 2　寒假课前实践作业**

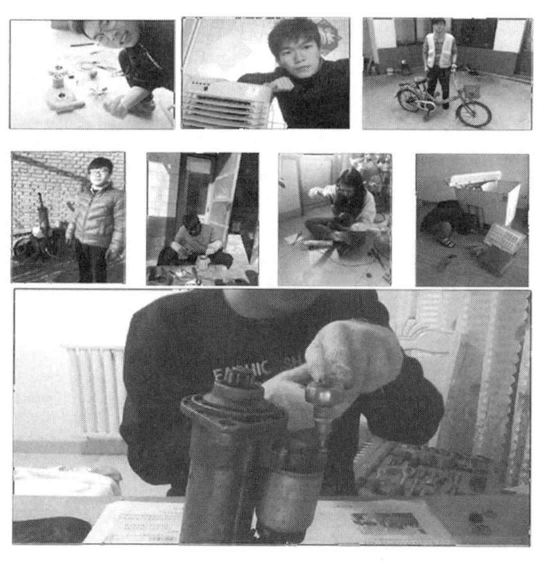

**图 3　寒假期间学生在家拆解设备**

第二步，上课前教学策略。

根据这学期的教学计划，结合课程的教学内容，教师课前进行充分的教学设计，包括教学内容重组、教学方法实施、教学工具调试等。在智慧树翻转课堂中提前给学生发布学习任务和作业测试任务，如图 4、图 5 所示。

图 4 学习任务

图 5 作业和测试

第三步，上课中教学策略。

课中采用课堂直播和线上自学相结合的方式。

对于认知性的知识点，采用学生线上自主学习的方式，如课程绪论部分、各单元概述部分，组织学生线上自主学习，查阅相关文献，完成作业任务。

对于理论性比较强的知识点，采用课堂直播的方式，师生一起完成共享课里面的学习任务。课堂直播选择腾讯课堂和智慧树翻转课堂相结合的方式。这两个软件在直播时形成非常好的直播互补。上课期间充分利用现代化的信息工具，采用签到、答疑、投票、头脑风暴等方法实现课堂互动，如图 6 ~ 图 9 所示。

图 6　在线直播

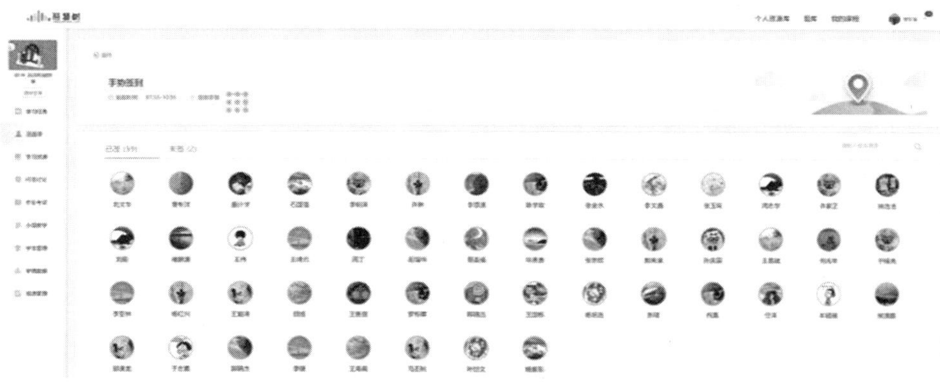

图 7　课堂签到

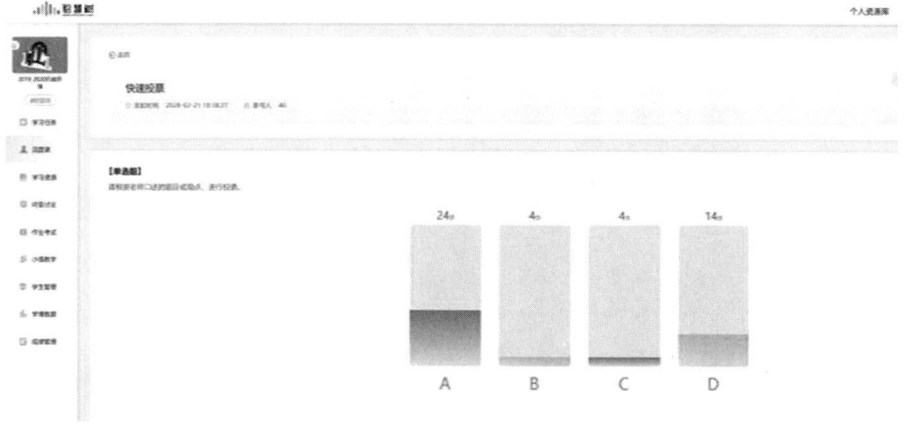


图 8　课堂投票

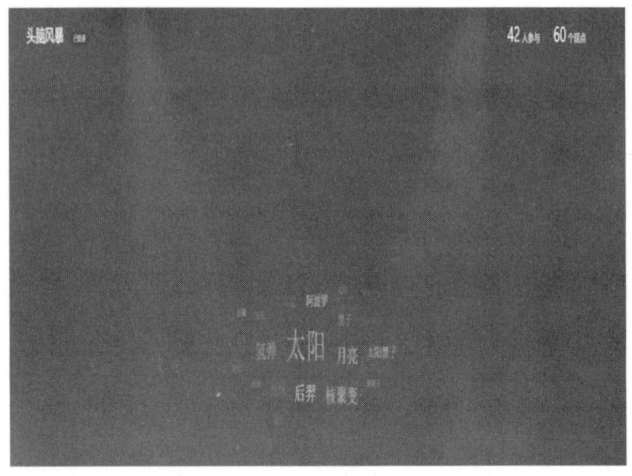


图 9　头脑风暴

第四步，下课后教学策略。

为了保证在线教学的教学质量，重点做好课堂的学习效果，措施有两个。一是让学生直播课结束后一个小时内，把当堂课程的课堂笔记发到平台上，避免了部分学生课后抄别人笔记的情况，如图 10 所示。二是让学生把当堂课程学习时的本人照片也作为作业的一部分，在课程直播结束后的一个小时内提交，如图 11 所示。

图 10　学生的随堂笔记

针对有疑问的知识点，学生可以在班级群里或者微信群里提出，学生或者老师都可以进行答疑，实现了课程的全方位互动，如图 12 所示。

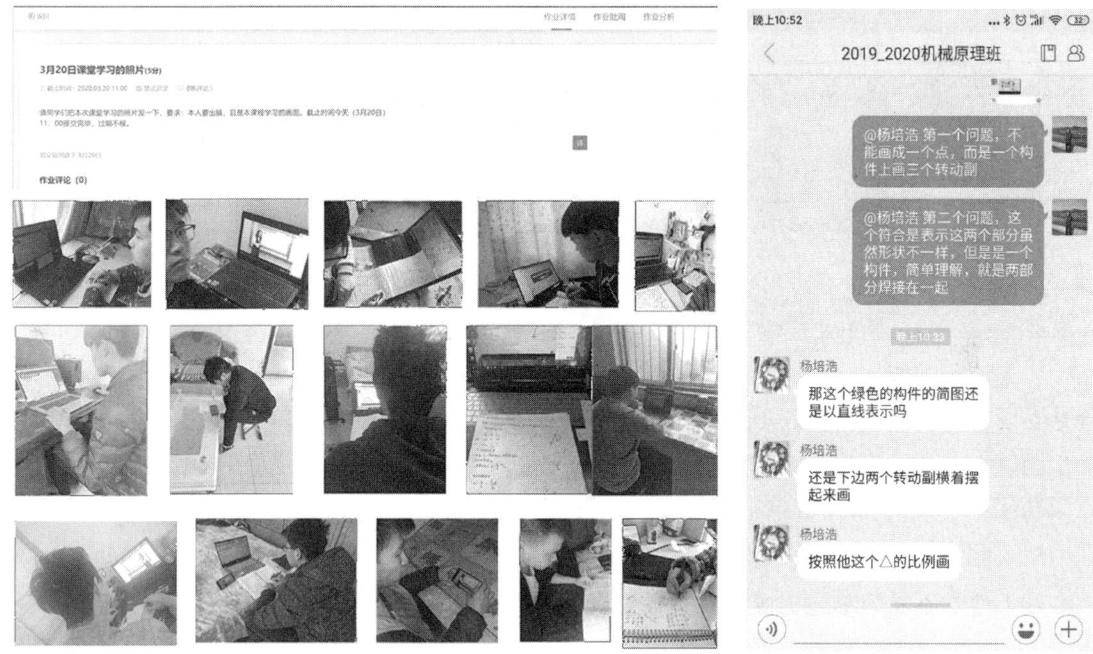


**图 11　学生在线课堂学习**　　**图 12　课后答疑**

第五步，结课后教学策略。

为了提高和改进教学方法，做到课程的闭环反馈。结课后教师都会组织全班同学进行课后讨论，交流课程学习过程中的体会和建议。这种做法对进一步完善课程体系有很好的作用。

3. 溶盐于汤，立德树人

从 2016 年 12 月 7 日召开的全国高校思想政治工作会议开始，到 2020 年 2 月教育部高等教育司发布的《2020 年工作要点》，都高度重视课程思政和“全员、全程、全方位”——三全育人理念的重要地位。

在这方面，笔者结合课程特点，课程中融入大国重器、科技强国、新型冠状病毒的科学防疫、国家政府的联防联控机制、白衣天使的责任担当等思政元素，如图 13 所示。这些思政元素的加入有助于培养学生的担当意识，彰显了特殊时期的“家国情怀”，实现了课程思政的溶盐于汤，润物无声，守好了自己的一段渠，种好了自己的责任田。

**图 13　课程思政元素**

**图 13　课程思政元素（续）**

4. 学赛并行，顶天立地

在本课程学习的同时，教师会布置一些符合学科竞赛主题的作业和题目，引导组织学生参加全国机械产品创新设计大赛、挑战杯、创青春、互联网+等学科竞赛项目。近几年来，学生团队在“挑战杯”“创青春”“互联网+”等赛事取得了突破，共获得国家级奖 10 项，省级获奖 47 项，直接受益学生 180 人，如图 14 所示。

5. 学生中心，成果导向

线上教学不是简单地把线下课程搬到线上，需要教师利用现代互联网技术，在学情分析的基础上，研究课程体系，重组教学内容，改变教学方法。本课程以学生为中心，贯彻成果导向，为了达到专业认证的要求，每次课程都可以回看，上课数据全程留存，并归类整理好，如图 15 所示。

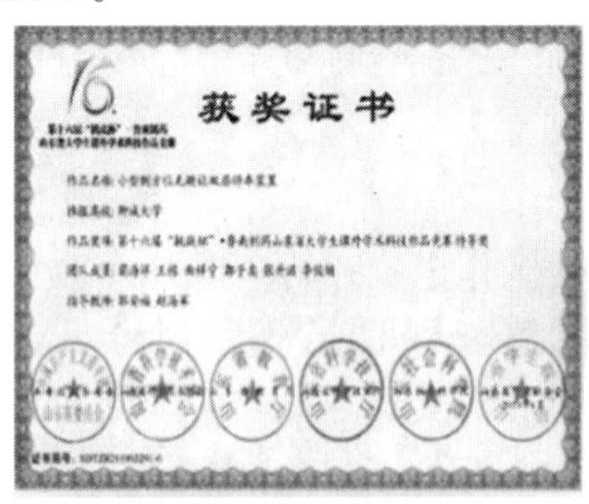
获奖证书

获奖证书

获奖证书
铜奖

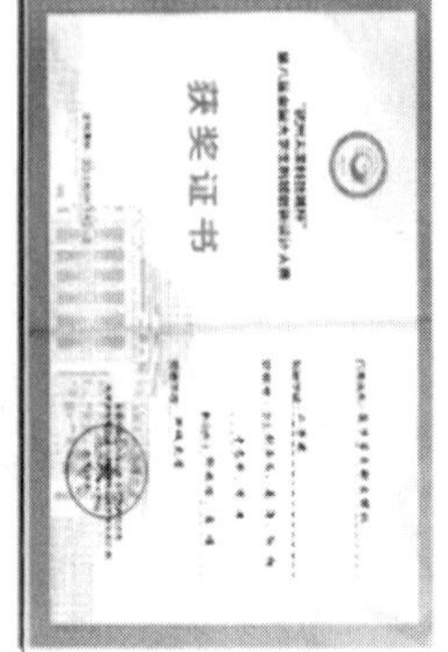
获奖证书

全国三维数字化创新设计大赛
龙鼎奖

**图 14　学科竞赛获奖证书**

腾讯课堂

首页 › 历史课程　　全部考勤记录

| 课程序号 | 授课内容 | 授课时间 | 授课时长 | 操作 |
|---|---|---|---|---|
| 14 | 5月6日凸轮机构的力学特性 | 2020-05-06 09:48 | 129分钟 | 考勤 查看 分享 |
| 13 | 4月29日凸轮机构的应用、运动规律设计 | 2020-04-29 09:44 | 133分钟 | 考勤 查看 分享 |
| 12 | 4月22日平面四杆机构的设计 | 2020-04-22 09:44 | 128分钟 | 考勤 查看 分享 |
| 11 | 4月17日平面四杆机构的特性3 | 2020-04-17 07:54 | 125分钟 | 考勤 查看 分享 |
| 10 | 4月15日平面四杆机构的特性 | 2020-04-15 09:44 | 134分钟 | 考勤 查看 分享 |
| 9 | 4月8日连杆机构的概述、类型及演化 | 2020-04-08 09:39 | 137分钟 | 考勤 查看 分享 |
| 8 | 4月3日机械的效率和自锁 | 2020-04-03 07:45 | 36分钟 | 考勤 查看 分享 |

1 2

**图 15　课堂记录**

6. 课程考核过程化

课程成绩由线上课程成绩和课堂成绩组成，把学习过程、互动次数、单元测试、随堂考试纳入课程考核体系中，实现了考核方式从单一性到过程性的转变。在这个措施的刺激下，学生完成课堂作业和单元测试都很认真，且成绩比较好。

## 三、结论

疫情期间的线上教学方法对于师生来讲都是一种全新的挑战，本文总结了疫情期间机械设计课程的创新做法，主要结论如下：

（1）课程坚持以学生为中心，以成果为导向，采用“MOOC+SPOC+翻转课堂+课堂直播”教学方法，提出了“四点五步混合式”教学策略。

（2）将课程思政元素有机地融入课程之中，实现了溶盐于汤、立德树人。

（3）将课程内容与学科竞赛有机结合，实现了专业课程的学赛并行，顶天立地。

（4）实践证明，这种上课方法，提高了学生的学习积极性，保证了教学质量。只要学校、师生多方共同努力、不忘初心、相互配合，一定会取得好的成绩。

## 参考文献

[1] 刘晓玲，王德祥，崔金磊．机械设计课程学情调查及对策［J］．中国冶金教育，2019（6）：10-12.

[2] 李井清，苏江丽．“六步一翻转”教学模式设计研究——以“发动机机械维修”课程为例［J］．工业和信息化教育，2019（11）：46-50.

[3] 夏勇．机械基础在汽车专业教学中的改革与实践［J］．南方农机，2019，50（20）：87.

[4] 张德珍．信息化技术在机械设计课程中的创新应用［J］．科技视界，2018（34）：8-9.

[5] 邱宝梅，郑太雄．机械原理翻转课堂教学模式的探讨［J］．教育教学论坛，2018（48）：143-144.

# 疫情时期大学英语线上教学思考

李　坤[①]

**摘　要：**在线教学在疫情时期必不可少，发挥了重要作用。本文通过2020年上半年的教学实践，考察多媒体技术与网络文化背景下在线教学的教学方式与特点，探寻提高学生线上自主学习能力、保证教学效果的有效发展路径。

**关键词：**大学英语；线上教学；自主学习能力；发展路径

## 一、疫情时期的线上教学

在线教学方式是依托在线教学环境支持，由教师和学生共同参与的系统化教学活动集合。2020年年初突发的疫情使得各高校2020年春夏学期的教学模式与以往相比有很大的不同，线下教学模式转变为线上教学模式，在线教学也由原先的辅助教学手段改变为特定时期的主导学习模式。教育部2020年年初发布了利用网络平台"停课不停学"的号召，在保证不停学的前提下，要求各校有序有效地开展教学工作。

学习环境发生变换，在宽松的家庭环境下，学生能否做到线下自主学习以及教师能否起到原有的参与和引领作用？教学模式发生改变，失去了传统课堂面对面的教育方式，学生能否保证自主学习效果，教师能否确保教学的有效性？因此，如何增强学生在参与在线教学时的学习自主性的问题凸显出来。在此，笔者以2020年2—7月期间的线上英语教学实践为中心，考察在互联网多媒体技术与网络文化背景下的课堂在线模式的过程、特点及效果，以期通过网络课程学习，探究提高学生线上自主学习能力、保证教学有效性的发展路径。

## 二、大学英语线上教学实践

在线教学原本是课堂教学物理空间的延展，是一种辅助的教学手段。然而在疫情期间，网络教学成为一种必不可少的教学手段。以2020年春夏学期为例，2019级的5个教学班的工作依托互联网多媒体技术有序开展，切实践行了教育部和学校"停课不停学"的号召，也通过网络在线学习的实践，提升了学生们的自主学习能力、保证了教学质量。

1. 课程有序进行，依托网络保证效果

（1）2020年春夏学期的教学设计依据学期之初的教学安排有序进行（见表1），讲授新标

---

① 作者简介：李坤，聊城大学外国语学院讲师。

准大学英语（二）课程，每两周学习一个单元，包括 Active reading A、Active reading B 和 Reading across culture 3 篇文章。囿于线上教学的局限性，为保证教学效果，学生通过线下预习+线上学习相结合的方式获取所学知识；同时为了解学生的掌握情况，教师采用作业巩固+测试强化+线下辅导的方式进行教学检测，并通过小组活动+小组互助的方式激发学生的学习兴趣。

**表 1　2020 年春夏学期教学安排**

| 教学周 | 精读课文 | 作业形式 | 视听说课 |
|---|---|---|---|
| 1～2 | *Sporting life* | 课文问题论述 | Unit 1 |
| 3～4 | *Time off* | 习作 | Unit 2 |
| 5～6 | *The secret life of science* | 词汇同义替换练习、翻译 | Unit 3 |
| 7～8 | *Have you got what it takes?* | 听力一篇/组句练习/测试 | Unit 4 |
| 9～10 | *College culture* | 四级翻译真题 | Unit 5 |

（2）教学手段多样，指导学生统筹学习资源。教师指导学生有效利用 Unipus 高校外语教学平台、外研社慕课、学习通、新标准大学英语微课等线上资源和学校网络平台，为学生线下线上学习提供教学支持，全面帮助学生掌握所学知识。鉴于学生在家，没有课本辅助，每次课前需上传 txt 文档打印课文，登录 Unipus 和学习通进行课前预习。Unipus 提供课文讲解与翻译、难点和重点点拨，在预习过程中，学生须先完成 Unipus 上的随堂练习。教师通过学习通发布每周的学习计划，上传课件、课文音频和拓展视频，并布置作业。每周上课打卡，将互联网作为一种创新元素，深度融入教育活动的各个环节之中。在这种线上英语教学中，教师作为引导者组织学习活动，学生从被动听课，变为主动学习。为了方便教学，网上学习通的课程学习选用了与传统课堂教学较一致的学习步骤，依次为：warming-up，vocabulary and expressions，text analysis，difficult sentences，language in use，further information，fun time 等环节，环环相扣。慕课则采用外研社 Unipus 的课文讲座，经过每堂课语言点的学习和英汉互译技巧的训练，帮助学生夯实英语基本功。新标准大学英语微课，则聚焦课文的背景知识延伸拓展，拓宽学生的知识面，培养其创新思维能力。学习通的学习情况如图 1～图 5 所示。

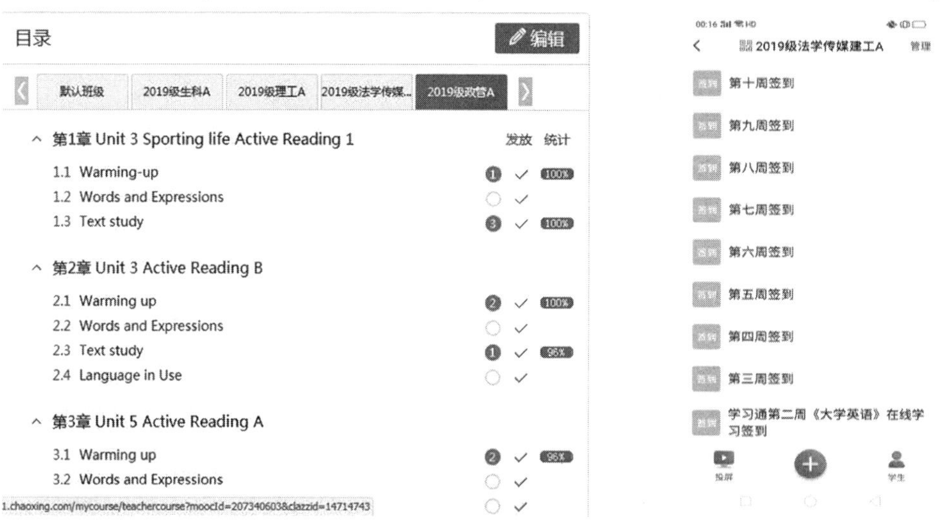


图 1　学习通课程设置和签到情况

图 2　学习通上线学习情况

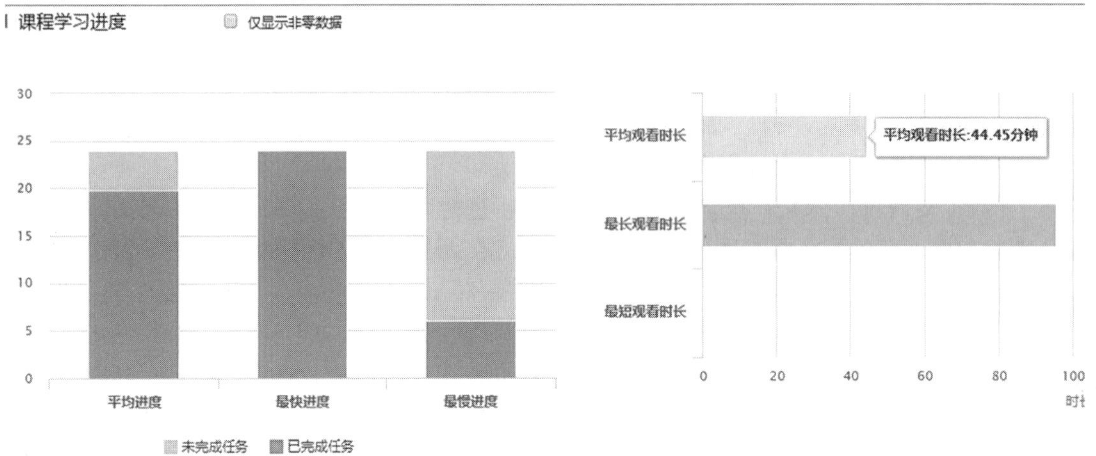


图 3　学习通任务完成情况

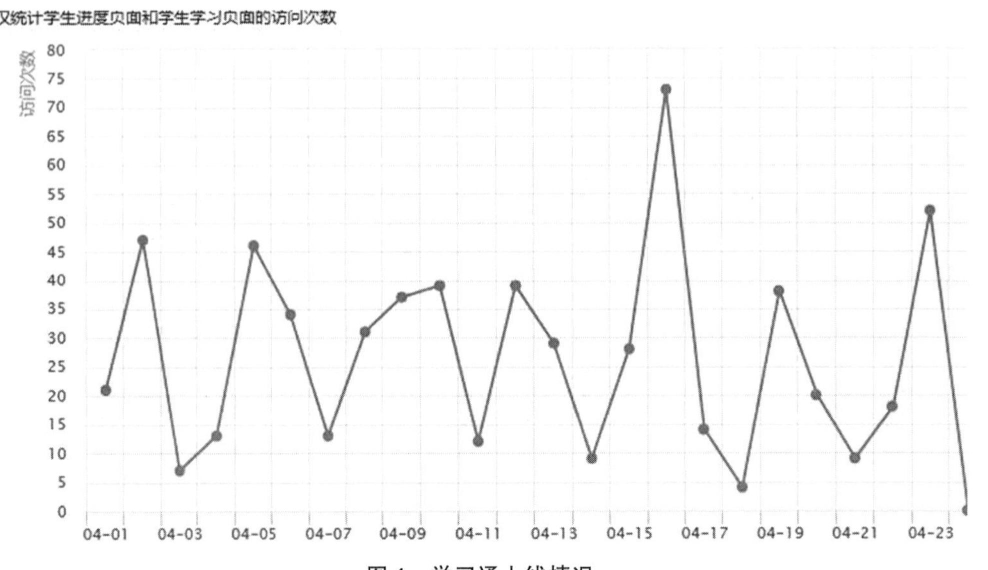


图 4　学习通上线情况

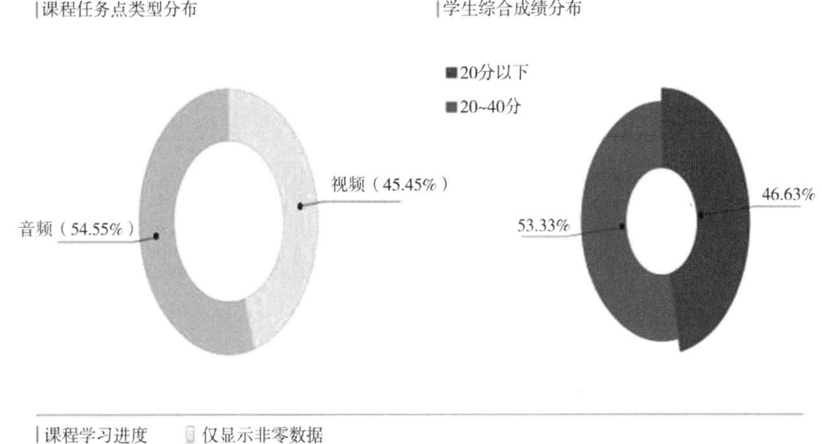


**图 5　学习通任务点分配情况**

线上教学具有及时性、动态性和跨时空性的特点，教师可以及时了解学生的学习进度、完成度、易错点，并根据以上情况随时调整教学方向。通过学习通的各项指标，可以看到学生上线和学习任务完成情况较好。除了线上课程所必要的教学方式外，还有辅助教学手段：配套外研随身听 App，收听每个单元所有课文及词汇音频。每课学习完成后，配合随身听，再进行课文内容巩固，加强听力口语练习。同时利用词达人 App 对四、六级词汇进行专项强化练习，每周学习 36 个单词并完成测试，一学一测，保证了单词背诵频次和学习效果。外研随身听和词达人 App 如图 6 所示。

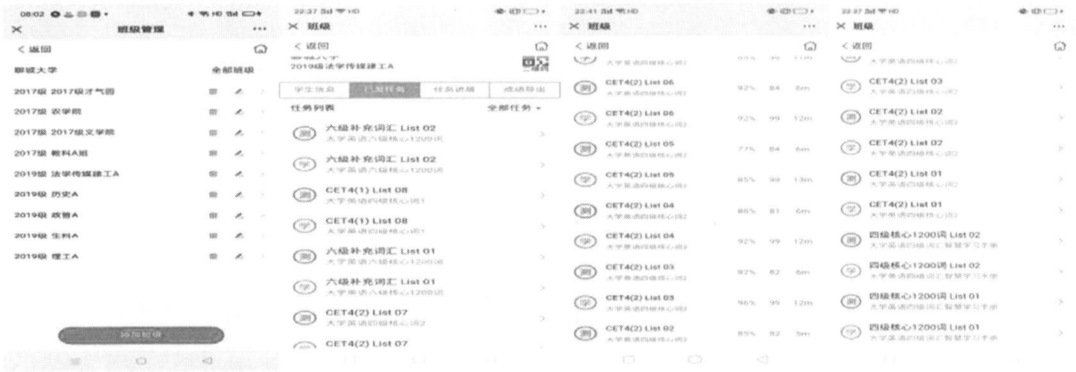

**图 6　外研随身听和词达人 App**

2. 多手段考核保证效果，网络答疑随时随地

线上教学的效果需通过多种手段强化，如通过作业、测试、背诵等方式帮助学生巩固提高。利用批改网（如图 7 所示）、学习通（如图 8 所示）、Unipus 交替布置作业，设计听、说、读、译各种作业方式，进行技能环节的考查，检验学习成效。“教师、学生、教学平台是目标一致的整体，通过学生参与和教师引导协作共建，形成合力”（岳莉），通过多种方式的有效融合，促进了学生学习能力的提升。QQ 答疑如图 9 所示。

题目: Unit 3 课文问题回答

班级: 2019法学传媒建工A（61人） 2019政管A（30人）
2019历史A（30人） 2019理工A（30人）
2019生科A（30人）
指定班级后，未被选中的班级里的学生将无法答题(不指定班级不限制学生答题，适合用来考试或比赛)，班级管理
更多

要求:
1. Does the passage alter your view of football ?
2. What do you think is most important in playing sport , winning or something else?

题目: 英语四级翻译真题

班级: 2019法学传媒建工A（61人） 2019政管A（30人）
2019历史A（30人） 2019理工A（30人）
2019生科A（30人）
指定班级后，未被选中的班级里的学生将无法答题(不指定班级不限制学生答题，适合用来考试或比赛)，班级管理

原文: 中国的家庭观念与其文化传统有关。和睦的大家庭曾非常令人羡慕。过去四代同堂并不少见。由于这个传统，许多年轻人婚后继续与父母同住。今天，这个传统正在改变。随着住房条件的改善，越来越多年轻夫妇选择与父母分开住。但他们之间的联系依然很密切。许多老年人仍然帮着照看孙辈。年轻夫妇也抽时间探望父母，特别是在春节和中秋节等重要节日。

题目: The role of luck in success

班级: 2019法学传媒建工A（61人） 2019政管A（30人）
2019历史A（30人） 2019理工A（30人）
2019生科A（30人）
指定班级后，未被选中的班级里的学生将无法答题(不指定班级不限制学生答题，适合用来考试或比赛)，班级管理
更多

要求: Read the following proverbs related to luck. Do you agree or disagree with these quotations? You are required to write a composition on the topic The role of luck in success and explain your idea by using specific reasons and examples.

The power of fortune is confessed only by the miserable; for the happy impute all their success to prudence and merit. — Jonathan Swift只有不幸的人才承认运气的力量，因为幸运者把他们的成功归之于谨慎和功绩。—乔纳森·斯威夫特

Shallow men believe in luck...Strong men believe in cause and effect. —Emerson

浅薄的人相信运气，坚强的人相信因果关系。—爱默生

Diligence is the mother of good luck. —Benjamin Franklin

勤劳是好运之母。—本杰明·富兰克林

Throw a lucky man into the sea, and he will come up with a fish in his

图7 批改网作业界面

大学英语（一）课程门户

首页 活动 统计 资料 通知 作业 考试 讨论 管

课程资料 | 题库 | 作业库 | 试卷库 |

添加目录 新建作业 导出全部 导入作业

| 序号 | 作业标题 | 创建者 | 创建时间 | 操作 |
|---|---|---|---|---|
| 1 | U1_Exercise | 李坤 | 2020-04-19 20:04 | 发布 |
| 3 | U5_2Exercises | 李坤 | 2020-03-08 16:20 | 发布 |
| 4 | U5_1Exercises | 李坤 | 2020-03-01 11:54 | 发布 |

2020-03-01 12:44 发送给：30人 已交：28人 待批阅：0人 待重做：1人 未提

| 学号/工号 | 学校 | 状态 | 提交时间 | IP | 批阅时间 | 批阅人 | 批阅ip | 成绩 |
|---|---|---|---|---|---|---|---|---|
| 2019204503 | | 完成 | 2020-03-01 14:48 | 223.104.188.148 | 2020-04-23 23:20 | 李坤 | 119.178.102.163 | 95 |
| 2019204414 | | 完成 | 2020-03-01 14:49 | 117.132.45.17 | 2020-04-23 23:21 | 李坤 | 119.178.102.163 | 95 |
| 2019204418 | | 完成 | 2020-03-03 15:07 | 112.243.230.194 | 2020-04-23 23:22 | 李坤 | 119.178.102.163 | 95 |
| 2019204413 | | 完成 | 2020-03-01 16:00 | 153.118.115.32 | 2020-04-23 23:25 | 李坤 | 119.178.102.163 | 90 |
| 2019204435 | | 完成 | 2020-03-10 20:26 | 39.80.127.250 | 2020-04-23 23:27 | 李坤 | 119.178.102.163 | 95 |
| 2019204482 | | 完成 | 2020-03-03 16:04 | 120.192.11.98 | 2020-04-23 23:29 | 李坤 | 119.178.102.163 | 100 |
| 2019204403 | | 完成 | 2020-03-08 16:48 | 112.38.107.184 | 2020-04-23 23:30 | 李坤 | 119.178.102.163 | 95 |
| 2019204656 | | 完成 | 2020-03-08 21:57 | 27.199.65.165 | 2020-04-23 23:30 | 李坤 | 119.178.102.163 | 95 |
| 2019204473 | | 完成 | 2020-03-08 | 124.133.133.41 | 2020-04-23 | 李坤 | 119.178.102.16 | 95 |

图 8　学习通作业界面及批阅情况

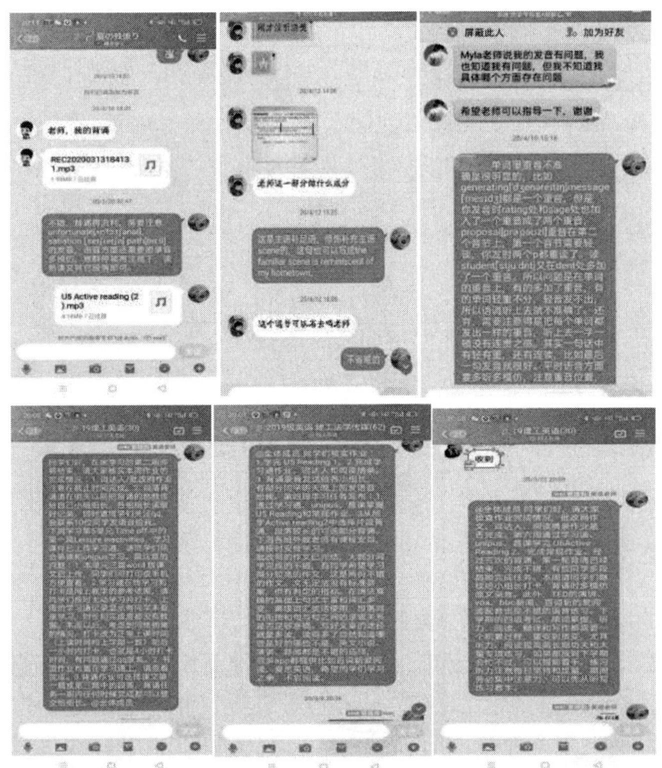


图 9　QQ 答疑

在线上教学过程中，教师针对学生中出现的各种学习问题进行在线答疑，是解决各种课堂问题的有效途径。学生完成书面作业后，教师会有针对性地给予指导与点评，解决学生在作业中出现的问题。一般情况下，学生除了书面作业外，还须背诵每篇课文的指定段落，这样既加深了学生对课文学习的深度掌握，又锻炼他们的口头表达能力。为了保证背诵效果，落实背诵情况，将组长负责制与教师检查制情况互相结合，有效加强了师生之间的交流互动。每周，教师会在每个班级依序抽查10名同学的背诵情况，并对其中存在的问题做出有针对性的指导。其余同学则每周通过向组长递交背诵的视频音频，确保背诵作业的完成。通过一学期的背诵考核，笔者所教5个班的所有同学都按时高质量完成了任务。

3. 课外拓展竞赛争先　人文培养毫不松懈

教育部刊发的《大学英语教学指南》，在课程性质部分明确规定了“大学英语课程是高等人文教育的一部分，兼有工具性和人文性双重性质”。大学阶段的英语学习，除了提升5项英语能力外，还需要培养学生的综合文化素养和爱国奋进的文化人文精神，这在线上教学中同样必不可少。注重跨文化教育、培养跨文化交际能力和注重综合素质的培养是人文性教育的应有之义。教师需要不断创新在线教学设计方案，每周推荐课外素材比如四级真题听力、四级翻译专项讲座等，旨在夯实学生听、说、读、写、译的学习能力。此外，教师还将具有人文内涵的课程外资料合理有机地融入教学内容当中，如BBC中国故事纪录片、英文版《你好中国》、“英语教学与研究”公众号的“中国传统文化翻译”专题、其他相关汉译英训练等，有效扩展学生知识面，促进学生综合素质的发展。同时，教师还积极鼓励指导学生参加山东省疫情英语写作大赛、2020山东省词汇大赛和批改网百万同题作文大赛，做到以赛促学，如图10所示。

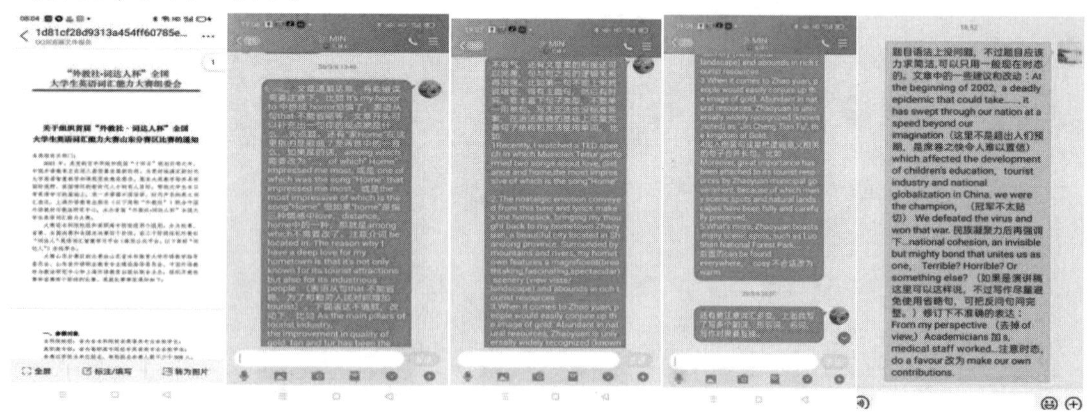

**图10　竞赛辅导**

## 三、线上教学之思考

通过疫情时期的线上大学英语教学实践，笔者如以下发现：

首先，相较课堂面对面的授课方式，线上学习任务需要更加具体和明确的方案。对于所需要掌握的语言点、课文中的难点、必要的文化知识拓展都应条目明晰地在单元学习之初的第一时间布置下去，让学生有充分的时间预习、查找资料、完成有效学习。

其次，任务可依班而设、不一而同。在知识延伸拓展领域可以依专业而定，选择与其专业匹配度更接近的话题，一来可以提高学生的学习兴趣，有话可说、有话要说，有话想说，利用已有的学科知识去提升英语能力，提高学生的学习积极性。二是可以深化英语教学与专业学习的契合度。学生通过网络学习，积极搜集、整理和分析相关专业知识，增强了对相关专业知识的进一步认识和了解，同时也提升了自主学习能力。

最后，有效的监督和检查，灵活的检验手段乃是检验学生学习效果所必须的。例如尽管每周教师都及时发布了教学任务，但学生的完成度情况仍各不相同。针对这个问题，须对落实学生完成情况有没有到位进行后续核查。比如学习任务单下达后，学生是否逐项完成、完成度如何、完成效果如何，这些都是后续核查的任务。教师可根据任务的不同，设置不同的检查手段。

由此可见，线下学习任务既需教师课前认真思考、周密布置，也需因班制宜、灵活多变、有序推进，通过有效检查得以落实，有效促进学生自主学习能力的提高，确保教学的有效性。同时，在“停课不停学”线上教学的中后期要“自下而上，及时推动从注重学生学习到注重教师学习”（杨金勇），实现线上、线下教学的有机衔接，以尽快回归到正常的学校教育之中。

## 参考文献

[1] 刘璐. 从疫情期大学英语视听说网络授课看在线教学 [J]. 考试与评价（大学英语教研版），2020（2）：69-71.

[2] 魏珺. 疫情防控期间基于网络直播的大学英语混合式教学模式反思 [J]. 齐鲁师范学院学报，2020（6）：58-64.

[3] 许超，林侃. 疫情下的大学英语网课教学探究及实践 [J]. 浙江工贸职业技术学院学报，2021（1）：24-28.

[4] 谢幼如，邱艺，黄瑜玲，王芹磊. 疫情防控期间“停课不停学”在线教学方式的特征、问题与创新 [J]. 电化教育研究，2020（3）：20-28.

[5] 杨金勇. 把握资源开放机遇，推动从学生学习到教师学习 [J]. 中国电化教育，2020（4）：29-31.

[6] 岳莉，许宗瑞. 疫情防控期间大学英语线上教学探究 [J]. 宿州教育学院学报，2021（3）：61-65.

# 也论疫情期间在线学习的文化自觉与个人学养提升

## ——以 2018 级音乐学研讨课为例

梁　爽①

**摘　要**：专业导论课程是近年来各高校普遍增加的一门低年级研讨课。受疫情影响，2020 年春夏学期改为网上授课。作者对变更后的授课方式进行了全方位多角度的实践，除了常规的知识研讨，在认清现状的基础上，抓住二年级的关键阶段，拓展多线复合沟通方式，把教学内容与提升学生综合学养进行了有机结合。课程内容的设置既要考虑学生在校期间的综合素养，又要考虑学生的长远发展。课程目标是努力培养具有独立思考能力、高度社会责任感、有跨学科知识涵养的新型音乐学复合型人才。

**关键词**：音乐学；在线学习；研讨课；文化自觉；新文科

## 一、课程运行情况

本学期笔者担任了 2018 级音乐学专业本科 3 班、4 班、5 班音乐学专业导论与学业发展指导课程的教学工作。本门课程是 2018 版音乐学专业培养方案修订后新增添的课程，简称为“音乐学研讨课”。

近年来低年级增加研讨课得到了国内高校的普遍关注和重视。根据目前的人才培养现状，学生在入学后应当有充足的机会参与探究式学习，并且有机会发展自己的书面和口头表达能力。

如果正常开学，本门课程会以“圆桌派”的讨论形式为主。疫情的突袭，使得教学方式发生了变化。因此，从 2 月 17 日教学第一周开始，我们采取的是组建 QQ 群在线交流方式，每一次，教师布置本周的研讨主题后，要求班内成员以提交作业的方式上交自己的发言稿至 QQ 群。需要深入交流的议题在群内直接发言讨论。在成绩构成比例上，每节课签到占 10%，作业情况占 40%，期末论文占 50%。

第一周的主题为：“我的三学期音乐学之旅”。请大家思考并梳理了在已修读的三个学

① 作者简介：梁爽，聊城大学音乐与舞蹈学院教学秘书。

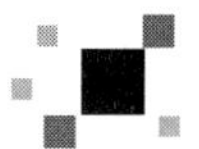

期里：个人提升了哪些专业课的兴趣？得到了哪些教训？汲取了哪些错误？对音乐学有了哪些深层次的认识？在接下来的5个学期中，你有什么样的学习计划与长远规划？请结合你的专业谈一谈。

同学们对本门课程的积极性很高，通过对第一次作业的审阅，笔者发现虽然不能公开在课堂上讨论，但是在QQ群提交发言稿作业，也一样激发了大家的表达欲望，同时有效地保护了同学们的隐私，尤其是性格内向的同学，“公开讨论的话，不想说出来。单独提交可以畅所欲言”。

因为专业设置的特殊性，并非每一位高考主项是声乐的学生，都能在二年级下学期主修声乐。有的学生在第一次作业中非常真诚地表达了自己未能主修声乐的失落和难过。也有不少学生随波逐流，不清楚自己的未来到底在哪里，对目前的学业缺乏具体的规划。

低年级良好的开端是个人中期发展的坚实基础，大二学生的人生观和价值观尚未定型，在心理和行为上仍然具有较强的可塑性。音乐学专业的学生们，经过数年的技能训练，在演奏方面已经有了一定的技巧经验，但是在音乐学的学术研讨层面还需要进行系统性的了解。作为研讨课，要教会学生“入门之道”。因此，教师要在每一次课上做好引导工作，在每一次讨论课中启迪学生对学科的兴趣，强调举一反三和知识的融会贯通。通过对某些音乐知识的导入，引发学生对音乐学的探索志趣，有效提升学生的审美感知、艺术表现和文化理解能力。

在另外一节课上，主题是讨论“音乐类型的电影与电影中的音乐人”。大部分的学生都有对《爱乐之城》《海上钢琴师》《放牛班的春天》等近年来奥斯卡获奖影片的观影史，但仅限于此。借此契机，笔者引出推荐的影片——“学堂乐歌”发起人之一弘一法师一生经历的电影《一轮明月》和讲述冼星海生命最后5年在哈萨克斯坦生活经历的电影《冼星海》。以期用深邃壮阔的音乐家经历引导学生反思个人的成长，明确个体的责任担当。

## 二、学生本学期的课堂反馈及综合学养表现

本学期下来，绝大多数同学都能按照要求在规定的时间内提交作业。但是作业完成质量相差比较大，两极分化现象明显。有的同学每次发言稿均达千余字，字字珠玑、真挚感人，也有的同学每次只能写出三四句话，再无多言。近半数同学对未来的规划停留在直观感受、经验实证和空想假设阶段。

笔者通过对学生发言作业的整理，总结出以下几个音乐专业学生存在的问题。

### 1. 学生大多重技能、轻理论

音乐专业学生大多看重自身技能水平的提升，对专业主课教师的依赖较多，对理论课程如中国音乐史、电脑音乐制作、视唱练耳等的关注度不够。有些学生即使关注理论课程，也是和自身专业联系较多，如民族器乐出身的同学多喜欢中国民族音乐课程，西洋器乐出身的同学多重视西方音乐史课程。他们对和自身专业联系较少的课程大多不想深入学习，因而对每一门理论课程的深入认知较薄弱。另外，对真正需要每天做的如乐理和声类的习题，练习较少，持续性不够，对乐理表达的规范性，也需要进一步提升。

### 2. 学生大多视野较窄，“圈子文化”盛行

以琴房为中心，钢琴专业、声乐专业、民乐专业等各成一派，画圈为界，有一定的封闭性和排他性，虽然在同一班级，但是因为专业的特殊性，不同专业学生间的深入交流不够。学生虽然愿意了解中国音乐文化，但对中国音乐文化的热情仅限于课堂上，甚至对于音乐专

业的史论类、研究类课程没有兴趣，缺乏对专业课程的深入学习与研究，学生在课后与任课教师单独探讨的现象较少。

3. 部分学生学习积极性不强

部分学生进入大学后自主学习的积极性不强，学生的整体学习氛围不够浓郁。大多数学生对未来学业及就业没有明确的目标，缺少具体的规划，在思想上容易随波逐流。课外时间对本专业的深度思考不够深入，对与音乐学相关同属文科的哲学、文学、社会学等缺乏认知。没有系统阅读过与音乐学相关的史学、心理学、文学经典著作，对绘画、书法、建筑、戏剧等其他艺术门类知识也缺乏深入了解。

## 三、“文化自觉”及“新文科”背景下的在线课堂教学反思

作为音乐学专业学生，我院学生的高考成绩普遍在320分至400分之间，与普通文理本科生有明显的差距。虽然文化课的分数不能完全代表一个人的文化素养和审美理想，但是提高综合文化素质，无论在哪个行业都是毋庸置疑的事。面对大学更为开放的知识环境，艺考生入学后在文化课学习上的后劲略显不足。作为音乐学专业的学生，文学修养、艺术修养、必备的技能修养缺一不可。技能方面的训练是必须的环节，但并非唯一和至关重要的。技能培养是有可操作性的，而人文素养的培养需要下大功夫花大力气，以此奠定学生的世界观和认知论。

近年来，对艺考生除本身技能之外的综合素质的审视得到了一些名校的重视。如中国传媒大学，在初试时不仅要测试专业课，还要加试文化课。2019年以前，中国传媒大学对艺考生要进行专业初试，文化课考语数外综合，2019年是考语数外、文史哲二选一，从2020年开始，只考文史哲。

作为一名基层的教学工作人员，很欣慰能看到这些招生的变化。那么，对于省属高校，初试时不考文化课的培养单位，在学生入校的综合文化素养的培养方面需要下更多心思。需要沉下心来，花更多的时间与精力，对学生进行一对一的深入访谈与探究。正因如此，音乐学专业导论与学业发展指导一课才能彰显它的基础地位与重要性。

“文化自觉”是著名社会学家费孝通先生20世纪90年代提出的观点。它是指生活在一定文化历史语境的人对其文化有自知之明，对其文化的发展历程和未来走向有充分认识。对其文化有着自我认识、自我反省和自我创建的意愿和能力。而近年来提倡的“新文科”，更是要求我们在培养目标上努力实现培养“人”与培养“某种人”的统一；在教学内容上，努力实现文明传承与创新的统一；在教学观念上，努力实现提升能力与人格养成的统一；人才评价上，努力实现“上得去”与“下得来”的统一。

目前的教学现状是，随着信息化飞速发展，学生不缺乏获取知识的途径和方式，但是缺乏对知识的甄别和思辨能力。在本学期在线教育的大背景下，对教师能力和水平提出了更高要求。

在“文化自觉”的背景下，音乐学专业的学生要重视对音乐学的基础课程的学习，了解音乐学和文史哲等相关学科的密切关系，有效提升自身的人文素养。要提高学生学习文史哲的自觉性，教师可着力推荐人文类与音乐学相结合的阅读书目，增强学生的人文素养。在作家著述方面，笔者向学生推荐的阅读书目如下：余华的《间奏：余华的音乐笔记》和《音乐影响了我的写作》，丰子恺的《音乐入门：丰子恺音乐五讲》、辛丰年的《处处有音

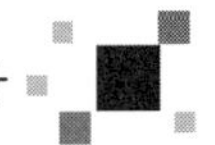

乐》、赵鑫珊的《科学哲学艺术断想》《贝多芬之魂》等。在音乐学人著述方面，推荐了杨燕迪的《何谓懂音乐》，刘雪枫的《穆特与秦腔》等，以期通过作家、史学家、社会学家、音乐家的著作对学生进行熏陶。

比如在讲述莫扎特时，可以联系同时代的狄德罗与卢梭；在讲述柴可夫斯基时，可谈及同时代的托尔斯泰与屠格涅夫；讲贝多芬之前让学生们阅读《约翰·克利斯朵夫》。而对于钢琴主修生来说，他们的必读书目里一定包括《傅雷家书》。引导学生了解历史，结合音乐家当时的社会文化背景去了解每一个优秀作品背后的故事，从而激发学生对文史哲经典学习的兴趣，使学生在阅读文史哲经典的同时潜移默化地增强自身的人文艺术素养。当然，这种效果不是立竿见影的，需要长期的沉淀和积累。

作为任课教师，可以充分利用教学资源，在课堂实践中挖掘新材料、发现新问题、提出新观点、构建新理论。在教学中，教师要体现专业性、系统性，在不断提升自我的教育理念的同时，做真善美的传播者。同时，教师要在平时多关注“00后”大学生的所思所想，用大学生喜欢的方式教学，用生动、鲜活的最新专业领域案例引导学生，活跃课堂气氛，充分调动学生学习的主动性。可以紧抓网络时代新媒体的传播热点，如在讨论当今各种社会化音乐现象时，要求学生对《中国好声音》《乐队的夏天》等音乐类选秀节目发表自己的看法，并引导学生对各种音乐现象做深度思考，鼓励大家讨论：何为“摒弃功利性”？何为“音乐负载的生活体悟”？“旋律相近的就是抄袭吗？”等问题。

比如教师在主持音乐人的发展这一研讨课之前，可要求学生关注音乐人的生存状态，在新浪微博至少关注二十位作曲家，在微信里至少关注二十个与本专业有关的公众号。平时要求学生浏览全国各大音乐学院的官方网站，查阅相关知名音乐老师的履历，通过了解那些自己感兴趣的音乐家或者音乐人的成长过程，学习他们对艺术追求的执着与百折不挠；通过研读这些优秀音乐家或音乐人的访谈录或作品，增强自己对音乐的认识，进而开阔学生的专业视野，助推学生进一步审视自己，鼓励自己，鞭策自己。

总之，教师可通过各种方法与途径的引领，激发学生的学习热情与对专业的热爱，帮助他们不断充实自我，使他们将空泛的目标明朗化、实际化，最终走上一条通向艺术家的康庄大道。

对于线下每一次的课后作业的布置，教师都要紧跟学生的兴趣点，将其与时事热点相结合，激发学生最大的热忱完成作业。要尊重学生的每一次发言、作业，在不能见面的情况下，要把每位同学每次的作业评语写真、写透，耐心解读同学们的愿望和诉求。对学生的学业愿景给予肯定，预测导向，引领未来，让学生充分感受到学科的内在意蕴。同时也要增强在线师生互动与交流，鼓励学生自己去发现问题；鼓励学生将每次课堂发言、每次作业、每场讨论都作为展示自己水平的机会，认真加以应对。在班级QQ群讨论学生提出的问题时，要适时营造“有趣、有益、有深度，常为、常新、常感念”的课堂讨论氛围引导学生积极发言；同时鼓励学生求真学问，练真本领，乐观进取，团结协作，真正做到以德育人、以文化人，不断提升学生的专业素养和文化素养。

在督促学生加强对本专业学习的同时，教师在授课时可适时引入职业规划相关知识，带领学生放眼未来，对将来的职业做初步的考虑。音乐的创作和表达都离不开现实生活的滋养和对社会与人生的思考，学生在大学毕业后无论是做音乐制作人还是当中小学音乐教师，都需具有扎实的专业功底和深厚的文化底蕴。只有这样，才能在服务社会的同时，体现文化的创新。

## 四、展望线上与线下的未来之路

不管是线下教学，还是线上教学，抑或是两者的混合，都只是教学的手段，不是教学的目的。抓住学生的心，不仅仅需要教师充分运用各种教学资源，更需要教师走到学生心里去，通过对学生的尊重、启迪、帮助与激励实现教学相长。因此，无论是线上教学，还是线下教学，"内容为王"仍然是教学的定律。

从总体上看，各门类学科都是在高度分化的同时不断走向综合。作为音乐学专业的人才教育来讲，文化素养难以一蹴而就，需要在初入学就培养学生的文化启蒙意识并对学生进行持之不懈的精神熏陶，引导学生善于感受善于领悟，并启迪学生在技能修行中培养高雅情操，学会把技能提升到学理的层面去思考和总结。课程应从"知识"形态走向"生命"形态，重视学生在学习过程中的态度，重视学生在学习中的价值观和学习中的审美感悟与文化体验，探究并震撼于人类音乐文化发展的精神成果，发现世界，发现自己，通过感悟与反思，达到深度理解。

我们要求音乐专业的本科生在掌握自己主修技能的基础之上，要对音乐学有自我的价值判断和审美意趣，自觉坚守音乐文化的灵魂高地和精神家园，并主动吸收外来文化的精华与优长，让自身的审美走向思辨和多元。

作为教育者，需要与时俱进，及时更新教育理念、拓宽专业视野，以更积极的态度面对被科学技术改变的世界，关心变化的中国与世界，重新思考为师之道，为人之道。教师要引领学生把为人、做事、从艺统一起来，成为先行文化的践行者、社会风尚的引领者，使学生在未来的学习道路中成就自我，实现价值。教师要在知行合一中坚定理想信念，不断提升自身专业素质与人文素养，为培养更多优秀的"音乐学人"而努力。

## 参考文献

[1] 杨燕迪. 音乐的人文诠释 [M]. 上海音乐学院出版社，2007.
[2] 夏滟洲. 音乐学研究中的跨界认识 [J]. 音乐研究，2014 (2)：17-21.
[3] 麻莉. 从维尔茨堡大学音乐学专业课程表看德国音乐学教育 [J]. 人民音乐，2017 (10)：86-87.
[4] 蔡梦. 音乐学科核心素养与教学研究 [J]. 音乐研究，2018 (6)：100-112.

# “疫路网课”的线上教学体会

## ——音乐专业课程线上教学研究与实践

张　晓[①]

**摘　要**：文章针对音乐专业技能与理论课程通过线上教学面临的输出与接收的现实性问题，指出从实际应用出发选择教学平台，运用以线上课堂讲授为主、网络研习为辅的教学模式去优置教学内容，完成教学计划。

**关键词**：音乐专业课程；教学平台；线上教学

2020年初始，新冠肺炎疫情发展十分迅猛，在短时间内蔓延至全国，全国各高校的教学工作也受到了影响。在以习近平同志为核心的党中央决策领导下，众志成城、上下一心，成功避免了疫情的传播蔓延。为了保证师生的身体健康，教育部要求各院校延迟开学，线下全面停课，开展线上教学。在线教学过程中，如何整合教学内容、创新授课技巧、完善教学计划，如何让学生们更快地接受和适应在线教学，都成了非常时期的授课教师面临的挑战。回顾疫情期间的授课经历，从照葫芦画瓢到渐入佳境，从手忙脚乱到驾轻就熟，从管中窥豹到初见端倪，其间辛酸苦乐，让人唏嘘不已。以下几点，便是笔者在疫情期间对于在线教学的一些经验总结，希望能对相关同仁有所帮助。

### 一、以用为基，从优选择网络教学平台

选择合适的网络教学平台是保证教师教学质量、提高学生学习效率的重要环节。本学期，笔者需教授乐理和曲式分析两门音乐理论课程以及双排键、手风琴两门器乐技能课程。乐理是一门音乐理论学科基础课，曲式分析是一门音乐理论专业核心课，为了让学生更直观、更全面、更方便地接收知识，笔者在比较和试用了多款教学平台和软件后，选择了超星学习通教学网络平台进行教学。通过该平台可以进行课堂签到、直播、录播教学、布置教学任务、共享教学资料、实施教学评测、发布通知等教学活动。上课前，老师可以在该平台的课程门户下编辑每周的教学任务、上传教学资料、布置本周作业，并设定发布时间。

而对双排键和手风琴等专业类器乐小课，这类操作性、技能性较强的“一对一”课程，通常以面对面授课为主。疫情期间，笔者一般选择微信、QQ、钉钉这些方便“一对一”语

---

① 作者简介：张晓，聊城大学音乐与舞蹈学院副教授。

音或视频连线的软件进行授课。由于音乐专业技能课程具有一定特殊性，现有的在线教学软件技术无法完全满足诸如音质的百分百还原、教师示范触键时的细节、师生合作时的声音同步等方面的需求。例如，在传统的线下手风琴课堂上，教师在传递语言信息的同时，更多的是在触觉上，通过接触学生的手腕和大臂来感知其放松程度并引导学生适当调节。又如，在双排键课程中，教师对学生手脚动作的配合进行引导产生的效果也大于语言指导。受疫情影响，线下教学模式中常用的“接触式”方法无法开展，需要探索将多感官联觉与线上教学模式有效结合的办法。因此，笔者开始思索和尝试有别于传统课堂的教学模式。音乐专业小课的传统课堂非常注重对演奏技术的面对面教授，教师在授课时往往会花大量时间进行示范和讲解。如今，开展在线教学时，将教学内容从演奏技巧拓展至作品分析和音乐人文等方面。首先，安排学生在课前将练习好的作品以音视频的方式发送给老师。然后，在课上通过观看音视频资料进行点评并示范，并从和声、曲式等角度对作品进行分析，从作曲家背景、创作时期的风格等角度对作品进行讲解。最后，布置相应的课后练习作业，要求学生对作品展开更深入的研究。这样一来，学生在课后不仅要勤加练习演奏技能，还完成了文献阅读和作品分析等相关学习任务。

此外，中国大学 MOOC 也是一个很好的网络教学平台，可以在其上选择相关专业课程慕课，推荐给学生观看学习，之后再到学习通或钉钉等平台上进行在线讨论。以乐理和曲式分析两门音乐理论课程为例，笔者在备课时，在中国大学 MOOC 平台先自行选取与自己教学内容相关的章节供学生学习，并设计教学问题与学生展开讨论。开课前，将包括慕课链接在内的教学任务、教学资料（如相关文章、视频、音频等）、作业等信息发布在学习通平台上，待学生同步自主学习完慕课之后，进入钉钉视频会议进行师生面对面教学。该过程共分 3 个层次：①对课程知识点的详细解读；②激发学生主动思考的开放式提问；③衍生出与音乐相关内容知识的探讨。讨论结束（即下课）后，学生可以在学习通平台，根据教师共享的教学资料完成自主学习并上传作业，随后由教师进行批阅。

刚接触网上教学时，很多问题都是棘手的，选择合适的教学平台更易操作、更顺手，保证能从多个角度掌握学生的学习程度。笔者所教授的课程，除了课本上的理论知识讲解，还要有音响材料、谱例分析等辅助环节，内容环环相扣，如果选择直播课平台，信息量太大，加之网络信号的不确定性，势必会影响课堂教学效果，因此，结合种种因素，必须选择能够回放的平台授课，这样即便学生上课时没有听明白，还可以通过课程回放去巩固学习、反复学习。但是这种非直播课堂，教学形式是单方面输出，不能像在线下一样，能直接掌握学生的知识吸收情况，因此，适度调整课堂教学量又成了需要解决的第二个问题。

## 二、以学为标，灵活控制课堂教学量

在线下教学时，和学生是面对面的，课堂内容的量和节奏可以根据学生的直接反馈灵活变通，但是线上教学就不那么直观了。在新冠疫情影响下，以往传统音乐课程中的音乐表演互动环节受到一定程度的影响，面对面的排练与磨合变得无法实现。为了学生课堂知识接收的有效程度，这就需要教师对整个学期的线上教学计划有个新的合理的安排，备课时必须关注和控制课堂的教学学习量，力求少而精。比如曲式分析课程，这门课程是本学期针对大三年级开设的新课程，它的先行课程涵盖很多，对乐理、和声、音乐史都要有所涉及，可以说是对学生音乐知识掌握的综合能力提升课，它要求学生对每个音乐史中各个音乐时代的代表

性音乐家要有了解，对作品中运用的乐理知识、和声配置要有判断。针对这样一门专业课，如果在课堂上只是就理论去讲解，学生会觉得课程乏味无趣，久而久之会对课程失去学习的兴趣和动力。线下教学尚且如此，更何况是线上教学，如果还是单纯讲理论，恐怕学生早已将此课高阁闲置了。因此，笔者根据教学内容，择优选择吻合的音响资料片段去帮助学生从听觉上感受作品，结合谱例更直观地分析作品结构，提高学生对音乐作者的分析理解能力。同时，录制打谱软件的课堂实践作品，把纯理论的例题通俗化，在短时间内把涉及的理论技法知识讲解清楚，设计有对话感的课堂语言，言简意赅，避免长时独白，给学生思考的时间，避免学生课堂走神。与此同时，通过学习通课堂习题自测的方式让学生自主学习，多设置一些客观题（系统自动改卷），下课即提交，提交即出分的快速反馈设置，可以让学生与老师及时了解他们当堂课的理论学习水平，教师还可据此反馈，及时调整并选择有针对性的教学策略。

课堂教学量不仅包括教学内容的总量，更要确保的是课堂教学质量，为此，除了线上课堂老师讲解，线下精准提问式作业的布置，也是不可或缺的重要环节。以曲式分析课程为例，针对这种专业性极强的音乐理论课程，巧妙运用“精准提问”环节可以调动学生自主学习的积极性。所谓“精准提问”就是指明具体知识点，由学生在线上课堂的知识获取过程中，再去查找、提炼相关内容。比如曲式分析中的“奏鸣曲式”，要求针对这一专业曲式术语，由学生搜集他认为关于“奏鸣曲式”较为重要的知识点、谱例以及相应音响，整合下来，构成他自己的关键词条保存。通过这些环节，引导学生从老师逐字逐句的讲课内容中去提炼学习要点，启发学生深入思考的能力，进而使学生能够结合自身掌握情况进行知识点的总结概括，融会贯通、举一反三。通过在线教学给予学生自主性学习的支配时间，学生可以在课程内容的基础上花费时间自主思考，收集辅助学习资料，通过练习、对比、研究等工作，再进行创作练习。学生普遍反映，通过这段时间的线上教学，他们对作品的音乐内涵和演绎方式知晓得更为透彻了。

## 三、以教为准，及时关注学生学习反馈

除了充分准备教学内容，利用好网络教学平台提前录制课程、完成课堂教学之外，笔者充分利用 QQ、微信、钉钉等聊天工具的功能，主要采用签到、讨论、投票问卷等方式组织学习，并在课余时间回答学生们关于课上重难点知识和课件上的一些疑问或困惑。签到，一般采用一节大课两次签到为主，开始上课前进行签到集合，线上远程签到也从某种程度上起到提示学生上课的作用，下课结束签到也是同理，同时也考虑今后采取课上随机签到形式，这样的话能避免个别学生因为签到的固定形式而忽视学习。教师线上答疑，有利于教师与学生加强网络教学的情感沟通，帮助学生解决学习问题，缓解学生的学习压力，与学生就音乐专业理论学习进行及时交流，尽量做到当堂内容当堂解决，做好最及时的师生沟通，解惑答疑。同时，为了便于教学笔者特意申请了大容量的百度云盘，及时将不同学生提出的问题解答内容和录制的课程制作成高清视频以时间模式存放在云盘内，方便学生随时下载进行自学。

在教学中，笔者巧妙利用翻转课堂的授课理念，将课堂内外时间重新调整，把课前、课中及课后全过程形成一个闭环，把学习的主动权交给学生。在新冠肺炎疫情影响下，翻转课堂的教学模式在高等院校音乐课程教学中呈现出很大优势。根据翻转课堂理念，先让学生以

各种形式对教学重难点进行自学，再在课堂上通过教师的指导、学生间的协作学习来掌握和内化知识，实现先学后教的课堂反转。在高校音乐课程中，教师可在课前将本章节内容的重难点制作成微课；也可以对网络资源进行精心筛选，安排合适的音乐影音资料让学生先行赏析；通过信息技术的运用，让学生获得整体的音乐感知，将理论知识联系实际曲目，更好地获得情感上的共鸣。以微课在高校技能课程中的运用为例，教师可先提供给学生相关演奏或演唱名家的音像资料，让学生自主感知音乐的呼吸起伏、分句走向，并自主练习，并在每周定期与学生视频连线获得其学习反馈，根据学生反馈回来的疑问，有针对性地将提前录制好的曲目重难点和易错点以视频的形式发送给学生。

例如，在手风琴作品佐罗塔耶夫的《奏鸣曲Ⅱ号》的教学过程中，可以先提供给学生多位演奏家的演奏视频或音频，让学生提前感知整部作品的音乐感受以及不同演奏者对相同作品的不同演绎，理解旋律走向，聆听左右声部力度分布，手腕放松、换气的呼吸点以及和声色彩的变化；通过一周的自主学习与不断练习，在线上课堂中，在教师的引导下和学生一同发现演奏中存在的问题并探索解决方案，利用课堂的 45 分钟分析重点难点，课后可让学生通过观看视频回放或老师录制的重难点微课进一步夯实知识。又比如，在给乐器选修班学生线上集体授课时，可以采取学生“上线发言”或“线上演奏”的方式，增加师生之间、生生之间的互动交流，充分调动学生的学习积极性，使知识得到进一步强化。课后，教师可通过网络平台检测学生的答题准确度及作答情况。

有些学生在平日的课堂中并不十分活跃，甚至是沉默寡言的，教师在教学中应该如何有效洞察学生的心理，如何更好地透过线上网络了解学生的状态，如何多维有效地激发学生的学习潜能，这些都是教师需要反思的问题。有人戏称，在线教学让老师和学生由师生变成了网友，确实，从某种程度上来说，在线教学反倒让线下平常的师生关系转变为一种亦师亦友的关系。目前的传统课堂中，教师可能更多是关注教学计划、教学进度，而随着未来在线教学的发展，学生将拥有更多获取知识的途径，这就意味着，教师除了帮助学生成长外，还需关注自我成长，提升知识层次、拓宽文化视野，以更成体系的知识技能供给能力引导学生独立思考，帮助学生健康成长。

## 四、总结

疫情防控期间的在线教学，引发我们思考如何通过这种线上新型教学方式去上好每一堂课。每个专业都有其独属的专业特点，音乐专业学生的教育工作中包含着情感教育、价值观教育、审美教育，培养的是学生的思辨能力、创新能力，因此教师应采取合理科学的课堂教学，通过有效教学手段去讲授演奏技能和理论知识，利用多元教学方式，提高学生艺术素养。这也告诉我们，无论面临什么样的危机和灾难，教师都肩负着立德树人的使命，我们所处的这个世界和时代需要的是多维的教育，赋予传统教学新的艺术形式和呈现方式，能够更为多元地实现教学理念。有学者表示：积极更新教学理念、优化教学结构、丰富教学内容，依托信息化教学优势积极从以教为主的模式转化为“以学为主、教学相长”的互动模式，为学生创造个性化的学习空间与体验，不断培养与增强学生自主性学习、个性化学习、现代化学习的能力，以期不断提升音乐表演课程的在线教学成效。

暂时的困难不是困难，临时的问题不是问题，相信疫情很快会过去，阳光会再次洒满校园，当教室内又响起朗朗的读书声时，特殊时期的“疫路网课”会成为一段美好回忆。同时，也希望大家对课堂教学方式及时更新，以更加多元的教学方式激发学生的学习兴趣，从而有效提高教学质量。要坚信，只要我们用心浇灌，总会等到花开的那一天。

## 参考文献

[1] 朱昊冰．琴音在云端 教学在一线——在线钢琴教学之探索［J］．钢琴艺术，2020（7）：24-27．

[2] 安雅文．高校器乐教学模式的改革与重构——以师范类专科学校为例［J］．教育理论与实践，2018（24）：61-63．

[3] 丁竹．音乐作曲理论课程的教学模式改革——评《高校音乐教学与多媒体技术应用》［J］．中国高校科技，2020（4）：116．

[4] 韩启超．新文科 新情况 新思路——2020 年全国高师院校音乐专业学科建设与人才培养模式改革研讨会综述［J］．人民音乐，2020（6）：46-48．

[5] 赵媛媛．“翻转课堂”在和声共同课中的实践与思考［J］．星海音乐学院学报，2019（1）：148-154．

# 疫情时期下高校舞蹈课程在线教学的探索性研究

李　雯[①]

**摘　要**：2020 年，新冠肺炎疫情的暴发和蔓延，使得传统线下教学模式难以实现。在“停课不停教、停课不停学”的政策鼓励下，在线教学成为疫情下的主流教学模式。为此，作者结合自身民族民间舞的教学经历，运用网络教学法对舞蹈课程在线教学的现状进行分析后发现：在线教学这一创新模式很好地激发了学生的学习兴趣，培养了学生的创新思维，提升了课堂教学的效率，收到了良好的教学成效。文章通过探讨高校舞蹈课程在线教学，完善高校教学模式，为高校教师更好地运用在线教学提供抛砖引玉的作用。

**关键词**：疫情；在线教学；民族民间舞；高校

2019 年年底，新型冠状病毒疫情爆发，为防止疫情进一步扩散，政府采用多种措施来限制人员流动，这在一定程度上对传统线下教学模式形成了冲击。闻者谈疫色变，足不出户，在这种时代背景下，互联网线上教学在全国各地实时“亮相”，通过学校、家长、学生等不同主体的协同合作，实现了“停课不停教、停课不停学”的基本目标。疫情防控期间，舞者，更是遍布全国，方舱内、直播间中，各行各业均以舞抗“疫”；舞蹈这种口传身授的技能类专业，也在摸索中进行线上教学，成果较为显著，继而翻开了教学模式新篇章。本文结合自身在疫情期间线上讲授中国民族民间舞等课程的经历，就疫情下高校舞蹈课程在线教学模式展开探索性研究。

## 一、疫情时期舞蹈课堂在线教学的模式分析

受新冠病毒疫情的影响，在线教学成为高校教学唯一授课方式。考虑到舞蹈课程实践性强、需要口传身授来进行动作讲解这一特点，线上网络授课无论对学生还是教师都是一种前所未有的挑战。疫情期间，对于高校舞蹈课程而言，在线教学主要有三大模式。

### 1. 直播教学模式

直播教学模式是利用“腾讯会议”“学习通”“易直播”“智慧树”等 App 进行的一种面对面直播的教学模式，教师通过在屏幕前进行舞蹈动作的示范，来讲解舞蹈动作的注意要

① 作者简介：李雯，聊城大学音乐与舞蹈学院副教授。

领，辅导同学们进行训练及学习，从而实现“面对面”的线上教学。这种教学模式对于舞蹈教师而言，具有良好的适应性，可以根据大部分学生在视频中所展示的动作进行针对性的指导，达到舞蹈教学的训练目的。然而受网络速度、多名学生共同学习等条件限制，这种教学模式很难全面关注到每个学生的动作，因此前期直播教学效率偏低。

2. 录播教学模式

录播教学模式需要教师提前做好相应的教学视频，包含动作要点讲解、理论知识的导入等，并提前将相关视频资料发送给学生进行学习。该教学模式可以使舞蹈教师提前根据学生对视频的理解，关注到其中存在的问题，并在正式直播教学中进行纠正，这样可以很好地激发学生的学习主观能动性，提升课堂教学效率，实现因材施教。但是这种教学模式对于教师的要求较高，无形之中增加了教师的工作量。

3. 在线课件教学模式

在线课件教学模式，主要是利用互联网中优质的课程资源及舞蹈素材，分享给学生学习。一方面体现在舞蹈理论课堂中，舞蹈教师将传统线下教学 PPT 进行优化，增加注释及相关素材，编制整套文件便于学生进行系统学习；另一方面体现在舞蹈动作学习中，教师可通过在舞蹈视频中对舞蹈动作的运动轨迹、发力点、难点及重点等进行讲解，来引导及组织学生进行学习，激发学生的自主学习意识，从而促使学生积极提升自身舞蹈专业素养。此外，运用师生熟悉并广泛使用的中舞网、哔哩哔哩、美拍、抖音等在线资源，鼓励学生将排练录制的视频发布到中舞网、哔哩哔哩等平台，教师通过观看视频，对其作业进行点赞或评论，从而辅助教学。

## 二、疫情时期中国民族民间舞课程在线教学分析

为了让舞蹈系的同学们更好地适应线上教学，笔者在疫情期间通过不断反思、学习和总结，对舞蹈课程的在线教学有了一些经验。在此以中国民族民间舞课程为例，展开探索性分析。

1. 课前准备，忧心忡忡

中国民族民间舞这一课程，实践性很强，属于技能类课程，主要是通过教师在课堂上“手把手”“口传身授”的模式进行教学，学生通过对舞蹈动作的反复训练，提高对民族民间舞蹈的体态、动律、步伐、协调性以及各民族风格特点的把握能力。在线下课程教学中，当面对着二三十位学生时，他们的每个动作甚至每个表情都尽在掌握之中，一有做错动作或感觉不到位的情况，教师都可以随时进行纠正。但这些在线上教学中，就变成了不可逾越的“鸿沟”。面对这突如其来的“挑战”，必须做到丝毫不畏缩，提前建好上课群，熟悉上课软件，确保腾讯会议、微信视频实时在线，准备好课程 PPT，并且提前录制好动作解析视频……

关于线上直播教学，最担心的就是能否达到预期的教学效果。

2. 天南海北，我们“线上课堂”相遇

本学期教授的民族民间舞，主要是以 2017 级的朝鲜族民间舞单元课为主。为了更好地

让学生们了解朝鲜族民间舞蹈的文化背景，笔者在课前查阅大量相关文献后从中摘录出一些代表性观点，采用PPT的形式发送到上课群中，并在每页PPT里配一段详细语音解释，使学生在观看PPT时也能听到实时讲解。这样学生对本学期即将学习的朝鲜族舞蹈的基本知识就有了初步的了解和掌握。

朝鲜族民间舞蹈，相对于其他民族民间舞来说有着一定的难度，解决“呼吸”问题，也就是气息的运用至关重要，但是初期的训练动作幅度较小，气息的训练较难，线上“大班授课”的教学模式，无法及时说明白、讲清楚，所以，在直播上课初期，笔者选择了微信视频来进行直播授课，采取1对7的“小班授课”模式，来帮助同学们更好地理解和掌握朝鲜族舞蹈的基本体态和呼吸的运用方法。这个授课模式在线上教学初期是有一定成效的，能更快地让同学们适应线上学习的新方式，小班额授课虽然增加了工作量，但是能够观看到每一位同学的每一个动作，纠正动作可以更准确、更及时，讲授动作要点时也更加详细。

随着线上教学的不断开展，“小班授课”的模式也逐渐露出弊端，虽然教授的内容非常细致，但长期来看会对上课进度大打折扣，严重影响教学质量。于是笔者立即做出调整，采用腾讯会议来直播教授舞蹈组合片段。有了前面“小班授课”的基础，同学们在后期学习中的接受和理解能力有了很大提升。在直播上课中，偶尔也会有一两个同学出现掉线、信号不好的情况，笔者会利用课后的时间和这些学生微信视频连线，单独讲解，这样既不影响大部分学生上课，同时也照顾到了每一位学生。有时在授课过程中也会因为自己认为一些动作比较简单而讲解过快，但是每一个学生的理解水平都不一样，就会有部分同学反应不过来，没学懂这个动作。面对这样的问题，笔者特意开设了课堂“讨论三部曲”环节，在课前、课中、课后三个时间段，每次讨论时间控制在3～5分钟，学生可以将自己不理解、没学懂的地方说出来，让教师直接进行面对面解答。通过这样的讨论环节，有效地避免了学生在学习组合动作时候的“问题”堆积，让这些“问题”及时得到解决，从而大大提高了课堂效率。

虽然线上授课困难重重，但通过这段时间的教学，也感受到了新型授课模式带给我们的便利。与线下课堂相比，线上授课不仅能及时关注到每位学生的实时学习情况状态，还能加强师生之间的交流互动，使得那些原本在课堂中不活跃的同学，现在面对着屏幕也能大胆提出自己的疑惑；原本在教室里上课时，很多学生不会积极主动地去记某些动作，总是随大流，别人做什么他就做什么，但在开展线上教学之后，每个学生必须交视频作业，在家练习也是靠自己。这类学生在这段时间的学习中，学习的主动性和自觉性都大大提高，进步十分明显。这样的授课效果使师生对之后的线上课程教学信心满满，更加充满了期待！

3. 课上课后“双管齐下”

除了课上实施各种教学方式以外，更多的则是课后同学们的自主学习。线上教学有一点好处就是教师的直播视频，学生可以在课后反复观看，可以暂停、快进、回放，根据自己的薄弱环节随时进行调整和再学习。但民族民间舞课程却不像理论课程一样，靠学生自己在课后理解就能学会。所以在课后，笔者会重点录制本节课重难点的详细分解动作视频，以及注意要领视频，这样学生在课后不仅能回顾课上的内容，还能通过教学视频来更好地掌握每节课的重难点。

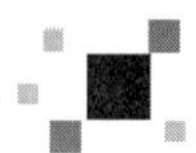

课上，进行组合动作的学习，同时强调重难点；课后，继续巩固加强重难点的学习。通过这样课上课后的“双管齐下”，从而大大提高了线上教学的效率。

4. 打破课后作业“零”思考

线上教学期间，舞蹈专业课教师一定要重视对课后作业的检查。在完成教学任务、收到作业反馈后，教师必须耐心地指出每一位学生的问题和不足并加以针对性的指导。在此期间，笔者做了一个初步统计：每一周要对255位学生的作业进行指导，每位学生的指导时间约20分钟，也就是说，每周在检查作业上花费的时间近5 000分钟，即83个小时。在检查作业的过程中，会发现有的学生存在“零”思考的问题，这种情况必须及时解决，于是利用舞蹈专业学生们好胜心强这一特点，设计了“双人Battle”环节。在这一环节中，学生两两互发视频作业，同时指出对方的问题所在并及时改正，最后再以两人一组为单位上交作业，每周进行一次评比。通过这样的方式，就会让学生在录制视频作业时提前思考自己容易出错的地方，在给他人纠正错误时也会思考自己是否会犯同样的错误。通过这种“Battle”的环节设计，不仅打破了学生在完成课后作业时“零”思考的现象，而且有效提升了学生的作业质量。

5. 课后反馈彰显成效

课后，笔者都会及时与学生进行交流，了解他们对于该堂课的线上学习中存在的困难和问题，不少同学反映了在面对从未接触过的上课模式时，他们更多的是迷茫。在与2017级曾玉同学聊天中，她如实说道：“在开始上第一节朝鲜族民间舞蹈课之前，我都不知道自己能不能学明白，上课时全身绷紧，恨不得把耳朵穿进屏幕里去听。但通过一节课的学习后，我发现其实线上学习也很清晰，从一开始的‘小班课堂’到后来直播间里的‘讨论三部曲’再到课后的‘双人battle’，老师的授课模式也让我们觉得学起来更有激情和动力，知识记忆得也更加扎实。”由此可见，及时了解学生对线上教学问题的反馈，掌握学生对于舞蹈课程的需求，并以此为后续课堂优化的切入点，这样才能使得疫情下的课堂氛围逐步改善，教学质量得以保证。

## 三、提升舞蹈专业课程在线教学的个人见解

疫情期间，通过中国民族民间舞课程的教学，笔者深刻认识到在新的教学环境下，作为教师的我们需要改变传统的教学理念。相比较传统意义上的教学模式，线上教学无疑是教育事业中的新事物，它要求教师们与时俱进，不仅能在教室中如鱼得水，更能在互联网教学中游刃有余。在经历了一段时间的线上教学后，笔者深感在线教学存在学生课堂归属感不足、学生积极性偏低、教学情感不足等诸多问题。为此，就如何优化舞蹈课程在线教学提出几点见解。

1. 革新教学理念，提升教师综合素养

在线教学作为一种全新的教学方式，主要是对教学理念的一种革新。在高校舞蹈课堂上，要想让在线教学融入其中，必须要构建全新的认知理念。因此，一方面需要高校结合自身教学制度及师资力量，来为舞蹈教师制定循序渐进的培养方案，优化师资结构，注重教师的培养创新能力，来实现对教学理念的一种渐进式革新，如以任务驱动法为例，学生在“执行任务”的过程当中能够充分发挥其主观能动性，主动探索舞蹈组合中的音乐、节奏、

气息等元素，真切感受肢体的动觉反应，主动调整动作的姿态和造型，任务完成的结果不仅可以使学生获得极大的满足感，也促进了学生肢体意识的培养；另一方面，需要高校制定相应的培训计划，培养舞蹈教师在线教学的相关素养，掌握在线课件教学的制作特点，来不断将在线教学模式融入其中，实现舞蹈课堂教学质量的提升。

2. 创新驱动教学成效，营造课堂归属感

众所周知，在线教学提供了一种良好的教学模式，增强了学生与教师的互动机会，让学生在与教师的互动沟通中及时反思自身专业水平，消除错误的认知理念，体现出了在线课堂教学的优越性。舞蹈作为一种实践性较强的科目，需要舞蹈教师在教学过程中构建一种开放性、包容性的教学环境，允许学生进行思想的自由表达，并通过不同的角度来增强自身对于教学的理解力，进而激发学生的创新能力。与此同时，在线教学融入舞蹈课堂时，要追求一种循序渐进的教学引导模式，沿着由简入难的教学思路，来逐步提升学生举一反三、融会贯通的能力，提升网络架构中的时序性，从而不断提升学生的舞蹈综合素养。

除此之外，在线课堂也需要体现出因材施教。教师可以采用小组合作学习、单位训练的模式，让学生将成果以视频形式发送至微信或者班级群中，舞蹈教师通过随时检查学生的练习视频作业，对学生进行有针对性的辅导；同时，积极引导学生进行相互沟通、交流各自对专业知识的理解，形成一种线上教学的良性循环，增强课堂归属感，最终实现舞蹈教学的应用效果。

3. 融入情感，实现知情合一

在线教学以人机互动的界面化代替了面对面的沟通交流，这种远程虚拟特点使得教师与学生之间的情感无法正常沟通，很容易在教学过程中形成“情感盲点”。因此，对于舞蹈教师而言，在进行直播式、录播式舞蹈教学时，不应仅仅借助于网络平台来将动作传授给学生，而应注重分析舞蹈课程中的独特审美理念，将认知因素与情感因素实现有机融合，让学生在掌握动作细节及要领的基础上，从与老师的互动及沟通中感知具体动作对情感的把握及认知状况，实现舞蹈表演时的知情合一。

## 四、结语

在这个互联网高速发展的时代，我们不能只停留于传统模式下的教学手段，而应与时俱进，积极掌握线上教学的方法，在教授专业知识的同时引导学生走上一条德艺双馨的路。疫情防控期间，在线教学这种全新体验的教学模式更让我们享受到教学的便捷性及高效性，然而我们也需要警惕在线教学、慕课等在后疫情时代出现优势渐无的“泥石流”效应。在线教学作为新时期下一种创意教学模式，身为一线的教师，在运用中必须要革新教学思维，在课件中融入创意元素，借助屏幕搭建的线上沟通，来有效“放大”教学成果。后疫情时代，在线教学与线下教学将相互促进，两者间只有“求同异存”，提升深度融合，才可以形成高校舞蹈教学的最大合力，打破单一教学方式的局限性。

## 参考文献

[1] 徐学福. 探究学习教学模式［M］. 北京：人民出版社，2018：47-49.

[2] 赵佳艺. 新媒体舞蹈艺术视野中的中国民族民间舞创新研究［D］. 南昌：南昌大

学，2019.
[3] 杨丽珍，谭建斌．普通高校舞蹈在线开放课程与信息化教学改革——以舞蹈剧目课程为例［J］．戏剧之家，2020（25）：119-120.
[4] 关旭．网络环境下高校线上舞蹈教学工作的开展［J］．中外企业家，2020（21）：213.
[5] 丁慧．创意时代下高校舞蹈教育生态现状与优化机制［J］．当代音乐，2020（9）：122-125.
[6] 唐思遥．"互联网+"艺术教育现状分析与发展策略研究［D］．海口：海南大学，2020.
[7] 刘广予．高职舞蹈教师信息化教学水平提升策略及案例研究［J］．现代职业教育，2020（35）：222-223.

# 没有钢琴的钢琴课

## ——“停课不停学”在线教学体会

姜　文①

**摘　要：**由于新冠肺炎疫情影响，我校开展了“停课不停学”的线上教学活动。钢琴课程作为一门操作性较强的技能课程，面临巨大的挑战。作者创建了钢琴SPOC同步课程，通过精心备课，设计教学流程，进行模拟操作，课堂讨论，及时掌握学生学习动态和课下答疑等情况，实现了钢琴技能课程线上教学的可能性和有效性，取得了很好的教学效果。

**关键词：**在线教学；钢琴课程；SPOC同步课程；教学总结

看到这个题目，大家可能会问：“没有钢琴怎么上课?”没有钢琴也能上课！根据教育部“停课不停学”的文件精神，在2020年这个加长版的寒假，“云课堂”这个高大上的教学模式，弥补了延期开学给学生和家长带来的困扰。而钢琴作为一门技能课程，显得更为特殊！为了尽可能达到较好的教学效果，接到学校通知的第一时间，笔者就开始了线上课程的准备工作。

### 一、精心准备

这学期笔者所承担的钢琴课程，是学前教育专业的一门核心课程，是一门操作性很强的技能课。对于教师而言，开展网上教学面临的最大困惑莫过于，98%以上的学生家里根本没有钢琴，教师的讲解很可能等于纸上谈兵。钢琴的问题是解决不了啦，那就发挥“网上谈兵”的最大效果吧。

提前两周，笔者开始努力摸索和准备“网上谈兵”的方法和资源。经过再三查询和比对，最终锁定中国大学慕课网的一门国家级在线课程——南京师范大学学前教育钢琴基础作为源课程，创建了自己的SPOC同步课程，并建立班级教学微信群，二者结合同步教学。因这学期的钢琴课程面对的是大二、大三和大四共三个年级6个班的课程，学习进度不同，学习内容也不同，笔者精心设计每个年级与源课程对接的教学内容，并根据教学进度扩充资源，使课程的教

① 作者简介：姜文，聊城大学教育科学学院副教授，艺术教研室主任。

学更加适合我院学前教育专业学生的学情。图 1 ~ 图 3 为准备线上课程的情景。

**图 1　查询网络资源**

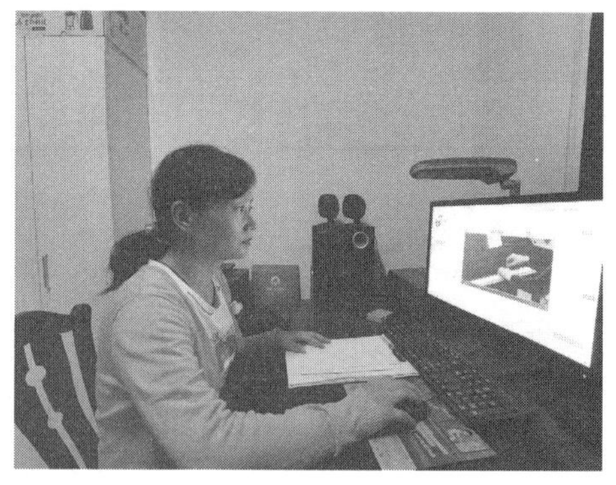

**图 2　创建 SPOC 同步课程**

**图 3　备课**

## 二、在线教学流程

每一次上课笔者都提前设计好上课流程，利用慕课 SPOC 同步课程公告发布学习任务，如图 4 所示。

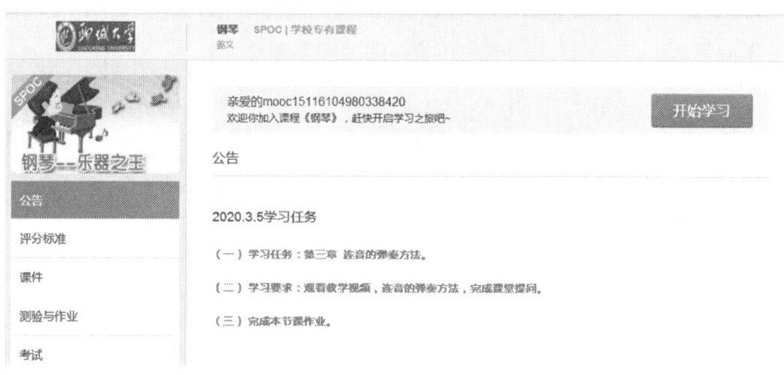


**图 4　发布学习任务**

在线学习和平时上课不同，更考验学生的自律性，当然也更需要教师的适时监管。为了让学生养成按时上课的良好学习习惯，笔者在源课程的基础上增添了签到区，要求学生按课程表安排进行集中学习、讨论和答疑。上课流程如下：微信群唤醒—签到区签到—公告栏查看学习任务—复习回顾—学习新课—课堂讨论—布置作业，部分流程如图 5 ~ 图 8 所示。

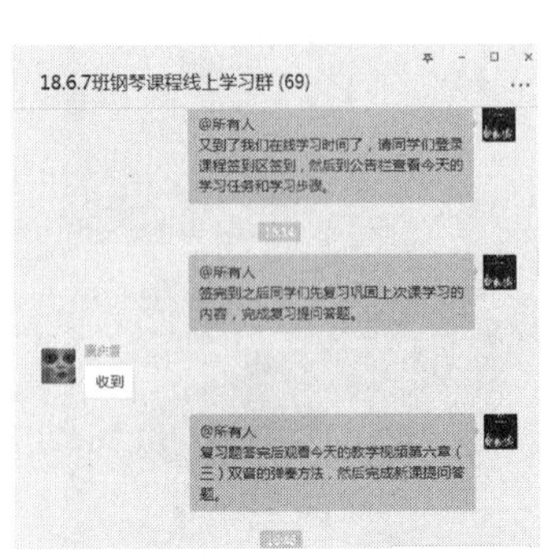


图 5　微信群唤醒

图 6　签到区签到

图 7　复习回顾

图 8　学习新课

## 三、模拟操作

在钢琴课程的常态教学中，一般以实践操作为主要教学手段。而离开了钢琴的在线教学，对老师和学生来说，都是一个新的挑战。为了解决无法操作的难题，笔者要求学生一边观看教学视频一边进行模拟操作；另外，为了让学生及时巩固钢琴的弹奏方法，给学生布置课后练习作业，因为钢琴弹奏的要点需要加强练习才能真正掌握。图 9 ~ 图 12 为学生在家模拟弹奏钢琴。

图 9　2018 级 6 班陈乐恒在模拟弹奏

图 10　2018 级 4 班张铭在模拟弹奏

图 11　2018 级 5 班宋安阳在模拟弹奏

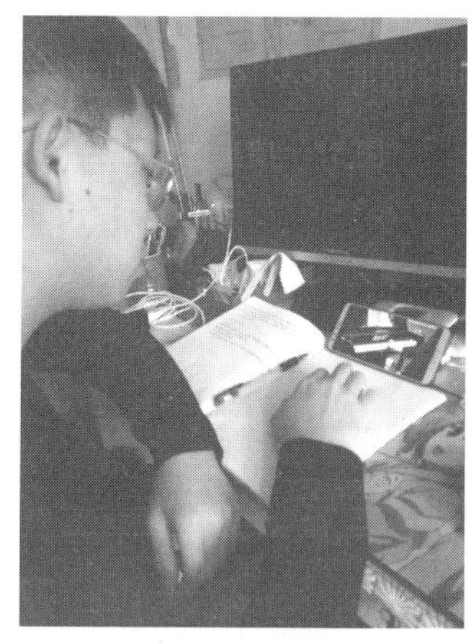

图 12　2018 级 6 班付邦政在模拟弹奏

## 四、课堂讨论

通过课堂讨论的方式巩固实践操作的原理，让每一位同学都切实参与进来，真正明白每一种弹奏技能的方法和步骤，最大地提升了“网上谈兵”的效率，为今后的实践操作打下了理论基础，如图 13 ~ 图 16 所示。

图 13　讨论区提问

图 14　讨论区讨论

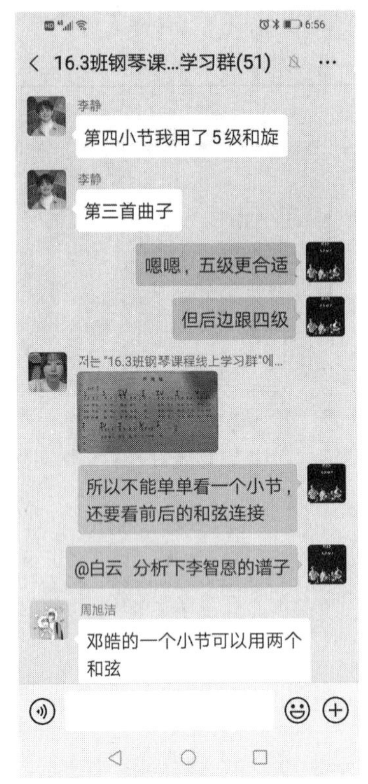


图 15　微信群讨论（1）

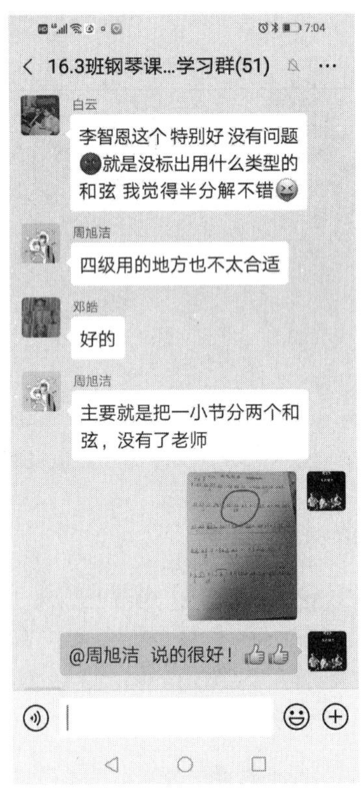


图 16　微信群讨论（2）

## 五、及时掌握学生学习动态

为了及时了解学生在线学习的情况，笔者一方面通过在线查看学生回答问题的情况进行及时提醒，另一方面采取在线个别提问的方式，使学生们能够专心投入课程学习中来，有效避免了学生在线学习时精神不够集中的现象。图 17 ~ 图 20 为对学生进行在线指导。

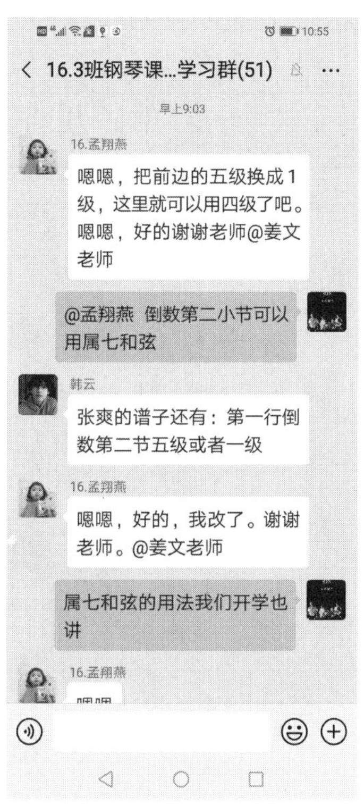


图 17　在线提问

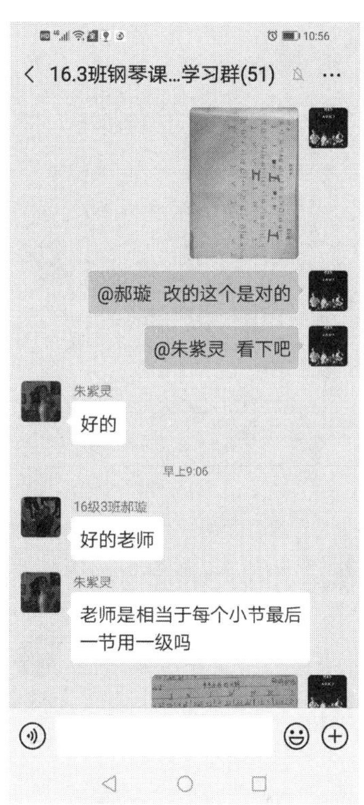


图 18　在线纠错

图 19　在线指导（1）

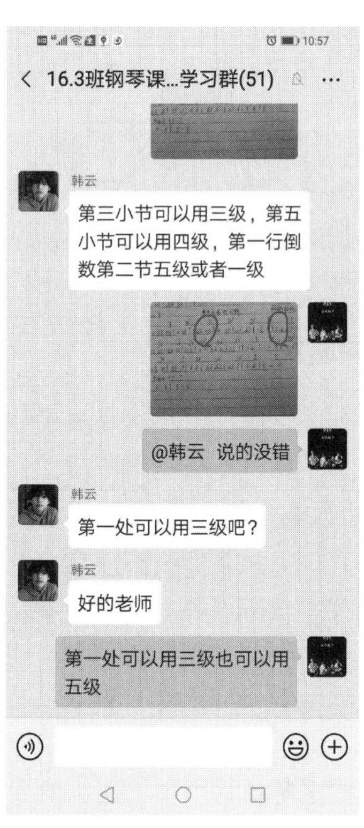


图 20　在线指导（2）

## 六、课下答疑

为了帮助同学们解决更多的疑问，笔者设置了课下答疑环节，如图 21、图 22 所示。

图 21　课下答疑（1）　　　　图 22　课下答疑（2）

课堂上的时间非常有限，老师不可能解决每一位同学的所有问题。通过课下答疑环节，可以针对性地帮助学生解决课堂学习和课下练习中遇到的困惑，并且能够达到进一步延伸学习的效果。

## 七、教学总结

对于教师和学生而言，在线教学无疑是一种全新的教学模式。教师应如何去教，学生应如何去学，网络课堂的教学效果如何等一系列问题，都成为这一时期师生们面临的挑战。

1. 线上教学给老师备课提出了更高要求

线上教学对于大部分教师而言是一个既熟悉又陌生的教学模式。熟悉是因为很多教师都知道“线上教学”并对其有一定的了解，甚至很多教师都在不同平台上看过一些优质的网络课程；陌生是因为大部分教师对于疫情期间网络课堂的具体操作和实施感到茫然、不知所措。采用什么样的平台进行线上教学，采用什么的方式进行网络教学，网络教学能否达到预设的教学目标，线上教学时如何管控学生等问题，都成为老师们备课时需要考虑的问题。因此，线上教学给老师备课提出了更高的要求，与面对面课程不同，线上教学不仅要备课程，还要备软件，另外还要备学生。老师们需要提前熟悉所用软件的操作流程，提前上传课程资源，提前通知学生，才能确保线上教学的有效互动，才能保证线上教学的质量。

2. 线上教学打破了传统教学的时间和空间局限性

对于钢琴课程的教学工作，笔者选择了中国大学慕课网的国家级在线课程学前教育钢琴基础作为源课程，创建了自己的 SPOC 同步课程。这样，同学们一方面可以按照课程表的时间安排，根据学习任务和要求进行在线学习和讨论；另一方面，同学们可以在业余时间随时回放教学视频，巩固复习在线学习的内容，并可以通过教师答疑环节解决学习中的困惑，打破了传统教学在时间上的局限性。另外，钢琴课程是一门操作性很强的技能课程，传统教学因空间和设备的局限，一般采取小组和小班相结合的教学模式，对课堂人数有一定的限制。而线上教学则打破了这种局限性，可以多个班级不限人数的同时进行在线教学，大大节省了教学资源和教学时间。

3. 线上教学提高了学生参与度

在线讨论是线上教学必不可少的一个环节，笔者在同步 SPOC 课程里专门设置了讨论区，学生可以在讨论区或班级群里进行讨论、提问和作答，阐述自己的观点，提出不同的建议。很多平时比较内向的同学，一改往日传统课堂不喜欢发言的情况，也都积极参与，跟同学们进行激烈的讨论，阐明自己的想法，大大提升了课堂上的学生参与度，课堂互动氛围热烈。

4. 线上教学的不足之处

线上教学虽然有着很大的优势，但也存在许多不尽人意之处。特别是对于像钢琴课这种操作性较强的技能课程，学生没有乐器，虽然可以进行模拟弹奏练习，但是无法实现真正的实践操作，只能从理论上掌握基本的弹奏方法，不能真正地学会钢琴的演奏技能和领悟钢琴演奏的真谛。另外，在线教学不像传统式教学，变数大，不宜掌控，特别是对于学生的上课状态和课堂纪律的管控方面都有一定的局限性。因此，线上教学的教学效果有待提升，探索线上和线下混合的教学模式，势在必行。

## 八、学生作业展示

学生的作业如图 23～图 33 所示。

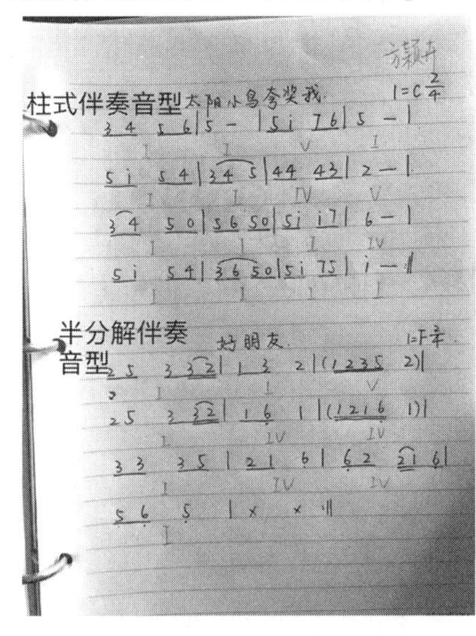


图 23　2016 级 3 班方颖卉作业展示

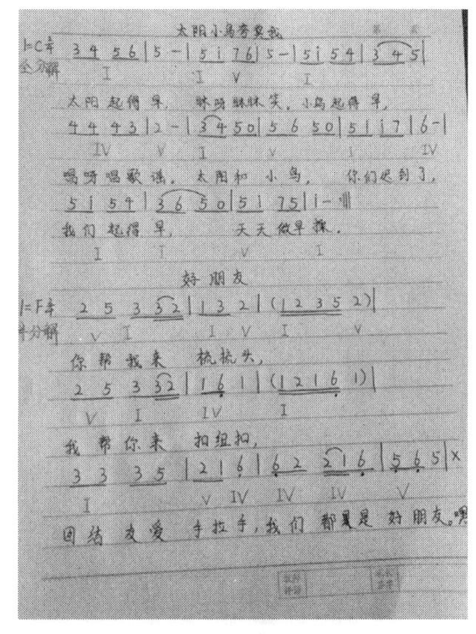


图 24　2016 级 3 班荣鑫悦作业展示

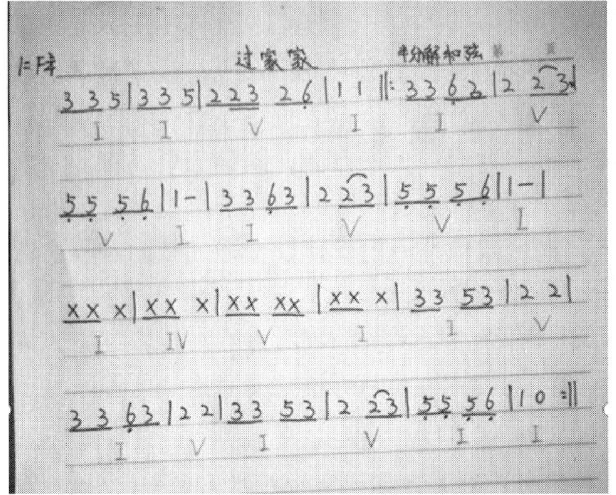

图 25 2016 级 3 班刘金萍作业展示（1）

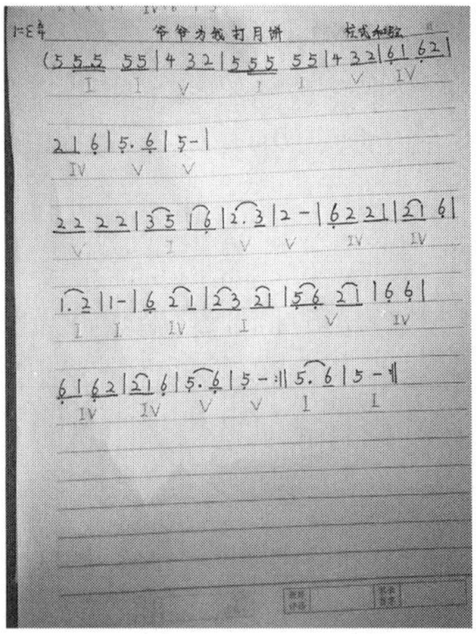

图 26 2016 级 3 班刘金萍作业展示（2）

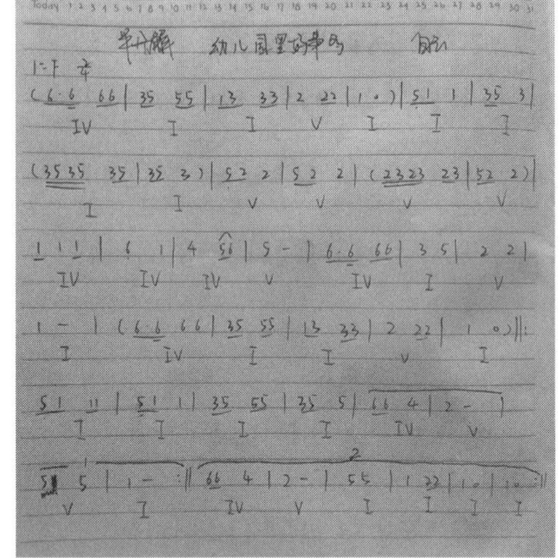

图 27 2016 级 3 班白云作业展示

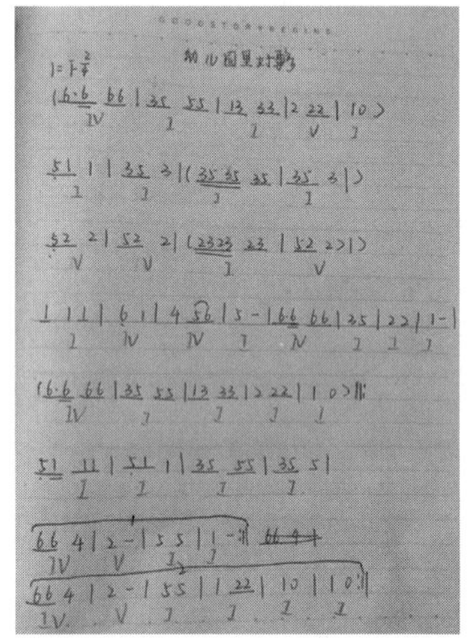

图 28 2016 级 3 班邓浩作业展示

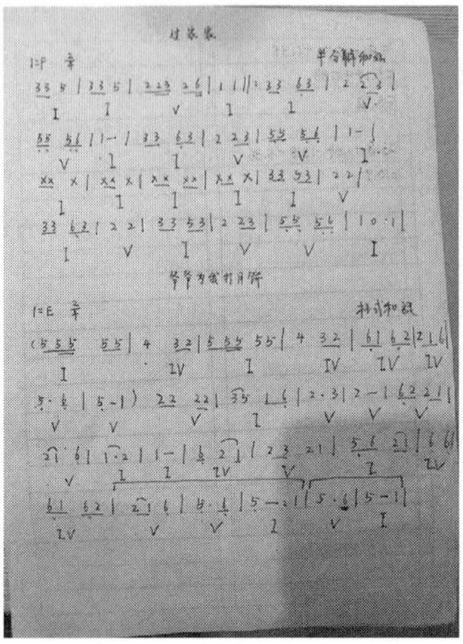

图 29 2016 级 3 班李静作业展示（1）

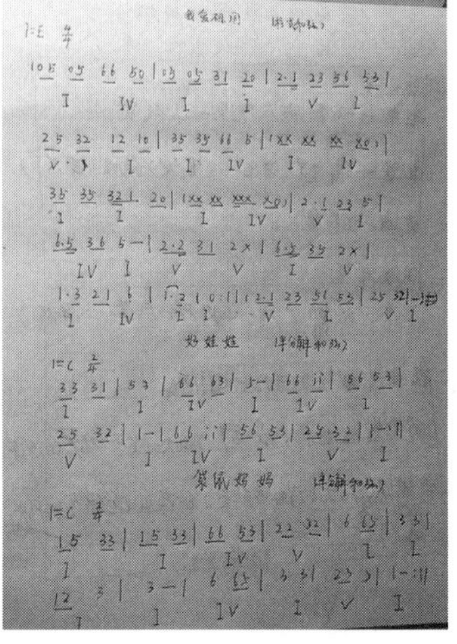

图 30 2016 级 3 班李静作业展示（2）

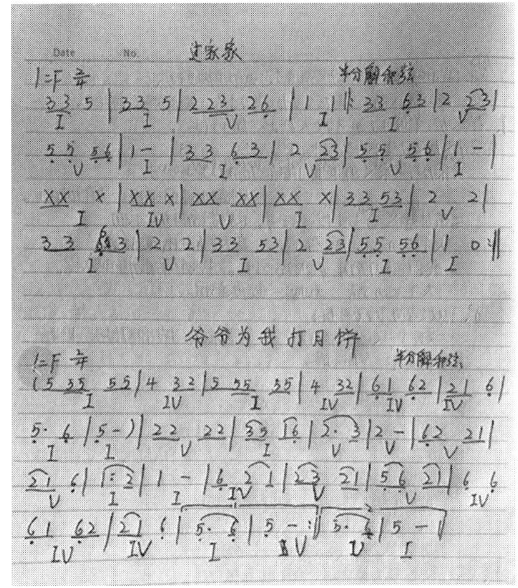


图 31　2016 级 3 班韩克雯作业展示

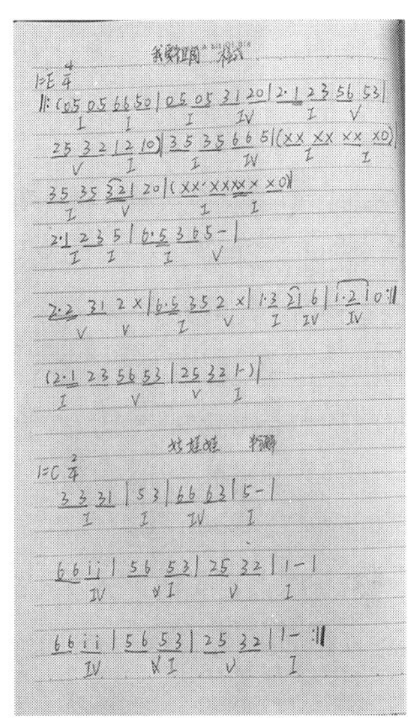

图 32　2016 级 3 班刘明山作业展示

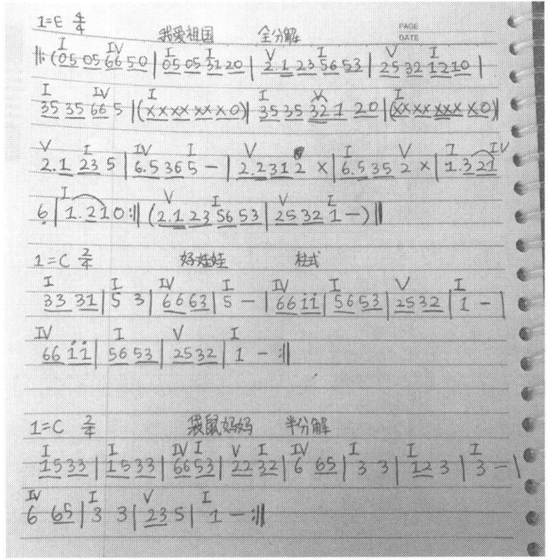


图 33　韩国留学生李智恩作业展示

## 九、学生在线学习体会

2016 级 3 班张田影：对于线上学习，我充满了期待。新学期第一门课便是钢琴课，老师每次上课都会在微信群里发几首歌曲的简谱，让大家编配和弦，然后请几位同学发一下他们的编配情况，再请几位同学谈谈他们的看法，大家讨论，然后老师总结，课后所有同学交上自己的作业。一节钢琴课就这样结束了，这样的线上学习让我感觉既新颖又有趣。

线上学习有和平时上课不一样的收获。通过线上学习，让我找到了自己在学习中出现的问题，比如在给一首歌曲编配和弦的时候，应该按首调编配，我却按照固定调编配了，通过老师的指导，我认识到了自己的错误。线上学习还可以促进同学间的共同进步，通过对照自己和其他同学发的作业情况存在不一样的地方，与大家进行交流讨论，提出自己的看法，进而一同学习进步。线上学习增进了师生互动，通过线上学习，大家更加积极地与老师互动，比如上课前的问候，下课时的“再见”，同学们会在课上积极提出自己的看法和问题，老师也都耐心解答。

2016 级 3 班焦婷婷：在这学期的钢琴课在线学习中，对于我自己来说，老师在线上课、下达任务、提问、讲解分析等，课堂上的每一步都有迹可循，更方便我们反复学习。每当对课程内容有任何的疑问或不解时，我都可以随时提问，而老师的解答总是非常的及时。

同学们回答问题时都附带生动可爱的小表情，让我感觉我们不是身处四面八方、相隔千里，而是同学们就在我的身边。平常上课时，同学们可能因为害怕答错出糗而担心老师提问，在线上课时，我惊奇地发现，不少同学开始提问题或者针对问题勇敢地说出自己的想法了。针对钢琴学习中的问题，同学和同学之间、老师和同学之间的互动交流变多了不少。

2016 级 3 班方颖卉：姜老师在开课的前一天给我们组了一个学习群，以便我们接下来的学习交流。按照开学的正常时间，我们准点到群里签到、听课、讨论。同时，课下完成老师布置的任务，一切进行得有条不紊。这样的学习方式对大家来说都是第一次，大家都会感到很新鲜，所以也都保持着很高的热情。从第一次线上学习到现在，已经进行了四次学习了，每一次老师都会很耐心地给我们讲解歌曲的和弦编配，指正同学们的错误，同学们也逐渐适应了这样的线上学习方式，从刚开始的茫然到后来很自然地与老师讨论交流，我们都获益良多。

停课不停学，线上学习，没有老师在身旁监督，全靠我们自觉学习，这增强了我们的自学能力，让我们自觉学习，主动寻找问题，同时线上学习也可以随处学习，同学们可以在线交流，讨论问题，我们把自己的见解和疑问发到群里，讨论时又不像在课堂上一样喧闹，讨论的观点也可以保留下来为课后做笔记提供便利，课堂上的问题又是大家共同思考、共同回答的，因而印象深刻，相信这也提高了课堂的效率。

2016 级 3 班包宁：在老师的精心备课下，同学们在每个星期一的早上 8 点准时在网络课程上见面，在网络上进行在线学习。老师在网上在线讲课前，会根据教学目标和教学内容，为我们精心收集相关的学习材料，制作成课件或者图片，发送给我们每位同学。同时也会阐明学习要求，安排学习任务。老师会为我们细心地讲解各种知识点，帮助我们充分掌握学习内容。然后针对自己的薄弱环节，我们会进行自主探索或者共同讨论，更高质量地完成学习任务。

网上在线学习的这段时间，我们每一位同学都在非常认真地学习，能够按时完成老师留给我们的学习任务，老师也会耐心地为我们答疑解惑，同学们也会在网络上对学习的内容进行讨论和沟通，学习气氛非常活跃，提高了我们的学习主动性，丰富了我们的学习方式。

2018 级 5 班牟义群：钢琴是一件很神奇的乐器，琴弦与琴锤的碰撞使得一个个优美的音符在琴键上跳动。在线上学习钢琴课的一个学期，最初是认识钢琴——了解钢琴上的琴键、琴锤、琴弦、钢琴是如何发声的，钢琴有多少个键等，然后又学习了如何以正确的姿势来弹奏钢琴，还学习了一些简单的曲子。这些使得我对钢琴的了解越来越深，再也不是以前那个只知道哆来咪发在哪的小单纯了。

上了钢琴第一节课，我突然好想拥有一架钢琴呀，想要认真地学好这一门课也让自己掌握更多的技能，并且我也真的喜欢。以前的我，只能在钢琴上弹一些简单的曲子，比如《小星星》《生日歌》《樱花》这些简单的，并且也不知道正确的姿势，也不知道怎么弹和弦。通过这几个星期的学习，我慢慢地掌握了很多技能，并且我相信在以后的钢琴课上我还能学到更多的技能。在每节课开始之前要复习上节课的内容，这样就巩固了我之前学过的知识，同时也加深了印象。在课上，视频里的老师讲解得也很详细。上课的时候，虽然我没有钢琴，但是我也会跟着老师的步伐一步一步地练习。不过呢，每次上课的时候都好想自己在学校呀，这样的话，在老师讲课的时候，我就能最真实地感受到弹钢琴带来的快乐了。

2018 级 5 班邵美：钢琴课线上开课以来，老师的课程视频时长都较短，一个视频是一个知识点，不会让我们觉得不耐烦。但每一节的内容都很充实，每一点很细致，让我们学起来很容易。每个知识点后面，还会有一些简短的曲谱作为例子，课程还设有适量的课前复习题和课后讨论题，既让我们复习了前边的内容，又让我们更有了回看视频的积极性，而且不会反感。

2018 级 5 班王资源：首先我应该感谢这门课程，能让我有机会去好好学习钢琴，虽然只能在家中通过看视频的方式自学，但有了老师的督促和指导，我更加热爱钢琴了，并且信心倍增。由于之前没有专门的指导和教学视频，所以即使我能弹奏出简单的钢琴曲，但总是感觉到手指的僵硬，手与钢琴就好像脱节了一般，并不能优美地融为一体。通过学习，我才了解到正确的姿势与手势，现在的我正在努力改掉之前错误的弹奏手势，一步步朝着正确的方向走，我想这对我来说还需要不断加强练习。

在这门课程中，我虽然不是初学者，但实际上我就是钢琴“初学者”，我正在跟随着老师的节奏，重新认识钢琴，正式学习钢琴的结构、发音原理、弹奏姿势、连音与非连音的弹奏方法等，虽然线上教学没有在校上课那么方便有效，但我认为这些理论课还是很重要的，通过网上学习相关知识，掌握后才能顺利去弹奏曲子，而不是拿起谱子就弹。

## 十、结语

一个学期的钢琴课程线上教学，无论对教师还是学生来说无疑都是一把双刃剑。虽然，钢琴线上教学首次实现了不受人数限制的大班额集体教学模式，在一定程度上节约了教师资源和教学时间，也为学生们课下回放和复习巩固提供了方便。但是，钢琴终归还是一门音乐技能课程，需要学生们进行大量的实践操作和练习。因此，线上教学钢琴的缺失，在很大程度上影响了学生的学习效果。那么，如何做好线上线下教学的有效衔接与融合，开启线上线下混合教学模式，将是未来需要继续探索的课题。

## 参考文献

[1] 谢佳怡. 互联网对钢琴教育的影响 [J]. 戏剧之家，2020 (35)：96-97.

[2] 赵昕. 高校钢琴线上教学资源共享与评价机制的构建 [J]. 当代音乐，2020 (10)：52-54.

[3] 毛滨滨. 应“端”而入“互联网+”技术在钢琴教育中的运用研究 [J]. 四川戏剧，2016 (8)：164-166.

# 声乐在线教学的问题与对策研究

李　斌[1]

**摘　要：**文章通过对新冠疫情环境下声乐在线教学的问题与对策的研究，探究在线声乐课该如何上，如何上好的问题。由于声乐课的特殊性质，在当今社会环境下，最好的授课方式依然是面对面的“学徒式”教学，线上教学只适合作为辅助教学的手段。

**关键字：**声乐；在线教学；问题与对策

在疫情防控期，“声乐课该如何上好”是摆在教师面前的最大问题和挑战。说起声乐这门课程，首先大家要了解它的特点和授课方式。一般人不清楚何为“声乐”，只有把它翻译成大家都理解的“唱歌”，才能明白。很多人认为唱歌有一副好嗓子就可以了。其实声乐远远不是唱歌那么简单。

对于从事声乐的人来说，最重要的其实是一副好耳朵。能听得准，才能教得好，学得对，最后唱得好。学习声乐最开始，大家都是从听开始的，20 世纪 80 年代以前，我们听的是磁带，90 年代，大家开始听 CD，随着科技的发展，现在大家听歌的方式就丰富多了。但是对专业人士和广大声乐专业的学生来说，最好的办法就是现场聆听声乐大家的歌声，听专场音乐会，也就是说，要听原声唱的歌。因为任何借助其他科技手段听到的声音都是“假的”，即使是自己听到的自己发出的声音都是有差异的。对声乐学习者而言，听原声很重要。

随着“互联网+”“大数据”新时代的到来，从 MOOC（慕课）建设开始，到“双一流”“金课”建设，新型教育模式对传统教育的影响越来越明显，理论类课程教育授课方式已经渐渐被新式课堂所取代；但是，以“学徒式”为主的实践技能类课程却几乎没有太大变化，而且短时间内也很难被替代。但是，2020 年新年伊始一场突如其来的疫情，使我们的声乐教学工作也不可避免地要接受线上教学这一挑战。教育部、山东省教育厅要求学校“停课不停教、停课不停学”，对我们教师来说做好课前的准备工作，争取让每一个学生的学习质量不受影响，保证网上教学效果不打折扣就成了当务之急。

声乐专业技能课之前都是在琴房里授课，在线上教学时，没办法直接面对学生，没有办法准确地纠正学生的发声状态。声乐练习中的情感表达、作品处理等一些问题都是很难简单用语言表达的。怎么上好课才能保证学生的学习效果是笔者一直担心的问题之一，从接到在

---

① 作者简介：李斌，聊城大学音乐与舞蹈学院副教授。

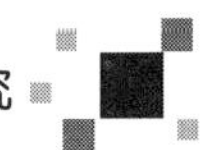

线教学的通知开始，就一直琢磨，该如何调整之前的授课方式和教学方案。

要保障授课质量，首先就要采用师生都方便的手段，特别是要保证“以学生为中心”，让学生方便。经过反复思量，笔者最终确定了利用微信、超星学习通等不同软件相结合，对应不同需要开展在线教学工作。

由于疫情状态何时会结束的不确定性，根据疫情持续的可能性，笔者制定了两套教学方案，分别针对短期线上教学和疫情长期伴随的常态化在线教学。不论哪一种教学方式，在声乐教学方面，教授正确的歌唱语言都是必须的课程。

2020 年 2 月 3 日，笔者开始通过微信群给学生布置作业，并且带领学生一起学习。先从外国艺术歌曲的发音开始，要求学生每日回课，第一时间给学生指出问题，并且提供自己录制的泛读让学生学习，通过几天的反复纠正，学生的发音准确性问题已经得到基本解决。然后开始带入旋律，进一步进行处理；一周结束后做一次总结。

通过一周的在线教学尝试，证明声乐教学过程中的歌唱语言问题，是可以通过在线教学解决的，唯一的问题是教学时间需要成倍增长。原本线下教学用 1 分钟可以解决的问题，由于在线教学受到网络通畅性和学生自身条件差异较大的影响，现在需要 5 ~ 10 分钟，甚至更长，最终的教学效果和线下教学基本上没有太大差异。

为提高自己的授课质量，提高自己对新式课堂教学手段的掌握能力，笔者开始启用“超星学习通”平台。自己一边听讲座，一边结合教学大纲进行实践操作，对即将开始的正式网络授课做准备。

最终，笔者利用“超星学习通”的软件平台根据教学大纲内容完成了一个声乐教学曲库（内测版），主要内容包括不同版本的乐谱和不同版本的范唱。这个声乐教学曲库的建立，针对学生在声乐学习过程中在乐谱选择和范唱选择方面的随意性起到了很好的把控作用。

最后就是声乐在线教学的实际操作。

2 月 17 日，根据学校要求正式按照课程表开课，笔者也开始了自己的“主播”首秀。即使之前做了大量准备工作，但最担心的还是学生的学习效果，不知道这样的上课方式学生是否接受。

声乐在线教学从理论上来说是可行的，不管是从教学手段还是教学模式。声乐教学既是“学徒式”的，又是“实践型”的，但是声乐在线教学方式最大的障碍就是声乐的“抽象性”。它不像器乐教学，只要有乐器，演奏手法可以看得见，乐器的音准可以借助调音器校正，也不像未发现的化学元素，或者未知的外太空，虽然抽象，但是它客观存在。

虽然线上教学是在疫情特殊环境下的“无奈之举”，也要尽可能保证教学的质量。首先，自己对每周的授课情况进行梳理，并且要求学生们总结自己在学习时遇到的问题，保持及时沟通。师生之间的在线沟通和互动，之前大家都会做，但是，现在的全方位在线教学要求，沟通更频繁，交流更细致。

以下是学生反馈的情况：

2018 级宋新蕊：对于声乐这门课来说，网络授课有利也有弊。在学校很少能静下心来去抠一些细节性的问题。像意大利、德文这些外国歌曲，很少去抠歌词，也从来没有认真地把歌词读那么多遍，去研究发音的准确性。也会发现歌词读准确、读熟了唱起来也会更加的容易准确。遇到问题找老师也可以及时解决，学习效果也还算不错。坏处就是没法和老师面对面交流，少了演唱方面的指导，这是比较不好的事情，而且没有老师的严厉监督，也会很懒惰，只能全靠自觉。

2019 级雷皓：网上授课作为一种新型的授课方式被我们所用，我们在手机上和老师视频连麦上课，在手机上开微信交流，和老师视频聊天，拉进了我们和老师之间的距离。但是网上授课的弊端就是老师不在身边，我们无法第一时间得知我们歌唱的口型问题，还有发声位置，用气的位置是否正确，这一点就很不方便。

2019 级李新正：在家里学习缺少了老师与学生的互动、同学与同学的交流，使授课的效率大大降低，像声乐课这种比较抽象的课程一般是言传身教、当面讲解，但是方法总比困难多。我们的声乐老师利用视频通话给我们上课、通过群聊帮助我们改正错误，还把整理好的谱子和范唱放到“学习通”中，不仅使我们节省了时间，更重要的是让我们少走了许多弯路。虽然通过屏幕很难改正音色和方法，但是老师为我们讲解歌曲的意境、帮助我们改正口型和发音。

综合学生们的反馈，采用线上进行技能教学还是有一定局限性的，原先在琴房教学时，或许一次的示范就能让学生准确地掌握，而在线教学受网络信号等各种外界因素限制的影响和干扰，教师可能需要通过两三遍，甚至十几遍的示范来给学生讲解，有些问题还是无法理解。声乐课的教学由于课程性质决定，目前为止最好的授课方式依然是面对面“学徒式”。我们只能采用一些辅助手段，以“铁杵成针”的信念，用比平时多几倍的时间去尽可能保证教学效果。

虽然疫情把我们隔离在家，不能回归校园生活，但线上的课程也能让我们隔着屏幕一起学习新知识，一起解决问题。无论怎样，办法总比困难多。关于“不停学”不仅仅是要保证学生不停“学”，还要保证学生“学”得精。在这个特殊环境下，作为老师深知责任的重大，精心准备每一堂课，只为做好教学工作。在这枯燥的隔离生活中，每天与学生们面对面地交流，看着学生们可爱的面孔，也是一件很幸福的事情。

最后，致敬所有为战胜疫情无私奉献、不断奋斗的英雄们，也希望疫情赶快结束，让学生们回归欢声笑语的校园生活。

## 参考文献

[1] 徐东昆. 高校音乐教育教学模式的创新研究 [J]. 北方音乐，2018（16）：222.

[2] 赵婷. 基于师生互动的高校音乐教学研究 [J]. 艺术评鉴，2018（9）：96-97.

[3] 韦民. 高校音乐专业课程改革路径研究 [J]. 魅力中国，2019（45）：205-206.

[4] 孙冀. 新媒体时代的高校音乐教学改革 [J]. 北方音乐，2019（6）：164-166.

# “音”为有爱，“乐”享其中

## ——声乐线上教学探索与总结

王蒙萌①

**摘　要**：2020 年的新冠肺炎疫情给传统的高校教育带来了新的挑战，根据教育部出台的疫情期间“停课不停学”的指导意见，探索如何针对高校声乐专业的学科特点进行有效的线上教学，是新时期最现实、最迫切的要求和挑战。

**关键词**：声乐教学；疫情；技能学习；线上课程

2020 年春天，我们感受到了不一样的寒冷。在全国人民众志成城共战疫情的大环境下，按照国家规定的“停课不停学”原则，在学校的统一引导下，我们开始了线上教学模式的探索与研究。

### 一、高校声乐教学的特殊性

声乐演唱，作为一门技能型课程，现场实训教学一直是其主要的课堂形式，传统的教学模式和手段具有固定性和不可取代性。

1. 即时性

声乐课程是对科学化的发声技巧和艺术化的语言情感进行训练的一门技能型课程，讲求面对面授课，追求声音的时效性和真实性。现场演唱当面指导，对抽象的发声方法进行最直观的讲解，对错误的发声进行最迅速的纠正，学生也能得到老师最及时的反馈，以达到最直接的教学目的。

2. 互动性

在要求声音即时性、真实性的同时，声乐课堂还需要教师频繁的教学示范和教学互动，才能将抽象的理论转化为具象的声音，甚至要通过肢体的协作配合来完成一系列发声技巧。这些都需要教师面对面引导、示范和纠正，以达到最佳的教学效果。

3. 表演性

声乐演唱教学不仅仅是停留在对发声技巧、演唱音色的掌握，还包括对作品的理解、歌

---

① 作者简介：王蒙萌，聊城大学音乐与舞蹈学院声乐讲师。

唱表情、肢体动作、舞台表演等诸多方面辅助诠释所演唱作品的内容，从而达到声情并茂的效果。将声音、神态和肢体动作三者结合的完整表演才是声乐教学最主要的内容。

而这些特殊性就给线上教学带来了较大的难度，怎样突破这些特殊性的限制呢？这给初次尝试线上教学的笔者带来了极大的挑战。

## 二、线上声乐课堂的探索研究

按照学院的教学计划，本学期笔者担任 2016 级、2018 级、2019 级 3 个年级 39 位学生的声乐技能课教学工作，按照以往的教学模式，有四年级的 1 对 1 和一年级、二年级 1 对 5 两种课程形式。

1. *初步探索——直播课*

教学初期，我们尝试了微信视频，腾讯会议等多种平台的即时教学。这种直播课存在的最大的弊端，就是严重受到网络状况的各种限制。网络延迟、卡顿，造成了师生间无法实时音画同步传输，声音的失真，错误的音色理解，容易产生错误的人声概念，这对于以训练声音为主要内容的声乐课堂来说，无疑是灾难性的。以至于一堂 50 分钟的声乐课，大部分时间都在调试网络和重复，教师和学生的课堂状态十分慌乱，效率低，教学效果不理想。

2. *“翻转课堂”——充分利用多媒体网络的多种平台和手段*

通过不断尝试和探索，笔者发现可以适当地将课堂学习时间自由化，将翻转课堂的理念运用到声乐的线上教学中，通过将课堂内外时间重新调整，把学习的主动权交给学生。

（1）录制视频音频，语音互动教学。

提前布置作业，将规范合适的网络范唱资源发给学生，简要介绍歌曲的演唱重点和难点，学生自学练习，根据自己的时间和练习情况录制视频或音频，并在每周规定的时间内提交作业，师生用语音文字进行交流和沟通。图 1 ~ 图 3 为微信语音文字教学内容截图。

图 1　微信语音文字教学内容截图（1）

图 2　微信语音文字教学内容截图（2）

**图 3　微信语音文字教学内容截图（3）**

这种教学模式看似简单、便捷，但细致到每一位学生的每一首作品、每一句旋律，每一个音符的准确，也是相当的费时费力。因为不能当面指出错误，需要一边看视频、听音频，一边对照曲谱，标记出错误的音符和节奏，反馈给学生，并督促他们及时发语音更正。

（2）每日练声群打卡。

除了每周作业的提交，笔者要求学生每日练声并在群里打卡。对于声乐的学习来说，每日的声音训练是必不可少的，因此，笔者要求学生每日在班级群发练声视频，不仅能督促同学们的专业学习，而且也能随时关注学生的学习进度，增加同学之间的相互学习和交流，如图 4、图 5 所示。

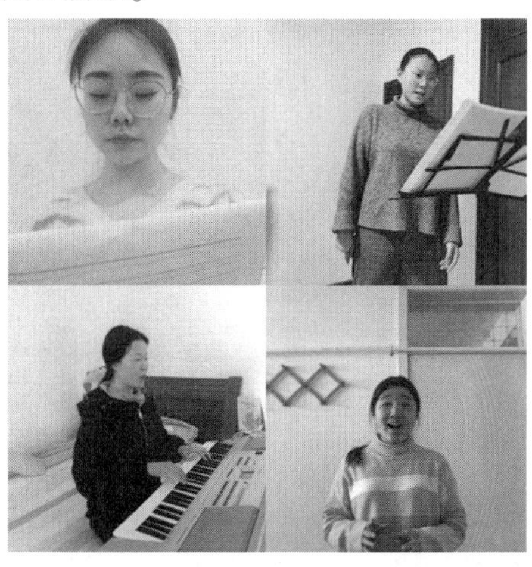

**图 4　学生每日的练声群打卡截图（1）**

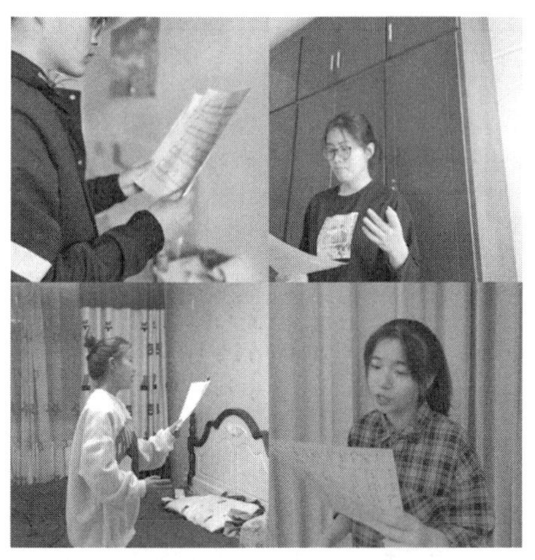

**图 5　学生每日的练声群打卡截图（2）**

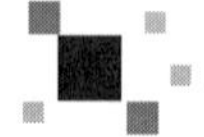



（3）充分利用各种网络资源。

每日的练声打卡和每周的作业提交，虽然在一定程度上达到了练习要求，但是毕竟在家里自主练习，缺乏了良好的专业学习氛围和与同学之间交流的机会。这让笔者又想到了利用丰富的网络平台资源，增加学生们的专业理论储备，开阔眼界，更好地辅助技能训练。所以，笔者会尽可能多地关注各类平台，如很多歌唱家的公众号，搜罗有益于专业学习的文章和帖子。对网络资源进行精心筛选，选择合适和优秀的影音资料提供给学生，如国家大剧院院藏剧目云展播、中央广播电视大学声乐教学视频等。

抗疫期间，很多知名艺术家、教育家都开了有关声乐演唱的公益直播，笔者也会第一时间通知学生观看。如“志愿者在行动系列——王喆《我的声乐笔记》”“气沉于底，声灌于顶——李鳌声乐讲堂”，等等。

（4）每周教学总结和教学评价。

不管是传统的线下教学还是创新的线上教学，良好的教学秩序是保证教学质量的前提和基础。因此，线上教学的考勤秩序管理也是十分重要的。

每周六上午是给 3 个年级的学生汇总一周教学情况的时间，笔者会把本周作业的完成情况和教学考勤发到微信群，对需要改进的学生在下一周重点关注，对表现出色的学生提出鼓励和表扬，以激励学生们的学习兴趣和积极性。对不按时完成作业，甚至缺勤的同学，有严格考勤制度管理，同期末的专业考试进行适当比例的结合，这在一定程度上对学生的线上教学起到了约束作用。每周教学总结如图 6 ~ 图 8 所示。

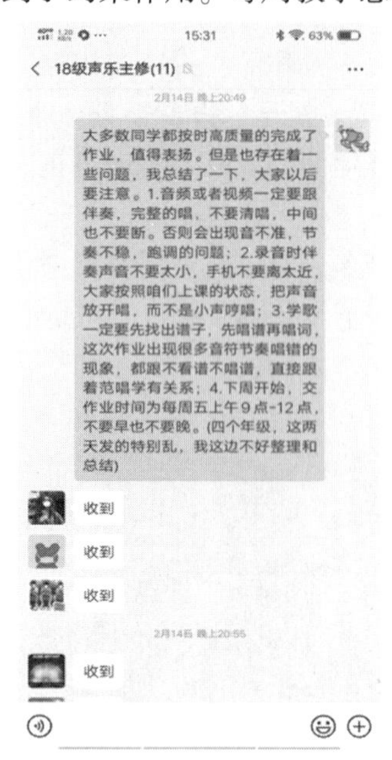


图 6　每周教学总结（1）

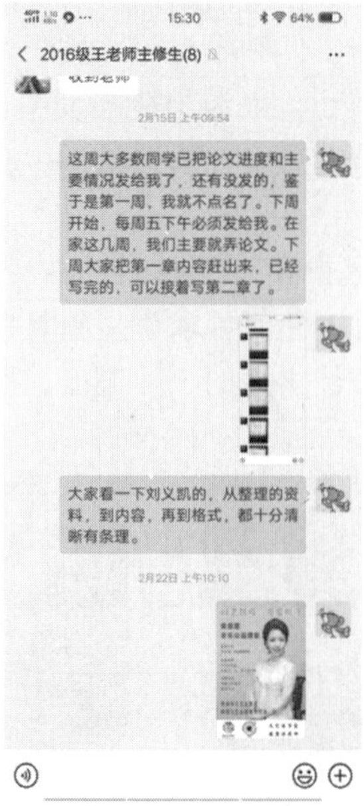

图 7　每周教学总结（2）

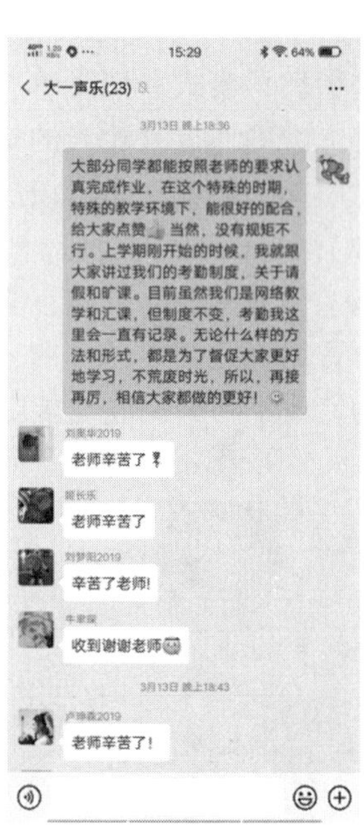


图 8　每周教学总结（3）

（5）毕业班的论文写作指导。

本学期 2016 级的学生除了技能学习外，一个非常重要的任务就是毕业论文写作，所以笔者要求这 7 位四年级的同学，每周除了提交一首声乐作品之外，还要汇报论文写作进度、查阅资料情况，以及写作中遇到的问题和困难，如图 9、图 10 所示。

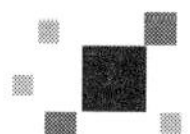

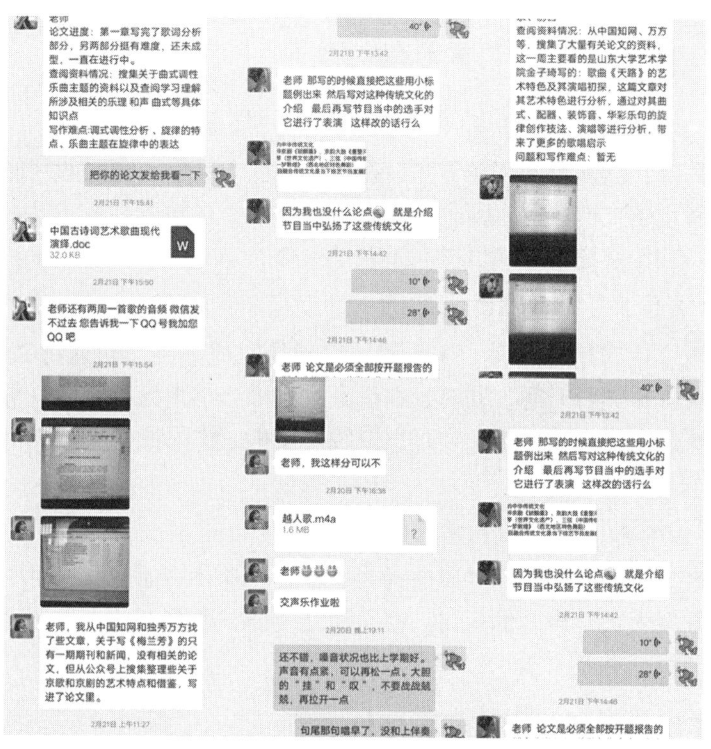


**图 9　毕业班同学论文写作指导内容截图**

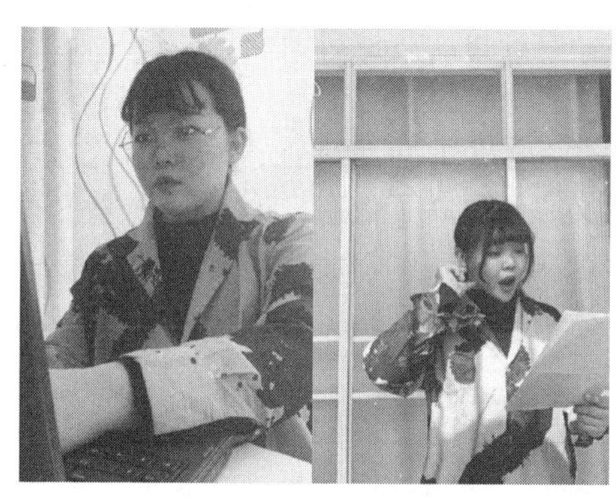

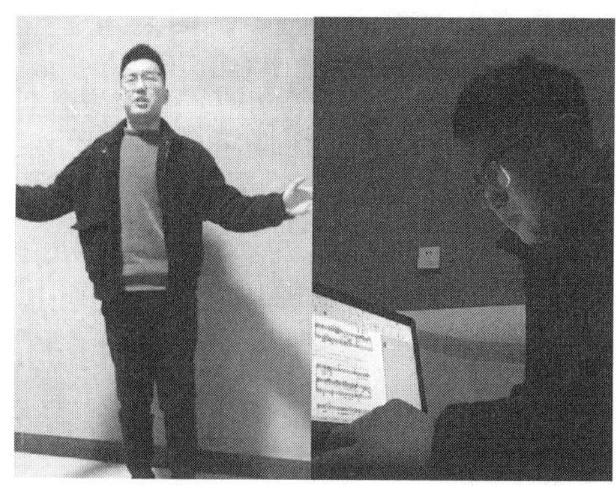

**图 10　毕业班同学的论文写作和声乐学习掠影**

## 三、多种手段的结合，高质量的教学效果

1. 利用网络资源，规避网络弊端

利用多媒体网络，提前录制视频音频，在一定程度上避免了实时的网速限制。而且，师生都可以利用录音设备提前将课堂内容录好传达给对方，这样声音真实且效果好，不会再因为网络卡顿失真影响课堂进度，从而提高了教学效率。

2. 任务驱动式作业，提升训练效果

传统的课堂教学模式和直播课，作业都是以现场完成为主。在这种“翻转课堂”模式下，学生可以自由安排学习时间。同时，在录音过程中，学生为了完成一份优质的作业，对声音瑕疵的纠正也会有更高的要求，通过反复练习使声乐作品变得更加规范和细致，既能避免懒惰心理，又能通过任务驱动，提升学习的兴趣。

3. 新颖的课堂模式，良好的教学反馈

令笔者十分感动的是，同学们并没有因为这样的教学环境而懈怠，对于回课反而更加努力和认真。师生在线上关于声音的探讨，甚至比之前要多得多。学生们还可以将老师的作业反馈反复收听、研究，并及时更正，教学效果显著。

## 四、学生对疫情期间线上教学的评价

2019 级林成聪：这段时间一直在家里上网课，我感觉网上学习声乐有利也有弊。通过给老师发音频，老师的建议和指导能够无限回放，这样可以方便再度观看，查漏补缺。

2016 级卢梦娇：身为一名面临毕业的大四学生，在老师的带领下我们停课不停学，写论文是我们每一位大四学生正在面临的挑战，老师一遍遍地仔细阅读，“抠字眼”式地为我们提出整改意见。在老师的督促指导下，我的论文写作提高了效率，论文越来越完善。我从来没有想过声乐课会以视频的方式呈现给老师，这次的翻转课堂使我们能安静下来一遍遍地练习和录制，并且播放自己唱的歌曲，一遍遍地播放蒙萌老师指出的优缺点，更能明确自己的不足，并加以修正。

2017 级李天琦：在校期间，每次课堂上，大家只有两三遍唱歌的机会，很多的问题，可能当时把握不住。那么网课就刚好解决了这个问题，因为我们需要录好歌曲，要把每一个细节都抠得明明白白才能给老师发，老师也会认认真真地对着谱子找我们的毛病和不足，再以语音的形式告诉我们缺陷，并且为我们示范。

2019 级刘梦阳：由于这次疫情关系，期待已久的声乐学习，变成了网络授课。虽然网络授课少了很多设备，但是却多了很多资源，这让我们有更多时间和精力可以集中到一件事上。即使是网上授课，在家中通过学习也感受到了老师对我们声乐学习的巨大帮助。这样的指导和课下一样，而且让我们有更多的资源和时间去修改毛病。利弊均衡，毕竟家中学习有点扰民，而且打印谱子不是很方便。我期待疫情之后正式的开学，让自己更加进步！

## 五、混合式教学新模式的思考和展望

疫情防控期间全国高校开展的线上教学活动，是一次具有突破性的教学尝试，是具有划时代意义的一次革新。在此次教学探索中，高校声乐线上教学也得到了前所未有的突破，从

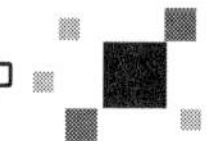

不可能到可能，并依然取得了良好的教学效果，这是值得肯定和继续发扬的。

当疫情结束，全部课程回归线下之后，我们应该深入思考，如何将线上教学过程中取得的经验和成果，有效地运用到线下课堂，使线上和线下相结合，创造符合时代发展规律的混合式教学新模式。在这个即将到来的5G网络时代，应充分全面地利用多种网络资源，真正实现知识的海量分享，使声乐教学做到与时俱进，创新发展。

## 参考文献

[1] 张晨阳. 对声乐课程线上教学的几点思考 [J]. 艺术评鉴，2020（3）：85-87.

[2] 薛礼，凌江川. 疫情期间“停课不停学”网络教学有效策略思考 [J]. 中国多媒体与网络教学学报，2020（3）：188-189.

[3] 王晓. 高校音乐学专业实训课程线上教学策略探究 [J]. 国际公关，2020（9）：86-87.

[4] 陈展宙. 高校网络声乐课堂的教学方式研究 [J]. 当代音乐，2020（9）：24-25.

[5] 王文军. 校内音乐停歇 校外乐音不止——音乐技能技巧课线上教学利弊思考 [J]. 钢琴艺术，2020（7）：28-30.

# 高校声乐课程在线教学研究与实践

于亚欣[①]

**摘　要**：疫情期间，为保障学生能够不间断学习，高校实行“停课不停学”。文章通过实践法、观察法、互动法、归纳法等研究方法，结合线上视频教学案例、线上文字交流、线下作业反馈等方式，探讨高校声乐专业线上教学的新思路。

**关键词**：疫情；声乐；线上教学

21世纪，信息技术飞速发展，互联网已成为生活中必不可少的重要组成部分，几乎覆盖了我们生活的方方面面。各种各样的网络教学平台层出不穷，线上音乐教学模式，以一种全新的模式向以往传统的音乐教学发起挑战。线上教学，摆脱了时间与空间的限制，拥有自主性、灵活性、便捷性、丰富性等特点，逐渐获得音乐专业师生的青睐。为做到疫情期间学校“停课不停学”，维护师生健康安全，音乐与舞蹈学院教师通过线上指导与学生居家自主学习相结合的方式，稳步推进教学工作正常开展。笔者主讲高校本科及研究生的声乐课程，通过几周以来的线上教学情况，根据每个年级不同教学任务，对每一位学生提出了有针对性的学习方法，学生们也都有所收获。本文着重从教学实践方面对线上声乐课程进行分析，结合学生的感悟与反馈，为线上声乐课程建设提供新的思路。

## 一、声乐课程在线教学实践

线上声乐教学，是一种以电子互联网为传播媒介，面向高校本科生和研究生进行教学的一种综合的音乐学习方式。通过该方式，学习者可以根据自身的练习情况，通过网络App与教师及时线上沟通，随时都可以进行探讨与学习，不会受到时间与空间上的限制。这种新型教育、学习方式，既承载了网络信息技术的多种优势，同时，面对声乐教育这种实践性、理论性紧密结合的课程，也暴露出一些缺陷。这些缺陷在一定程度上反映出：线上音乐教学模式不能成为一种独立的音乐教学模式，它只能作为一种载体，一种媒介，一种提供更多机会与资源的优质平台，单一的线上学习，无法掌握声乐课程真正的精髓与真谛。尽管它是一种很好的促进声乐教育普及的载体，是时代进步、艺术发展的一种趋势，但若想真正地了解声乐课程、掌握声乐学习方法，线上声乐教学模式与传统教学模式的结合是必不可少的。

每周的线上课，笔者必做的几项工作包括：

---

① 作者简介：于亚欣，聊城大学音乐与舞蹈学院副教授。

A. 了解每一位学生课下声乐练习情况。

B. 重点了解学生练习过程中遇到的难点。

C. 因材施教，一人一法，循循善诱。

D. 根据学生学习成效反馈及时调整教学思路。

（1）第一周的微信群视频教学过程中，经常出现网络的卡顿情况，难以很好地听到学生完整演唱的效果。对此，笔者及时做出调整，让每位学生在下次上课之前，提前把声乐练习录成视频发到群里，课上通过自评、互评、点评相结合的方式，让学生们可以边实践、边思考、边学习。每周对各年级学生上课情况做总结，肯定成绩、指出不足、提出要求，对本科和研究生各个年级分别列出下周学习计划，并在下次上课时及时检查。

（2）笔者了解到，学生一般是从录的十几遍视频里挑出相对满意的一遍发到群里。这样的方式使学生对专业的自我要求得到了不断提升，通过一次次录制视频，从中发现问题，从而去寻找解决问题的方法。针对这一情况，教师可以在线上课程中根据每个学生的情况因材施教提供问题的解决方案，使学生从中受益。同时，笔者对每节课教学情况都会做详细记录，每个学生都有自己的特点，教师在课后对每位学生的上课表现和完成作业情况做前后对比和教学反思。

（3）线上教学第二周，笔者腰椎病复发，行动不便，不能久坐，为不耽误教学，克服种种困难，坚持保证质量地完成了工作，学生们深深地被感染着，表现出更加热爱学习的状态。大学二年级的一位同学疫情期间一直在医院陪护做手术的母亲，因不想落下一节声乐课，他与家人协调好时间，自己在医院找一个僻静角落，戴着口罩，坚持每周在线参与上课。笔者在感动之余，深深体会到作为教师的责任重大。

（4）笔者的大四学生中有 6 位同学准备考研，研究生初试成绩出来后，有人欢喜有人忧，笔者通过耐心的心理沟通和疏导，及时安抚和调整了他们的情绪，引导他们尽快做出下一步的学习计划。

## 二、声乐课程线上学习效果反馈

### 1. 完善的教学设计与过程

（1）导师利用自己的假期时间，帮助我们 3 位研究生修改了论文，到预答辩交稿之前，论文内容已经基本定稿。这次的网络课堂非常有意义，在老师的带领下，我们互相为各自的论文写作指出了很多的问题，也互相借鉴了彼此的优点，像往常声乐课堂一样，老师引导我们畅所欲言，锻炼表达能力，最后老师会针对问题提出最优的建议，每堂课我们都收获满满。

（2）声乐线上上课的形式非常新奇，它让我有了许多收获，也给了我思考与整理的时间。老师由声乐作为点，以点画线，涉及更深的文化领域，接着以线画面，探讨更高的思想层面。记得老师曾说："作为老师，在一堂声乐课中，你的思考定位在哪里，你的高度就在哪里，声乐学习在技巧、技术的背后存在更深的哲理。"这句话给了我相当大的震撼。的确，我们在学习一门课程时，不单单需要学习好专业性知识，更需要学习透过它的表象看到其本质与内涵的能力。

（3）在线上课，我依然学到了很多，学习了很多更深层次的知识，明白了很多，也收获了很多，没有觉得跟在校时上课有很大不同。通过导师的不断引导，自己的演唱水平又有了新的突破和提高，明白了一个词——“会”，就是需要把所学的东西重新揉碎，根据自己的认知，再重新提炼出所需要的形态，去解决当下的问题。

通过学生反馈，笔者发现师生沟通由原来面对面的方式转换为视频在线交流，这种平时常用于亲朋间的联络方式用在教学中，给人一种比较亲切和轻松的感觉。

2. 创新的教学方式

（1）导师的教学方式很灵活，经过上一周导师组织三个年级研究生的共同交流，我从大家那里学到了很多看待问题的方式和学习经验，也学到了老师一针见血地指出问题的方法，受益匪浅。

（2）线上上课，老师指导我毕业论文写作，可以与老师通过电脑屏幕面对面交流，我可以完全集中注意力听课。每次上课之前，我都很激动地等待老师按时来电，拿好纸和笔，为自己找一个完美的“镜头”，迎接新一次课堂。

（3）课上老师依旧和蔼可亲地传授声乐学习的方法，指出我们的不足，连在一旁做饭的父母听后，都说老师很负责任。课堂氛围其乐融融，渐渐地，我对在线上声乐课由最初的好奇、紧张变成了每周的迫切期待。

（4）线上学习，由作业汇报、到讨论发表意见和听取同学的建议，再到老师总结，展露问题、发现问题、解决问题的过程十分清晰，这种上课思路在在校期间是导师一贯遵循的教学模式，现在接受起来没有因为隔着屏幕而感到陌生，感觉老师还像在面前一样手把手地教我们。

通过学生们真实的感受与反馈，笔者发现线上教学真正实现了学生“停课不停学”。

线上教学方式的运用，使得教师有很多可以利用的教学资源。教师可以选择一些教学应用软件，可以把准备好的课程资料通过平台与学生及时分享，学生在课前浏览后会对课程内容有更深刻的印象，也可以通过教学视频回放功能进行学习上的查漏补缺。线上教学软件强大的功能性与丰富的内容，使越来越多的教学人员开始研究探讨新的教学模式。

## 三、在线声乐课程发展与建设

而今，线上教学依托于网络的发展而迅速崛起，发展潜力巨大，互联网成为教育事业中最活跃的一股力量，它在带来便利和无限知识容量的同时，也成为我们需要面临的最大的变量。对于声乐教学而言，声乐教师需要在浩瀚的信息化网络学习空间里，为学生进行网络资源的筛选和把关。现如今，教师利用线上教学教授声乐课程已经成为今后声乐教育事业中不可或缺的一部分。以下是笔者总结的一些高校声乐课程线上教学的方法。

1. 随时录制声乐练习的视频上传

声乐教学一般是“一对一”的模式，老师对每一位学生的学习情况非常熟悉，包括学生的性格、学习心态、行动力、领悟力等。声乐学习是理论与实践相结合的过程，需要每天坚持练习，笔者要求学生随时把练声和作品演唱的录制视频发过来，抽出课余时间对每一位学生的练习情况进行细致分析并做出反馈，让学生随时保持正确的学习方向。

2. 用“言简意赅”的语言准确指明学生当前练习中存在的问题

无论是通过微信视频还是录像分析，一针见血地指明问题，是笔者的教学习惯，接下来，会围绕着问题一步步引导学生进行思考，不断扩展思维的广度，扩大知识面的学习，最

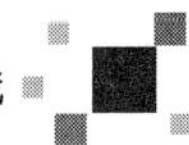

后，又回到问题本身。这种不“灌输”的方式，使学生的“自主研究学习能力”得到不断提升。

3. 教学反思是常态，尝试教学新思路

笔者常对每节课进行教学反思，随时会思考每位学生下一步的学习规划，并与学生一起列出下一步的学习计划。在长期的潜移默化影响下，学生们对自己在校期间各个阶段需要完成的学习任务和学习思路都比较清晰。

4. 有的放矢，丰富且灵活的教学方式

笔者根据不同的教学任务，对3个年级的研究生提出了不同的学习规划和要求。

（1）研究生一年级，继续进行专业基础的学习与练习，通过“一对一视频”或集体参与的方式，让学生提前把声乐练习录成视频发到群里，课上通过自评、互评、点评相结合的方式，使其可以边实践、边思考、边学习。

（2）研究生二年级，为举办“艺术硕士研究生个人独唱音乐会”积极做准备，老师根据每人的声音特点来选择作品，对每首作品都做了细心指导，并会对每位研究生的上课情况做总结，肯定成绩、指出不足、提出要求，列出下周学习计划，并在下次上课时进行作业检查。

（3）研究生三年级，在还没有要求线上教学之前，导师已开始了研究生毕业论文的指导工作，至研究生上交预答辩论文时，已完成了对毕业论文第四稿的指导，从文章结构、行文、错别字、标点符号的使用，提出了许多意见和建议。现在是论文最终完善阶段，为使研究生可以顺利通过毕业论文答辩，目前导师已完成了3位研究生论文的第六次审阅。

## 四、疫情情况下教学新思路

在线教学，因为居家，经常有学生的家人出现在屏幕中，他们对声乐课线上教学是什么样儿很好奇，会很仔细地听老师的讲解，观察孩子的上课表现。有些熟悉音乐的家长会辅助孩子的练习，课后还会根据老师的讲解跟孩子有所交流，这种现象对于家、校合作化教学管理模式提供了新思路。为了使声乐教育事业与时俱进，网络教学手段的应用已经刻不容缓，这样的方式也促生了声乐教学探索新的教学思路，以适应当下教育信息化飞速发展的进程。“线上+线下”的授课模式，是一种对今后声乐教学起到促进作用的新的教学模式。声乐教师可以通过丰富的互联网教学资源，实时跟进新的教学成果以改进自己的教学方法；通过丰富的网络学习资源，培养学生独立思考和自我管理的学习能力。“线上+线下”的教学模式真正实现了知识的海量分享，同样切实促进了“教学相长”的良性教学目的。传统声乐教学模式加上先进互联网科技手段，成为未来中国音乐教育事业发展的新思路。

## 五、结语

在抗击疫情期间，声乐课程线上教学成为国内高校声乐专业的主要教学手段。声乐专业线上教学虽存在着一定局限性，但它却是传统声乐教学模式的延伸，保障了广大声乐学子在疫情中对于声乐演唱学习的基本要求。疫情终将过去，我们会重新回到校园。关于如何克服声乐专业课程线上教学存在的问题，是我们未来需要不断探索与研究的课题。只有不断优化新的声乐教学手段与方法，才能更好地促进我国声乐教育事业的繁荣发展。

# 参考文献

[1] 郭思村. 论音乐教育网站的功能与意义—从教育载体的改变对音乐教育的影响谈起[D]. 上海：上海音乐学院，2009.

[2] 张丽华. 网络音乐教育资源开发与整合研究[D]. 曲阜：曲阜师范大学，2014.

[3] 孟欣，李戈. 线上教学：为音乐教育添彩[N]. 中国文化报，2015-03-26.

[4] 薛礼，凌江川. 疫情期间“停课不停学”网络教学有效策略思考[J]. 中国多媒体与网络教学学报，2020（3）：188-189.

[5] 赵婀娜. 莫把“停课不停学”的好经念歪[N]. 人民日报，2020-02-11.

[6] 刘旭光，金泉瑗. 对传统声乐“一对一”教学模式的延伸[N]. 中国艺术报，2020-03-30.

# 疫情期间在线教学的教学实践与反思①

## ——以社会学概论课程为例

李梅娟②

**摘　要**：疫情期间，高校通过在线教学圆满地完成春季学期教学任务，凸显了在线教学的诸多优势：打破了传统课堂的时空界限、提升了教师的现代教育技术技能、增加了师生互动等，但由于时间紧，任务重，也同时存在着准备不充分、制约因素多等问题。未来，在线教学的前景可期，继续发挥在线教学的优势，还需要通过不断完善教学理念、教学能力、资源建设、学生学习能力，与传统线下教学相结合，构建线上线下混合式教学模式。

**关键词**：疫情；在线教学；教学实践

2020年年初，一场突如其来的新冠肺炎疫情让人们措手不及，给整个教育行业带来了前所未有的冲击和挑战，同时也带来了新的机遇。国家和教育部迅速应对，有效部署，提出了"停课不停教、停课不停学"的政策要求，全国高校迅速进入在线教学状态，不仅比较圆满地完成了春季学期的教学任务，还为线上线下混合式课程的建设积累了经验，极大地推进了教育教学改革的进程。社会学概论课程作为思想政治教育、行政管理等专业的基础课，主要是普及社会学基础知识，帮助学生多视角、多维度地观察和理解社会，了解群体，了解人。疫情期间，响应教育部、山东省教育厅和学校、学院的意见，本门课程积极开展了在线教学，并进行了初步的探索。

### 一、在线教学中社会学概论课程授课模式

疫情开始之前，社会学概论慕课已在山东省高等学校课程联盟的在线开放平台（智慧树）上线，该课程包含12章，共39个视频，与线下课程体系保持一致。疫情开始后，本门课程直接选用智慧树平台线上资源，建立翻转课堂，配合直播的形式完成了疫情期间的教学任务。

课前：在智慧树平台的学习资源中提前上传课件、电子书、阅读书目以及学习要求等参

---

① 基金项目：聊城大学校级课程思政教学改革研究项目（项目编号：GC202128）、聊城大学2021年第二批一流本科课程重点培育课程社会学。

② 作者简介：李梅娟，聊城大学政治与公共管理学院讲师。

考资料，布置预习思考题。

课中：每次直播课程开始之前，首先在智慧树翻转课堂中开启见面课，提前5～10分钟发布签到提醒。学生签到后，进行网络直播授课。在直播过程中，充分利用平台提供的投票、抢答、头脑风暴等工具，让学生充分参与课堂，边学边思考。

课后：给学生留思考题，与学生开展互动讨论。同时利用平台的课程群聊以及微信群，随时随地解决学生学习过程的问题。

## 二、在线教学优点彰显

随着科技的不断发展进步，现代教育技术与课程的融合也在不断深化。疫情之前，线上教学就已经被许多教育专家、一线教师所重视，很多高校也开展了一定的教学实践，虽然在突如其来的疫情面前，大面积的在线教学实属应急之举，但基于现代信息技术和互联网的在线教学，具有其独特优势，对高等教育教学改革和发展产生了积极的、深远的影响。

1. 打破传统课堂的时空界限

解决疫情期间无法线下授课的难题，是在线教学在“停课不停教、停课不停学”中发挥的最大优势。线上教学是在虚拟社区中进行的教学活动，让疫情期间无法见面的老师和同学们，即使散布于全国各地，都可以超越时空限制，或自行进行慕课学习，或在同一时间点集中按时上课，足不出户就能上课，学习知识。选修社会学概论课程的学生有的远在新疆、西藏等偏远地区，借助于春季学期的在线教学和慕课资源，均圆满地完成了疫情期间的学习任务。

2. 提升教师现代教育技术技能

疫情期间利用智慧树、学习通、雨课堂等平台，借助于腾讯会议、钉钉、B站、微信等现代教育技术手段开展教学，使老师们在短时间内迅速地掌握了在线教学的技能，为以后的高等教育教学改革奠定了基础。开学之前，学校组织了在线教学平台如何使用的培训，并成立了专门的学习通、智慧树、雨课堂的教师学习群，便于教师在教学过程中就平台使用遇到的问题进行提问，平台技术人员及时给予解答。通过一个学期的运行，教师已经熟练掌握了这些平台的使用方法。

3. 教学理念的提升

与传统线下课堂不同，在线教学更好地体现了以学生为中心的教学理念。无论是课前的准备工作还是直播上课中的提问、互动环节，都是为了充分调动学生的积极性，让学生充分参与到课堂中来，保证直播的教学效果。老师所进行的新教学设计，尤其是头脑风暴，重点考查的是学生运用知识解决问题的能力，考查学生运用所学知识分析社会现象给出自己的看法和见解的能力。比如，在讲到社会互动中“流行”这一典型的集合行为时，通过头脑风暴发布思考题，让学生试着列出一些关于“流行”的狂热行为，并分析是什么原因使得人们疯狂追随，人们为什么又会很快失去兴趣。通过学生对追星、流行的网络语言、潮流服饰等知识的分析，了解学生是否切实掌握了社会互动的内容，知晓学生是否形成了自己对“流行”这一集合行为的正确认知。

除了以学生为中心的教学理念外，在线教学还塑造了教师的无缝隙教学理念。在线教学中，教师对学生的教育不仅仅体现在直播课堂上，还可以通过平台和各种网络工具渗透到教

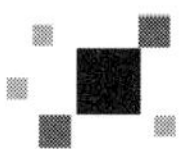

育教学的各个环节中。课前通过平台上传资料，为学生提供资源，布置学习任务，课中通过签到、提问等方式与学生进行互动，实时掌握学习过程；课后布置作业，使学生对课上知识进行复习与巩固。同学们通过微信群和平台随时提问，老师随时解答，及时加以辅导。在线即时互动和线下延时互动相结合，实现了整个教学过程的无缝隙衔接。

4. 增加师生、生生间的互动

利用在线平台和各种工具，例如在线投票、抢答、留言等，教师可以多次提问，学生有疑问亦可随时提出，让教师清楚学生的问题所在，可以实时解决问题。学生的提问率和互动频率比传统线下课堂高了很多。在传统线下课堂中，受制于设备、环境等条件，每堂课老师能互动的学生数和次数是有限的，而在线教学借助于平台和现代教育技术，取得了更好的师生互动效果。

教师在线上平台提出问题，能迅速快捷地获取全体同学针对每个具体问题的答案，掌握每位学生的学习状况，尤其是在翻转课堂中使用的快速投票环节，把知识点用选择题的形式发布，学生很快就可以给出答案。教师还可将需要学生思考的问题，在头脑风暴中发布，学生几分钟之内就会迅速组织答案，这样的互动便于教师针对学生对知识的掌握情况随时调整教学内容；而以往的传统课堂，由于受到课堂授课时间的限制，尤其是人数比较多的大课堂，教师在每节课上只能有选择地挑选几位同学进行重点互动，对课堂上其他学生的学习情况无法全部掌握，线上教学解决了这个问题，为实施个性化、差异化教学提供了一手资料。例如，在社会学概论课程中讲到社会的三大构成要素之一人口时，为了考查学生对人口的认知，教师通常会向学生提问："只有一个或两个兄弟姐妹跟有五个或六个兄弟姐妹相比，你的生活会有什么不同？"在传统线下课堂中，只能让极少数的学生跟大家分享其看法，但在线教学中，通过智慧树平台头脑风暴环节发布题目，每位学生在平台写出自己的看法，教师在极短的时间内就可以看到班里所有同学的观点。通过这些观点，老师可以预测每位同学的家庭人口数目及兄弟姐妹之间的关系，从而对个别学生进行有针对性的价值观的引导。另外，学生之间可以看到其他人的观点并进行点赞，也增加了学生之间的了解和互动。

## 三、在线教学过程中的主要问题

作为疫情特殊时期的"应急"要求而开展的全民参与的在线教学，虽然取得了卓著的成效，但由于时间紧迫，老师们边学边教，也存在对技术掌握的不充分、知识的准备不足，对在线教学了解的不充分、对平台的各项功能不够熟悉等问题，在线教学其本身的问题也不容忽视。

1. 准备不充分

对于很多教师而言，疫情期间的在线教学更多的是对传统课堂简单机械地转移、复制。虽然在疫情之前，本课程就已经在做线上线下混合式课程的准备工作，也有接触翻转课堂，但未曾实践，传统的教学理念、模式和习惯依然在产生深刻影响，根据线上教学的特点调整教学方式的力度不够，尤其是在直播教学中，教师讲授的时间和内容仍然比较多，在跟学生的沟通交流中，同学们表示希望尽快回到线下课堂。

2. 制约因素多

在线教学中良好教学效果的取得受到各种因素的制约。首先，受到平台性能、设备和网络的限制。在线教学平台是在线教学得以开展的重要工具，在线教学的效果直接受到平台性能影响，这是超出老师的能力范围的影响因素。由于疫情期间在线授课时同时使用智慧树平台的学校和人数众多，导致在直播教学过程中平台系统会有卡顿、崩溃的现象；有的学生家在边远山区，网络信号不好，直播教学过程中也会有卡顿；我们又辅之以腾讯会议，作为直播授课的主要平台，在腾讯会议上共享 PPT、直播授课、开展现场互动，回到智慧树平台签到、抢答、投票、进行头脑风暴，学生需要在不同的平台之间切换，如果学生使用的手机或电脑的配置低，也会影响上课的流畅度。其次，受制于教师对现代教育技术的掌握程度。教师对在线教学的使用方法和技能掌握不足，直接影响在线教学效果的发挥。在线教学中，不管是智慧树平台中学习资源的上传、翻转课堂的建立，还是在线投票、头脑风暴、抢答等在线功能的使用，都需要教师先学会如何使用这些功能，才能在教学过程中运用自如。也就是说，只有教师熟练地掌握现代教育技术，才能发挥出在线教学的优势。

3. 无法保证教学质量

根据学习条件理论，学习条件有内部条件和外部条件之分。内部条件指的是学生固有的学习动机及态度等内在状态、之前习得的知识技能；外部条件是对学生输入刺激的结构形式，是教育主体开展教育活动需要依托的教学方式、媒体及环境等外界因素。学生学习的效果受到多种内外条件的综合影响，不同条件对学习效果的影响也是不一样的。

在传统线下课堂中，老师和其他同学的在场，用于课堂纪律的要求，学生们容易表现出自己学生的角色，在外部条件与内部条件综合影响下，学生认真听课、记笔记，学习的质量相对比较高；而在线教学中，电脑的另一端没有任何外力的监督，缺少部分外部条件，主要依靠学生自觉学习的时候，学生容易走神，游离于学生角色之外；尤其是在关闭摄像头的情况下，有些同学只是显示在线，正在做的全是与学习无关的事情，学习的质量也就无从保证。虽然可以改进教学设计，诸如利用签到、点名、提问等方式增加互动，但互动结束之后的教学时间，教师依然无法进行良好的监督。

线下教学时，教师的眼神、面部表情、手势、姿态等很多肢体语言可以帮助教师传递信息，加深学生对知识的理解和记忆。教师的表情和动作吸引着学生的注意力，加深了亲切感。但在线教学中，只用语言沟通这一单一的沟通方式，容易变得单调乏味，影响教学质量。

## 四、在线教学的优化路径

随着人工智能的纵深发展，现代教育技术的不断进步，在线教学会越来越完善、越来越普及。目前在线教学还需要不断地优化。

1. 更新教学理念

在互联网、人工智能和现代教育技术的背景下，只依靠传统的线下课堂教学已经远远不能满足现代教师和学生的需求，要在理念上重视在线教学的重要性及其在教学中所发挥的重要作用，坚持现代教育技术与教育教学的深度融合，提升在线教育与信息化教学的意识。在线教学中，“教师应秉持‘引导’的教学理念并贯穿于教学过程的始终，教会学生如何对线上资源进行搜索、选择、思考与交流”。同时，线上教学应始终坚持以学生为中心的教学理念。

在教学中，坚持立德树人，聚焦“两性一度”，融入课程思政的元素，依据培养目标、

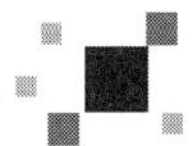

毕业要求和社会需要建构“知识、能力、素质”有机融合的课程体系。教学设计中多设计一些问题解决、实践、探索类的教学活动，实行个性化、差异化教学。改变传统的线下课堂中讲授为主的教学模式，利用好已经建成的线上资源，积极探索并实践线上线下混合式教学。

2. 提升在线教学能力

在线教学是以网络平台为载体的教学模式，需要教师运用现代教育技术手段进行教学。而教师在线教学能力的提升和加强，需要积极参加学校、社会组织和在线平台举行的各种在线教学的相关培训，掌握在线教学的理念、技术，基于案例的学习，融合创新。在线教学能力，不仅包括熟练使用现代信息技术、使用网络平台的能力，还包括在线教学的教学设计、课堂组织、教学管理、考核方法等方面的能力。

3. 建设在线教学资源库

疫情之前和疫情期间，虽然已经建设了不少课程资源，但这些资源还远远不够。要推动在线教学的不断优化，还需要加大课程资源库的建设。现有的在线资源主要是慕课的视频资源、部分电子教材以及部分期刊文章。社会学概论课程作为集合人类、文化、经济、教育、环境等生活所有方面的学问的学科，作为帮助我们解读科学、认知社会、体察生活的应用性学科，应在资源库建设中多一些思政类、通识类、社会调查、实践类的课程视频资源、电子书目和相关的文章，建设经典资源案例库。

4. 培养学生在线学习能力

在线学习对学生也是一种考验，学生在线学习的能力各异，学习的效果也千差万别。首先，教师应教会学生使用在线教学的平台和资源。在课程正式开始之前，先教会学生各种教学平台的使用方法。其次，教师针对各个年级与班级，在各个教学班级中设置合作式学习小组，使小组内的学生互帮互助，相互影响，相互学习。第三，教师应在课余、课中多与学生互动交流，了解学生的学习状态，有针对性地提供个性化辅导，培养学生自觉学习的习惯。

总而言之，疫情彰显了在线教学的很多优势，能够极大推动教育教学改革，但传统的线下课堂教学是无法被完全取代的。在线教学与传统的线下教学各有优缺点。基于疫情期间大规模在线教学的开展、普及，伴随着现代信息技术与教育教学的深度融合，未来，在线教学作为人才培养核心要素的课程改革和建设中不可或缺的一部分，应充分发挥其优势，同时需要与传统线下课堂结合起来，进行线上线下混合式教学，进而助推应用型教学和一流本科课程的建设。

## 参考文献

[1] 李莹莹，张宏梅，张海洲. 疫情期间大学生网络学习满意度模型建构与实证检验——基于上海市 15 所高校的调查［J］. 开放教育研究，2020（26）：102-111.

[2] 马武彬，吴亚辉，周浩浩. 网课教育方式方法优化的思考与论证［J］. 教育教学论坛，2020（33）：350-352.

[3] 陈彬. 线上教育：现实与理想间的“不等式”［N］. 中国科学报，2020-4-21.